한국의
발견

한국인은
스스로를
어떻게
발견하고 있는가

한국의
발견

라종일 × 김현진 × 현종희 _____

루아크
RUACH

들어가는 말

지난 2015년 '라쌤'(거의 모든 사람이 선생님을 '총장님'이라 부르지만 내 나름의 별칭이다)과 함께 냈던 서신집《가장 사소한 구원》이 소소하지만 의미 있는 반응을 불러일으켰을 때, 그 책에서 기꺼이 액자 노릇을 자처한 나로서는 매우 자랑스러웠다. 이후 선생님과 담소를 나누다 "한국 근현대사 이야기를 해보자"라는 말이 나왔는데 잘 진행이 되지는 않았다. 선생님 일정이 늘 빡빡한 덕에 나는 '안전하게' 비껴갈 수 있었지만, '한국 근현대사'라는 단어만은 마음 깊이 남았다. 짧은 역사에 비해 이리 꼬이고 저리 꼬인 한국이라는 나라의 현대사는 대체 무엇이며, 우리는 지금까지 어떻게 살아왔을까 싶었다. 계속되는 분단 상황과 당선되었다 하면 불행해지는 대통령을 품은 정치, 그 외에도 복잡한 상황을 몇 겹이나 끌어안고 있는 이 작은 나라를 이해하기 위해서는 보다 넓고도 차분한 시선이 필요할 것 같았다. 그러던 중 선생님과 차를 마시다 프랑스 68혁명 이야기가 나왔다.

"1968년에 프랑스에서 아주 재미있는 일이 벌어졌다는 소식이 들리더군요. 그래서 당장 영국에서 파리로 건너갔지요(다른 사람들 같으면 얼른 파리를 떠날 형국에!). 아, 가 보니 이거 너무 재미있더라고요. 역시 매체를 통해 듣고 보는 것하고 현장은 또다른 경험이더라구요. 드골이 당황하는 것도 보고 말예요. 드골은 그 사건을 결코 제대로 이해할 수 없었을 것입니다. 그래서 결국 사직했다고 생각해요."

이것이 '왜, 지금, 여기, 라종일인가'에 대한 답이다. 나름 선생님을 오래 보며 느낀 것은 몸은 한국에 있고 또 한국인 외양을 하고 있지만 특별히 한국인으로 보이지 않을 때가 많다는 것이었다. 그렇다고 다른 어느 나라 사람으로 보이는 것도 아니었다. 국적이라는 그물로 결코 엮을 수 없는 표표한 자유인이라고 할까, 어느 나라에 있다 한들 전혀 위태로워 보이지 않는 천연스러운 이방인이라고 할까. 그 연세의 어른이 흔히 갖는 조국에 대한 맹렬한 사랑도 그에겐 딱히 없었고, 내가 종종 '비관적 낙관주의자'라고 부를 만큼 종잡을 수 없는 자신만의 세계와 스타일까지 갖춘 분이었다. 한쪽에 묻어두었던 숙제인 한국 근현대사와 오늘의 한국을 안팎에서 냉정하게 평가하고 판단할 수 있는 적임자 같았다. 이제는 내가 선생님을 조르는 위치가 되었다. 선생님이 목격한 한국 근현대사 풍경을 기록으로 남기지 않으실 거냐고, 까마득한 후배들에게 조그마한 나침반은 건네주셔야 하는 게 책무 아니겠냐고 거의 '협박'까지 했던 것도 같다.

선생님은 케임브리지에서 '세계의 발견'이라는 주제로 한국학 강의를 하신 적이 있다. 그 강의는 한국이 성공적으로 올림픽을 마친 1988년에 '한국이 세계를' 새롭게 발견하는 것으로 끝이 난다. 처음에는 "2020년을 기준으로 한국이 스스로를 다시 발견해야 한다"는 선생님 의견에 동의해 인터뷰집으로 그 이야기를 담아내는 게 좋겠다고 생각했다. 그런데 시간이 흐를수록 혼자 하기에는 힘겹지 않을까 하는 마음이 들었다. 부끄럽지만 내게 부족한 '지성'을 지닌 누군가가 필요했다. 그렇게 군산에 사는 현종희 작가에게 부탁한 끝에 참여 약속을 받아내고야 말았다.

그래서 이 책 1부는 인터뷰 형식이 아니라 현종희 작가가 만들어낸 일종의 '강의록'이다. 우리는 일주일 혹은 이주일마다 선생님을 찾아가 '돈 주고도 들을 수 없는' "한국의 발견"이라는 특별 강의의 수강생이 되었다. 대학 강의실에 심드렁하게 앉아 시계만 쳐다보았던 그런 풍경의 강의가 아니라 정말 가슴이 두근거리며 기다리게 되는 강의였다.

이 책을 읽는 독자 여러분에게 선생님의 특별 강의실에 앉아 우리와 함께 선생님의 강의를 듣고 있는 것 같은 느낌을 드릴 수 있다면 더없이 기쁠 것 같다.

2부는 라종일 선생님과 내가 주고받은 서신을 모았다. 《가장 사소한 구원》 이후 오랜만에 선생님과 이야기를 나눌 수 있어 행복했다. 그때는 너무나 힘들었던 시기여서 피가 철철 흐르는 상처를 선생님께 내보이며 어떻게 살아야 하느냐고 울부짖는 심정으로 편지를 보냈다. 그 편지에 선생님은 마음을 고치는 의사처럼 흘린 피를 천천히 닦아주셨다. 그 책에는 아주 사적인 이야기가 담겨 있지만, 여기서는 개인적인 것보다 사회에 대한 이야기에 초점을 맞췄다. 또다른 의미에서 힘겹고도 즐거웠다.

그런데 왜 하필 서신이라는 형태를 택했느냐고 물으실 수 있겠다. 솔직히 이야기하자면, 선생님과의 인터뷰에서는 민감하고 예민한 질문을 하기가 어려웠다. 오랫동안 외교 전문가로 일하신 선생님은 너무나도 숙련된 솜씨로 난처한 질문들을 비껴가셨다. 작전을 바꾸기로 했다. 물귀신이 되어야 했다. 활자라는 무기를 취해 선생님의 이야기를 글로 남긴다면 기막힌 '은신술'은 쓰지 못하실 듯했다. 그래서 서툰 언어로 얼기설기 그물을 짰다.

그렇게 돌아온 선생님의 답은 내가 짠 그물 때문에 나온 게 아니라 어떻게든 답을 듣고 싶어 안달이 난 사람을 어여삐 여기신 까닭에 나온 것일 테다. 읽다 보면 이런 성긴 그물에도 선생님께서 너그럽게 걸려주었구나 하고 느끼실 것이다. 역시나 이번에도 선생님은 '나는 가르치니 너는 배워라'는 마음으로 대답하지 않으셨다. 그런 분이 아니라는 걸 이미 오래전부터 잘 알고 있었다. 선생님은 언제나 '내가 틀렸다' '잘못 알고 있었다' '반성한다'라는 말씀을 스스럼없이 하시는 분이다. 한국에서, 나는, 이런 '어른'을 만나 뵌 적이 있었던가.

아마도, 그래서,

'라쌤'을 사랑하지 않을 수 없다.

다만, '라쌤' 팔순에 맞춰 출간해 그 의미를 더하려던 것이 늦어져 안타깝기 그지없다. 오래 지각해 도착했으나 라종일 선생님께, 또 그를 사랑하는 사람들에게 이 책이 기억에 남을 선물이 되기를 진심으로 바란다.

김현진이 현종희의 마음까지 담아 쓰다

책을 펴내며

우선 이 책이 나오기까지 도움을 주신 분들에게 감사를 드리는 것으로 머리말을 시작하려 합니다. 보통 이런 언급은 서문의 끝에 가서야 나오는 것이 상례지만 이 책의 경우에는 그런 예를 따르지 않을 배경이 있습니다. 우선 김현진, 현종희 두 분의 열성과 추동력이 없었더라면 애초에 시작도 하지 못했을 작업이었습니다. 마음 한구석에 '한국의 발견'이라는 주제가 없었던 것은 아닙니다. 실은 수년 전 강연을 정리한 《세계의 발견》이라는 소책자를 발간한 이후 그런 생각이 계속 남아 있었습니다. 관심을 기울이면서도 그러나 늘 아직은, 아직은 하며 미루어놓았던 일입니다. 그러던 중 김현진 작가와 루아크 천경호 대표가 출판을 추진하기 시작했습니다. 제가 주저하자 대담식으로 일단 시작해보자는 제의가 있어서 응해도 좋겠다고 생각했습니다.

　일의 진척은 전적으로 김현진 작가의 열성에 따른 것이었습니다. 초고가 완성된 뒤에 저는 출판에 회의 정도가 아닌 반대의 입장이었습니다. 평소 출판을 엄중한 일로 생각해온 탓이었습니다. 그러나 김현진 작가는 지난번 예를 들어 좋은 책이 될 수 있다고 저를 설득했습니다. 실은 지난번에 김현진 작가와 서신을 주고받은 책을 출판할 때도 저는 주저하기보다 펄쩍 뛸 정도로 반대했습니다. 그런데도 그 책은 어느 수준으로 독자들에게 받아들여졌습니다. 직업적 출판인인 천경호 대표의 '이 책도 출판할 만하다'는 의견에 저는 설득이 되었습니다.

　오래전 '애국심'이라는 주제로 작은 논문을 쓴 일이 있습니다. '추상적 애국심' '구체적 애국심' 등의 개념을 중심으로 역사적인 사례들을 들면서 평소 어딘가 불편하게 느끼던 주제를 풀어나갔던 기억이 납니다. 그런데 나이를 먹어가는 과정인지 자기 나라에 대해 생각하게 되는 계기들이 있었습니다. 일본 대사 시절의 이야기입니다. 어떤 지방에 교민 행사가 있으면 늘 열심히 일을 맡아 하는 할머니가 계셨습니다. 어느 날, 제가 우연히 물었습니다. 힘드실 터인데 왜 그렇게 열심히 하시는가 하고. 할머니가 저를 쳐다보면서 쏟아낸 말씀은 심상치 않은 충격으로 다가왔습니다.

　"대사님, 대사님은 나라 없는 사람들의 어려움을 모르시지요? 제가 무엇을 알겠습니까만 평생을 나라 없이 살 줄만 알았습니다. 언문을 깨친 것도 얼마 되지 않습니다. 그런데 어느 날 우리도 나라가 있고 태극기도, 애국가도 있다고 해서 그런 것들이 모두 귀하고

　　　　　　　　　한국의 발견

기뻤습니다. 저는 공산당이 무엇인지도 모릅니다. 그런데 이 공산당이 우리나라를 빼앗아서 소련에게 바치려 한다고 해서 죽기살기로 막아야 했습니다. 이렇게 나와서 일이라도 할 수 있는 것이 얼마나 기쁜지 모릅니다. 무슨 훈장이고 무엇이고 그런 것 바라지도 않습니다."

한동안 할 말을 잃고 할머니를 멍하니 바라보았습니다.

외국에 영주할까 생각해본 일도 있습니다. 그들의 연구시설과 편의, 특히 도서관이 부러웠습니다. 그리고 국내보다 시간의 여유가 많다는 것도 유혹이었습니다. 내 딴에 일생에 남을 만한 작품을 남기고도 싶었습니다. 그런데 그것이 그렇게 단순한 일이 아님을 깨달았습니다. 제가 주로 생각하는 정치나 사회문제에 관해서는 특히 그랬습니다. 왜 그랬는지 아직도 잘 모릅니다. 단지 솔제니친 Aleksandr Solzhenitsyn 생각이 났습니다. 그는 미국이 제공하는 온갖 편의와 안정을 뿌리치고 아직 혼란투성이의 장래도 불투명한 러시아로 돌아갔습니다. 파스테르나크Boris Pasternak도 유사한 경우가 아니었나 싶습니다. 자기 나라에 있지 않으면 생각도, 창작도 어렵다고 했습니다.

'그저 구체적 애국심의 문제겠는가? 편리함이 보장된 외국 생활이 오히려 온몸과 마음에 다가오는 문제를 문제의식과는 관련이 없는 것으로 느끼게 했을까?'

아직도 한마디로 잡히는 말을 찾을 수 없습니다.

'한국의 발견'이란 주제는 이미 많은 분의 관심사입니다. 그리고 상당한 업적들이 나오고 있습니다. 이 주제가 수년 전 펴낸《세계의 발견》과 이어져 있다고 생각합니다. 이제 우리는 오랜 방황 끝에 자기 세계를 발견해나가고 있습니다. 이 책이 이런 노력에 작은 보탬이라도 되기를 희망합니다.

가천대학교 연구실에서

라종일

덧붙이는 말

책을 낼 때마다 새삼 깨닫습니다. 작은 일이라도 역시 많은 분의 도움 없이는 이룰 수 없다는 것을요. 먼저 연구와 작업의 편의를 보살펴주는 가천대학교와 이길여 총장님에게 감사를 드립니다. 출판에 동의한 뒤에 초고를 정리하는 어려움이 있었습니다. 이를 정리하는 데 수고를 아끼지 않은 이혜림 가천대 조교 선생에게도 감사를 표합니다.

차례

2부 현실과 이상, 그 사이 어딘가에서

1부

**발견된 한국,
발견한 세계**

다시 만난 세계

선진국도 사실
별것 없잖아요?

**코로나19로 선진국에 품어온 기대는 산산이
깨졌다. 모델이 상실된 시대, 한국인들은 어느
곳을 향해 나아가야 할까.**

코로나 사태의 좋은 면이 하나 있어요. 한
국인들이 선진국 콤플렉스를 벗었어요. 실은 코로나가 발생하기
훨씬 이전부터 쌓여왔던 문제입니다. 소위 선진국들이 과연 인류
차원에서 보는 문제들을 제대로 처리해왔고 지금 그렇게 하고 있

는가 하는 의심이 있었지요. 특히 트럼프 당선 이후 그런 생각들이 특히 많아졌어요. 살펴보면 그들도 별것 없잖아요. 미국도 유럽도 별 볼 일 없고, 중국도 옛날의 중화와는 거리가 멀고요. 선진국을 연구하고 좇아가면 저절로 잘 되리라고 늘 생각해왔지만 이제는 아니라는 걸 한국인들은 알아차렸지요. 이제 모델이 없어졌어요. 좋은 일일 수도, 나쁜 일일 수도 있습니다. '선진국'이라는 정의마저 때로는 우습다는 생각이 듭니다. 뭐든지 다 잘하는 그런 나라가 있는데, 한국인들은 그런 나라가 하는 것들을 따라해야 한다고 여겼죠. 그렇다고 그것이 전부 잘못된 것은 아니었어요. 한시적 의미도 있었지요. 단지 제도만을 도입하면서 그것을 뒷받침하는 사회·문화적 토양이 따라가지 못했던 면이 있었습니다.

한국은 없었다

최익현, 이승만, 김일성…. 이들에게서 라종일은 공통점을 발견한다. 그들의 세계는 우리 바깥의 다른 누군가에 의해 창조된 세계였다.

최익현 선생이 흑산도로 유배 갔을 때 바위에 한시를 새겼습니다. "기봉강산 홍무일월箕封江山 洪武日月", 곧 "중국 기자가 조선에 온 것이 문명의 시작이니, 이 강산에 여전히 명나라의 연호가 붙은 해와 달이 뜬다"는 말인데, 당시 명나라는 망한 지 200년이 넘었거든요. 최익현만이 아니라 당시 유생들은 적어도 일부분 중화라는 세계에 빠져 있었던 거예요. 그러니까 최익현이 의병을 일으킨 건 중화 세계에 대한 충성이었지 우리 민족에 대한 충성은 아니었어요. 그다음에는 한때 대동아라는 이름을 내세운 일본의 세계가 있었어요. '카프'라고, 사회주의 문학단체에서 활동하던 작가들 있지요? 카프 출신으로 태평양전쟁 때 일제에 협력한 사람이 많아요. 가령 팔봉 김기진은 한때 일본 경찰에 구금도 됐던 사람이지만, 일본이 대동아전쟁을 개시하니까 친일로 돌아섰어요. 심지어 자기가 자원해서 말이죠.

그 밖의 한국의 대표 지식인들도 결국 일본이라는 세계에 가라앉은 거예요. 해방을 거치면서도 한국인은 자기 세계가 없었어요. 김일성은 완전히 소련의 세계에 빠져 있었지요. 소련을 중심으로 어떤 거대한 미래 지향의 세계가 있고, 자신은 그 안에서 일부의 역할을 맡으려 했어요. 후일 스탈린의 몰락이 자신의 권력을 위태롭게 할 수 있으니 '민족'이라는 깃발을 든 것이지요. 이승만 역시 미국을 비롯한 큰 세계 안에서 우리의 앞날을 개척하려는 생각이었죠. 이렇게 우리는 다른 이들이 만들어낸 세계에 살고 있었어요. 중국의 세계에, 일본의 세계에, 그다음에는 소련과 미국의 세계에 말이죠. 제가 한국전쟁을 '미니 세계전쟁'이라고 부르는 것은 바로 이 때문입니다. 세계는 이 전쟁으로 한국을 발견합니다. 제가 한국전쟁 70주년 맞아 쓴 책 제목을 "세계와 한국전쟁"이라 정한 것도 그래서였죠(라종일,《세계와 한국전쟁》, 대한민국역사박물관, 2019).

그렇지만 저는 1980년대 중반부터 변화가 시작되었다고 봅니다. '한강의 기적'이라는 단어가 세계인의 입에 오르내렸죠. 한국인들은 자유세계, 공산세계 같은 타자의 세계로부터 '나'와 '넓은 세계'를 발견하고, 그 세계 안에서 자기 위상과 역할을 찾으려 했어요.

충격! 올림픽

한국전쟁으로 세계가 한국을 '발견'했다면 올림픽으로 한국은 세계를 '발견'하기 시작했다.

서울올림픽은 실로 세계사적 의미에서 한국을 발견하는 사건이었습니다. 냉전체제를 허무는 데 큰 기여를 했거든요. 통제경제와 시장경제라는 명제를 놓고 학자들이 수십 년간 결론이 나지 않는 토론을 벌였습니다. 하지만 답은 서울에 있었어요. 제가 개인적으로도 확인할 수 있었죠. 고르바초프Mikhail Gorbachev 측근에 있던 게오르기 샤흐나자로프Georgy Shakhnazarov 같은 사람 말이, 서울올림픽의 충격이 대단했다고 하더군요. 동구권을 포함한 공산세계 고위층들은 이미 이런 사실을 알고 있었지만, 올림픽이라는 전 지구적 축제는 특수했습니다. 수백, 수천만의 사람이 텔레비전 중계를 통해 자기 눈으로 직접 그 사실을 목격했으니까요. 공산권 지식인들이 이미 오래전에 알고 있던 사실들을 서울올림픽을 계기로 발언할 수 있게 되었다는 이야기입니다.

중국인들에게도 큰 충격이었습니다. 중국 지식인 한 사람이 말하기를, 그때 올림픽 텔레비전 방송을 보고 한국이라는 나라가 이렇게 아름답고 좋아졌구나 하면서 굉장히 충격을 받았다는 거예요 (라종일,《세계의 발견》, 경희대학교출판문화국, 2009). 이렇게 한국이 발전하는 동안 자기네들은 뭘 하고 있었나 싶었다면서요. 얼마 지나 소련이 한국에게 돈 좀 빌려달라고 부탁하게 되었는데, 올림픽이 아니었더라면 과연 그렇게 큰 반전이 일어났을까요? 그 무렵 동구라파 여러 나라에 제가 자주 갔는데, 가면 늘 화제가 올림픽이었어요. 그 전에 제가 유럽 유학을 갔을 때만 해도 한국 얘기라면 두 가지 주제밖에 없었어요. 하나는 한국전쟁, 다른 하나는 1966년 월드컵에서 북한 축구가 8강에 진출한 이야기였죠. 김일성이 시작한 한국전쟁이 냉전을 격화시키는 계기였다면, 서울올림픽은 냉전 해체에 큰 기여를 한 셈입니다. 말하자면 올림픽 개최를 통해 한국은 세계사의 흐름에 처음 큰 기여를 한 것입니다. 서울에서 12년 만에 세계의 동서 양 진영의 거의 모든 나라가 함께했잖아요.

변화의 민족

하지만 어떤 사람들은 한국의 미래를 비관적으로 본다. 라종일은 그들에게 어떻게 답했을까.

예전에 케임브리지에서 한국학 강좌를 시작하면서 제게 기조연설을 부탁했을 때 제목을 "세계의 발견"이라고 정하고 1988년에서 이야기를 맺었습니다. 그런데 어떤 이들은 이제 한국의 성장은 멈췄고 한강의 기적은 끝났다고 여깁니다. 몇 년 전 독일의 한 연구소가 한국에 관한 텔레비전 토론회를 한다고 저를 초청했어요. 가벼운 마음으로 갔더니 주제가 "한강 기적의 종언"이더군요. 정신이 번쩍 났습니다. 한국의 발전은 이제는 끝났다, 위기다, 이런 이야기들이 오갔어요. 경제학자들이나 국회의원들 모두 한국의 장래를 비관적으로 보더군요. 객관적인 자료들을 많이 제시했어요. 그래서 저는 그들에게 엉뚱한 질문을 했어요. 세상에서 건배사가 제일 많은 나라가 어디인지 아느냐고요. 도대체 무슨 소리냐는 말이 돌아왔죠. 그래서 제가 말했죠. 한국전쟁 때도 그랬고 그 이후에도 늘 한국인은 위기를 기회로 만들어 성장해왔다, 앞으로도 그 특유의 순발력과 기지로 발전할 것이다, 너희는 건배사가 수백 년 동안 두어 개밖에 없지만 한국의 건배사는 거의 수천 개에 이른다, 상황에 따라 늘 건배사를 바꾸고 옛것을 되풀이하지 않는 것이다, 그런 변모의 힘이야말로 한국인들이 가진 창의력과 순발력의 증거가 아니겠느냐, 이렇게요. 어느 정도 수긍을 했는지 모르겠지만 일단 토론회장 분위기는 바뀌었어요. 같은 자료도 다른 시각으로 볼 수 있지 않습니까? 장면의 수습은 되었어요(라종일, "위기의 연대기", 철학과현실, 2017, 겨울호).

저는 한국이 충분히 희망이 있다고 봅니다. 한국이 민주화를 이루었다는 점은 각별히 훌륭하다고 생각해요. 저는 1970년대와 1980년대에 학교에 있었는데, 역사적으로 중요한 정치적 행동이 일어나는 곳은 여의도나 청와대가 아니었어요. 학원이었지요. 그때 권위주의 정부는 대학생들이 가장 큰 문제임을 인지하고 여러 가지로 그들을 회유하고 제압하려 들었는데, 결국 실패했죠. 저는 그때 한국의 발전 가능성을 봤어요. 정치적이라기보다는 오히려 문화적인 면에서의 더 큰 발전 가능성을 말입니다.

문화적 오리엔탈리즘을 넘어

한국인들에게 또다른 자랑거리가 된 영화 〈기생충〉의 아카데미상 수상. 한국인들의 문화적 가능성을 입증한 사건이지만 살짝 아쉬운 점도 있는데.

아니나 다를까, 오늘날 문화적인 분야에서도 한국의 위상은 실감이 날 정도로 변화하고 있어요. 한국 영화만 봐도 그렇습니다. 런던에 가면 레스터스퀘어라고, 영화 상영관이 많은 거리가 있어요. 1980년대 초에 우연히 거기서 상영하는 터키 영화를 봤어요. 터키말로 "욜Yol"(셰리프 괴렌, 이을마즈 귀네이 감독. 1982년 칸영화제에서 황금종려상을 수상했다)이라고, "길"이란 뜻이죠. 죄수 넷이 집에 다녀와도 된다는 특별 휴가를 받아요. 그런데 결국 감옥 밖의 세계도 감옥과 같다는 메시지를 주는, 정말 잘 만든 영화였죠. 감탄하며, 한편으로는 한국 영화가 런던 레스터스퀘어에서 상영될 날이 올까 하고 자문했던 기억이 납니다. 그런데 불과 몇십 년 만에 그렇게 되었지요. 〈기생충〉에 대한 서구인들의 찬사가 일종의 오리엔탈리즘이 아닌가 하는 점이 살짝 걸리긴 하지만요. 소설《채식주의자》역시 서양 사람들이 한국에 대해 지닌 선입견과 잘 맞지 않았나 싶은 점이 있었지요. 돌이켜보면 '한강의 기적' 역시 한국이 발견한 한국이 아닌, 외부에서 호평한 한국이었죠. 근대를 이끌었던 서구는 그 역사적 사명을 다해가고 있습니다. 오늘날 자기 세계를 찾아가는 한국의 여정은 다른 어떤 나라와도 같지 않을 거예요. 한국인들은 자신만의 독창적인 세계를 구축할 수 있을까요? 그러기 위해서는 우리의 모습을 발견하는 과정이 필요합니다. 바야흐로 지금이에요.

그라운드 제로:
모든 것을 파괴한 전쟁

일상의 붕괴

오늘날 한국은 어떤 과정을 거쳐 만들어졌을
까. 그 과정에서 절대 빠질 수 없는 사건이 한
국 현대사의 가장 커다란 충격, 한국전쟁이겠
다. 전쟁은 그전까지의 한국을 파괴하고 새롭
고 미국적인 근대를 강요하듯 몰고 왔다. 라종
일의 눈으로 본 전쟁의 광경은 어땠을까.

전쟁으로 제가 알던 일상은 완전히 붕괴했
어요. 그리고 사람들은 새로운 일상에 적응하려고 노력했지요. 그런데 그 일상은 불안정하고 예측 불가능한 것이었어요. 주변에 전쟁을 경험한 친척이나 지인들이 털어놓는 이야기는 참혹한 것들이었습니다. 그러나 제가 받은 인상으로는 그런 이야기를 듣는 우리도, 이야기하는 사람도 그 참혹한 경험을 즐기는 바가 없지 않았습니다. 지금의 전쟁 인식과는 차이가 있었어요. 왜 그랬을까요?

전쟁의 참화를 겪고 살아남아야 했던 한국인들은 아무래도 집단 트라우마를 피할 수 없었을 겁니다. 전쟁이 남긴 원한, 한국 사람은 뭘 해도 안 된다는 패배감, 실존주의의 유행을 낳은 부조리의 감각들, 그리고 어떻게든 여기를 벗어나 외국에 가서 살 수는 없을까 하는 탈출의 꿈…. 저명인사들도 일본으로 밀항하는 경우가 많았으니까요. 해외를 가는 것이 어려운 시절이었죠. 힘들게 노력해서 여권을 받아드는 순간 "단군에게 사표"를 낸다고 말하곤 했는데, 그 말도 유행이었어요. 이런 도피심에도 긍정적인 면이 있었어요. 내부에서 움츠러들지 않고 밖에서 새로운 운명을 개척하려는 의욕이지요. 어쨌든 당시 여권은 특권이었어요. 여권과 말단 직원이 미스코리아와 결혼한 일도 있었어요. 사실 한국인에게는 세계 지향성이라는 면이 있어요. 판소리 가사의 무대는 중국, 곧 당시의 세계 중심이었던 경우가 많아요. 경희대학교 조영식 총장님은 어려운 시절에도 '세계 총장 대회'를 개최하고 '인류사회 재건 연구원'을 만들기도 했죠.

그렇지만 1950년대 전쟁 직후 나온 소설들을 보면 깊은 허무감이 느껴져요. 어느 엄한 어머니가 피난을 가면서 아이들에게 잔소리를 해요. 말과 행동을 조심해라, 생각을 올바로 가져라…. 그런데 그러고 나서 민간인 오폭에 바로 휩쓸립니다. 그동안 주고받았던 수신제가修身齊家의 말들이 무슨 의미가 있겠어요. 올바른 행동이니 가치관이니 하는 것이 아무 의미도 없는, 인간 혼돈의 상황이었죠.

저는 전쟁 초기 경상도 '깡촌'에 있다가 전선이 안정된 뒤에는 부산에서 살았습니다. 해방과 전쟁을 겪으면서 나 자신은 특별히 괴롭지는 않았어요. 시골 피난지에서 나름의 재미도 있었습니다. 학교는 권태롭고 별 재미가 없어 싫었어요. 전시의 생활은 매일 새로운 일들이 있었죠. 학교에 나가지 않는 건 좋은데 먹을 것이 없는 점이 첫째로 힘들었습니다. 이때 처음 배고픔을 경험했어요. 공복이 되면 갑자기 힘이 빠지면서 위가 뜨거워져요. 그리고 등에 식은땀이 흘러요. 뭐라도 씹고 있으면 좀 나아요. 날보리라도 씹으면 공복감을 잠시 잊는데 씹는 사이 날보리 찌꺼기가 껌처럼 씹혀요. 그러면 침을 삼킬 수 있어요. 바로 밑 두 동생도 잘 먹지를 못했는데 거기에 홍역까지 앓았어요. 제가 냇가에서 물고기를 잡아다 당시 네 살이던 막내를 먹이곤 했던 기억도 나네요. 그리고 둘째로 힘든 점이 있었는데 읽을거리가 도통 없었다는 것이었습니다.

부산에서는 전쟁통이었는데도 일부 사람들이 지나칠 정도로 사치를 해서 사회문제가 되기도 했어요. 어릴 적 기억에 옷을 아주 잘 입은 여자가 지나가면 어린 학생들이 지금 몇 시인지 아느냐고 물어요. 여자가 왜 그걸 묻느냐고 되물으면, 애들이 "지금은 전시戰時다. 전시에 그러고 다녀도 되냐?" 하고 놀리기도 했죠. 후방의 그런 화려한 모습들을 보면 사람들이 지금 전쟁 중이라는 걸 잊어버

린 것처럼 보였거든요. 전쟁 특수라는 게 있기 마련이니 벼락부자
도 많이 생겼지요. 날쌔게 돈 버는 재주가 있는 사람들은 밀수든 뭐
든 해서 큰 부자가 되었어요. 전쟁이란 영악한 사람들에게는 기회
입니다.

　전쟁이란 게 지금의 코로나 사태와 비슷해요. 일상이 붕괴한다
는 점에서 특히요. 아침에 일어나면 밥 먹고 학교 가는, 그런 일상
의 일정들이 모두 부서지고 사람들 사이의 관계도 다 새로운 모습
으로 바뀌죠.

왜 그렇게 많이 죽였을까?

**민간인 사망자 200만 명. 한국인들은 왜 그렇
게 서로 죽여야 했을까. 라종일은 그 중요한 이
유를 당시 한국 사회의 미완성에서 찾는다.**

　이 작은 나라에서 민간인 학살이 왜 이렇게
많이 일어났는가, 이 문제는 참 정리하기 어렵습니다. 사실 전쟁 중
에 처음 대규모 학살을 시작한 건 남한이에요. 그렇지만 이것은 해
방 이후 일어난 살상극의 연속으로 생각하는 것이 옳겠습니다. 여
수, 순천의 반란사건 때도 민간인 살상이 그 규모나 참혹함 면에서
엄청났어요. 남한이 남로당에 가담했다가 전향한 사람들 리스트를
만들어 관리했는데, 그것이 '보도연맹'이라는 조직이었어요. 건국

이후에도 남파된 빨치산 등이 일으키는 소요사태가 이어졌지요. 간신히 치안이 안정되었을 때 '스탈린 – 김일성'의 남침 전쟁으로 다시 살상의 상황이 빚어졌고요. 그런데 남침을 당하고 전쟁에서 밀리니까 정부는 전향한 사람들이 후방에서 교란을 일으킬까 두려웠던 거죠. 그런데 전혀 근거가 없는 생각도 아닌 게, 북한은 전쟁을 시작할 적에 남한의 30만, 40만 남로당원이 들고 일어나 후방에서 유격전을 하고 파괴 활동, 사보타주를 해줄 거라고 기대했어요. 전쟁 계획의 일부였죠. 남한 정부는 후퇴하면서 후방의 그런 불안한 세력을 없애야 하니까 그 사람들을 다 죽이고 말았죠. 숫자가 30만인지 40만인지는 확실하게 밝혀지지 않았어요. 김대중 대통령, 노무현 대통령 때 조사를 하려 했지만 세월이 오래 지나서 어렵더라고요. 대전 중 소련의 카틴 숲 학살 사건이 떠올라요.

그러고 나서 인민공화국 시대가 되니까 좌익들은 또 인민재판을 열고 반동분자 학살을 시작했죠. 국군이 다시 진주하면 똑같은 행동을 했고요. 영국군 참전 기록에 보면, 여자와 어린이들까지 경찰이 죽이려는 판에 영국군이 개입해 사형수들을 풀어주고 그랬대요. 그렇게 풀려나긴 했지만 영국군이 떠난 다음에는 어떻게 되었을까요.

이번에 제가 한국전쟁에 관한 얘기를 쓰면서 전쟁한 것은 양측 다 잘못이다, 양쪽에 영웅은 없다고 그랬어요. 하지만 북한 정권은 아직도 한국전쟁이 훌륭한 일이었다고 말해요. 위대한 김일성 장군이 침략자 미국 놈들을 물리친 것이라고요. 중국도 마찬가지고요. 그러니 아무리 남북이 화해를 하겠다고 말해도 과거의 반성

없이 진정한 화해가 될까요? 잘못한 것을 하나도 반성하지 않는데 요? 종전선언은 저도 찬성이지만 그 전에 과거의 잘못에 대한 반성 이 먼저 있어야 하지 않겠습니까?

이념보다 더 중요했던 것

한국인 대부분은 한국전쟁의 원인을 자본주의 와 공산주의의 이념 대결로 알고 있지만, 라종 일은 통념과 살짝 다른 시각을 전한다.

이 전쟁이 이념전쟁이었냐고 하면 반드시 그렇지는 않아요. 물론 이념적인 면이 강하긴 했는데, 저는 이념하 고 지정학이 결부된 것이라고 봐요. 국제정치적인 측면이 말이죠. 아무튼 명분이야 빨갱이 대 반동분자였지만요. 저는 정치적인 면 보다 사회·문화적인 면이 더 중요하다고 봅니다. 이념 대립이 전쟁 으로 가고 민간인 학살로 이어진 것은 쉽게 말하면 우리가 정치적· 사회적 후진국이었다는 걸 방증합니다. 그리고 전쟁 중의 민간인 학살은 이념이나 정치보다 우리 사회 문민성의 문제였어요.

소련의 스탈린은 엄청나게 큰 제국을, 제정러시아 때보다 훨씬 큰 제국을 건설한 상태였어요. 변방의 한국이야 중요한 게 아니었 고, 그것 가지고 미국하고 싸울 가치도 없었지요. 그런데 중국이 통 일을 이루니까 스탈린이 생각을 바꾼 것입니다. 중국이 너무 강해

지면, 중국을 포함한 다른 나라들이 스탈린의 말을 잘 듣지 않을 것 같았죠. 자신은 모른 체하면서 변방 한국에서 전쟁을 시작하면 중국을 견제할 수 있다고 생각했겠지요. 그런데 제 생각은 거기서 한 단계 더 나아갑니다. 스탈린이 더 넓은 세계적 차원의 전략의 일환으로 한국전쟁을 시작했다고 봅니다.

어떤 사람들은 한국전쟁으로 손해를 제일 많이 본 쪽은 중국이라고 해요. 어떤 교수님이 쓴 책에 따르면, 김일성 역시 스탈린의 '장기 말 졸'에 불과할 수 있대요. 하지만 정치에서 그런 건 없어요. 김일성도 자기 생각이 있었고 자기 이해관계를 가졌어요. 김일성에게 중요한 것은 한반도 통일이었죠. 그렇게 보면 오히려 김일성 입장에서는 스탈린이 활용할 수 있는 자원이 되는 겁니다. 모택동도 마찬가지예요. 제 생각에 모택동은 가만히 앉아서 상대방이 득세하는 걸 보고만 있으면 안 되며, 그 선택에 따라 역사의 큰 추세가 바뀐다는 점을 알고 있었어요. 결국 모택동은 자기 목표를 달성했어요. 중국 인민은 엄청난 피해를 입었지만요.

미국은 나름 한국이 공산화되는 것을 앉아서 지켜볼 수 없는 상황이었습니다. 전쟁 초기, 미국의 군사고문단은 철수하기 위해 남으로 후퇴하고 있었습니다. 본국이 참전했으니 현장에 남으라는 명령이 떨어지니까 이들은 일제히 환호했대요. 일본으로 철수했으면 편하게 지낼 수 있었겠죠. 하지만 상대의 도전에 응하는 것이 당시 미국인들 기질이었나 봅니다. 이런 점은 학자들이 흔히 놓치는 부분이에요.

영국 사람들은 놀랐어요. 미국이 그렇게 빨리, 자기들로서는 별로 중요하지 않은 전쟁에 뛰어들 줄 몰랐던 거죠. 올리버 프랭스 Oliver Franks라는 당시 미국 주재 영국 대사는 본국에 "미국이 참전 결정을 하는 순간 매니페스트 데스티니Manifest Destiny(역사적 사명)를 움켜쥐었다"라고 보고했어요. 세계대전이 끝나고 미국이 초강대국 지위에 올랐지만 앞으로 대외정책을 어떻게 해야 할지, 어느 정도로 세계에 대한 책임을 져야 할지 여러모로 고민이 많은 상황이었어요. 당시 나토를 만들어놓긴 했지만 별 것 없는 상태였거든요. 그런데 한국전쟁이 일어난 순간 머뭇거리던 태도가 갑자기 바뀌었던 거예요. 그때 미국이 제시된 운명을, 역사적 사명을 움켜쥔 것이지요.

미국 입장에서 한국 자체는 그리 중요하지 않았습니다. 하지만 첫째로 한국에서 미국이 약한 꼴을 보이면 소련이 계속해서 미국을 압박하며 국지적 전쟁을 도발할 것이고, 둘째로 한국이 소련 손에 떨어지면 일본에게 나쁜 영향이 있을 거라고 봤어요. 그래서 제한전이 등장한 것이죠. 역사에서는 변경의 작은 일이 세계사의 큰 흐름을 바꾸는 계기가 됩니다. 한국은 그래서 중요했습니다.

한국전쟁에서 처음 제한전이라는 개념이 나왔어요. 강대국 간에는 전쟁을 할 수 없는데, 전쟁이라는 수단은 그래도 써보고 싶거든요. 대신 그 전쟁의 영향이 너무 커져서 자신에게 심한 타격을 주지 않도록 해야 했어요. 아마 이승만 같은 사람은 전면전이 되었으면 하고 바랐겠죠. 맥아더도 마찬가지고요. 미국 쪽으로 보면 어쨌든 남한이 적화되는 걸 막았으니 목적은 달성했다고 할 수 있겠죠.

학자들 중에 대전 이후의 국제질서는 사실 한국전쟁에서 시작

　　　　　　　　　　　　　　한국의 발견

되었다고 말하는 사람이 많이 있어요. 왜냐면 그전에도 소련을 봉쇄한다는 생각이 미국에게 있었지만 정치, 경제, 이념, 문화 면에서만 고려했거든요. 그런데 한국전쟁 이후 본격적으로 전면적 대결을 생각하고, 군사적 영향까지 고려하는 식으로 대소련 전략이 확대되었죠. 전 세계가 거의 미군 기지가 되었잖아요. 이것이 한국전쟁이 낳은 가장 큰 국제적 변화라고 할 수 있습니다.

새옹지마

전쟁의 파괴 속에서 근대의 새싹이 트기 시작했다. 혹시 파괴 그 자체에는 아무런 긍정적 측면이 없었을까?

한국전쟁으로 전통사회는 무너졌습니다. 특히 지주계급이 붕괴했다고 봅니다. 매우 조심스럽지만, 전통사회의 붕괴가 소극적인 면에서 근대화에 유리한 조건이 되었을지도 모르겠습니다. 하지만 한국 사회가 평등해진 것은 아니라고 생각합니다. 단지 계급이나 계층 구조에 변화가 있었을 뿐이죠. 예를 들어 군 상부, 전쟁 특수에 편승한 기업인들의 정치적·사회적 진출이 이뤄졌지요.

전쟁통에도 한국인들의 교육열은 지금 못지않게 뜨거웠습니다. 전선이 안정되자 바로 학교가 시작되었어요. 노천에, 산 중턱에 각자 삽으로 작은 구덩이를 파면 그것이 의자가 되었고, 선생님이 칠판을 가지고 와서 나무에 걸면 교실이 되었습니다. 우리는 그림 그릴 때 사용하는 휴대용 이젤을 가지고 다녔어요. 그 끈을 목에 걸면 책상이 되었거든요. 조금 여유가 생기자 평지에 천막을 치고 땅에 가마니를 깔았어요. 그 뒤에 지붕이 있는 목제 교사가 생겼고요. 교사 마련을 위해 학부모들에게 모금을 했어요. 그때도 진학과 관련해서 학부모들의 열성이 대단했습니다. '치맛바람'이라는 용어가 처음 생긴 것이 동란 직후라고 기억합니다.

농촌에서는 많은 젊은이가 군에 동원되어 집단적인 규율과 생활에 익숙해졌어요. 문자 해독률이 크게 높아졌고, 근대적 도구의 사용에 노출되기도 했지요. 엘리트들 역시 군을 중심으로 근대적이고 합리적인 경영에 훈련이 되었고요. 그리고 해외, 특히 미국과 크게 가까워진 점을 들 수 있겠습니다. 전쟁으로 미국은 우리에게 성큼 다가왔어요.

큰형이 일제강점기에 일본 대학으로 유학을 갔다 왔는데요. 해방 후 아버지는 미국으로 유학 갈 생각이 없느냐고 물었어요. 그런데 형은 안 간다고, 뭐하러 가느냐고 그랬죠. 일본이 패망하게 된 다음에도 일본을 당장 대체한 게 미국은 아니었어요. 그러다가 한국전쟁 때 군인들부터 시작해 미국행이 확 늘었죠. 그전에는 미국이 워낙 생소한 데다 멀었어요. 비행기를 탄다는 것 자체가 엄청난 일이었죠.

1950년 봄 제 아버지와 신익희 국회의장 일행이 미국에 갔어요. 가는 데만 24시간인가 30시간인가 걸렸대요. 동경에서 비행기

　　　　　　　　　　　　　　　　한국의 발견

를 갈아타고 웨이크아일랜드로 간 다음 다시 갈아타고 로스앤젤레스인가 알래스카를 경유해 워싱턴에 갔대요. 거기서 에치슨Dean Acheson도 만나고 그랬다네요. 아버지가 미국에 가신 건 원조 때문이었어요. 또 시급한 것이 안보였습니다. 북한이 전쟁을 할 것 같았거든요. 남한에 전쟁에 대비한 군수물자가 열악해서 도와달라는 것이었는데, 우선 그들은 한국에 별 관심이 없었고, 거기에 이승만이 북한을 침공하겠다고 자꾸 그러고 있으니 미국이 불안해서 뭘 줄 수 있었겠어요? 무기를 건네주면 이 사람이 지금 북한을 치겠구나 싶었겠죠.

나라를 찾았는데
왜 기쁘지 않나:
실패의 기록

기대가 큰 만큼

해방은 감격스러운 것이었다. 하지만 그 감격은 차츰 상실되었다. 어째서일까.

하나의 역사적 사건은 동시에 여러 차원을 내포하고 있잖아요. 해방도 마찬가지였죠. 가장 극적인 대조가 두 시인 박태원과 구상의 현실이었어요. 박태원의 시 〈독립행진곡〉은 김성태 작곡으로 널리 불리는 노래가 되었지요. 한국의 밝은 미래를 노래했습니다. 반면 구상의 시 〈여명도〉는 어둡고 처참한 전망을 보여줍니다. 사람들은 해방에 임하면서 독립 외에도 이제까지 있었던 사회적 모순들이 다 해결되리라는 희망을 가졌습니다. 막연하게나마요. 이를테면, 일본의 식민 지배에서 풀려났으니 빈부격차도 해결되지 않을까, 이렇게요. 특히 한국인들은 봉건적 질서로부터 자신들이 일시에 해방되고 사회정의가 실현될 것으로 기대했어요. 그런데 빈부격차는 둘째치고 식량부터 충분치가 않았으니, 결국 돈 있는 사람들한테 의존할 수밖에요. 그런 사회·경제적 불평등만이 아니라 성숙된 시민으로서, 공민으로서 처신할 수 있는 기초 역시 부실했어요.

공공재산 중에서 특히 일본인들이 놓고 간 재산을 '적산敵産'이라고 하죠. 그게 상당히 남아 있었죠. 이병주 씨 소설에 그 재산을 민간에 처분하는 과정에서 엄청나게 부자가 되는 사람들이 나와요. 이제까지 노름판이나 다니던 사람이 어떻게 서울로 가서는 이리저리 수를 써서 부자가 되어 여자들을 농락하고 다녀요. 그뿐이 아니고 기차에는 창문이 제대로 남아 있지 않았고, 의자 덮는 천을 누가 잘라가거나 심지어 의자까지 떼어갔어요. 일본 사람들 있을 때는 꼼짝도 못하더니 공공질서며 규칙이 다 무너져버린 거죠. 해방의 기대는 컸어요. 그러나 현실은 사람들의 한껏 부푼 꿈을 채우기에 거리가 멀었지요.

그리고 사람들 사이에 극심한 대립이 시작됐어요. 그 당시가 어떤 시대였냐면요. 저희 집 장롱 위가 칼빈총으로 가득했어요. 기관단총도 있었죠. 제 집이 명륜동 언덕에 있었는데, 우리 사랑채하고 담 하나 사이에 김해균 씨 집이 있었어요. 김해균 씨는 보성전문학교 영문과 교수였는데, 일본에서 영문학을 전공한 수재로 마르

크시스트였어요. 그 집을 명륜동 아방궁이라 불렀는데, 지금 기준
으로도 손색없는 400~500평 되는 큰 저택이었습니다. 그 집에 다
른 사람 아닌 박헌영이 살았어요. 한번은 우리 집 사랑채에 폭탄이
떨어졌는데, 마당에서만 터져서 별로 피해는 없었고, 그냥 깜짝 놀
라고 말았죠. 김해균 씨는 박헌영이 월북할 때 같이 가지 않고 여기
남아 있다가 한국전쟁 때 월북했습니다. 그 집 아이들과는 한동네
같은 학교 친구였어요. 그 후의 소식으로는 박헌영의 재판 때 검찰
측 증인으로 나온 기록이 있더군요. 검찰 측 증인으로 나온 것을 보
면 박헌영에 대해 불리한 증언을 한 것이 아닌가 합니다. 살기 위해
서 어쩔 수 없었겠지요. 그 뒤에는 시골로 하방되었다는 것 정도만
알려져 있습니다. 아이들 소식은 전혀 없고요.

언제 어떤 사건이 일어나고 무슨 상황이 벌어질지 모르니까 안
식구들, 제 어머니, 이모, 가정부들까지 다 안전장치를 풀고 총 쏘
는 연습을 하고 그랬어요. 우리 집에서는 또 북한에서 넘어온 청년
들을 재워줬어요. 7~8명씩 오면 밥을 해서 먹이곤 했죠. 이들은 일
주일, 이주일 있다가 어디론가 나가요. 그들이 군, 특히 육사에 많
이 들어갔어요. 당시 한국군에 북한 출신이 참 많았죠. 그런데 대개
잘사는 집 애들이었어요. 우리 어머니가 참 마음 아파했어요. 가끔
북한에서 이불 보퉁이를 짊어지고 와서 그분들에게 전하는 사람들
이 있었어요. 그런 짐을 받아 전달해주면 그걸 끌어안고 울먹이던
젊은이들 생각이 납니다. 그 시대 사람들은 어디 피난 가려면 이불
을 이만큼씩, 부피도 큰 걸 가져갔잖아요.

진정한 토론을 해보십시다

한국인들에게 부족했던 것을 한마디로 말하면 근대화 과정이 낳는 시빌리티였다. 시빌리티, 그것은 대체 무엇일까? 문민성?

결국 정치적·사회적 훈련이 안 되지 않았나 싶어요. 의견과 이해관계가 다른 사람과 같이 사는 방법을 한국인들은 잘 몰랐어요. 제 아버지가 말하기를 무릇 정치는 스포츠, 이를테면 골프처럼 해야 한다, 상대를 적이라고 생각하지 말고 같이 게임을 하는 파트너로 생각해야 한다, 그리고 그 파트너와 공동 목표를 가져야 한다, 한 코스에 그린이 하나인 것처럼 파트너와 경쟁은 하면서도 규칙은 꼭 지켜야 한다 했어요. 아버지 지론이 그것이었는데 현실에서 그런 건 없었던 게 아닌가 싶죠.

규칙을 어기고도 정치에서 이기려는 경우가 있어요. 가령 폭력을 벌인다든지 또는 상대방을 암살한다든지요. 암살해버리면 귀찮은 일이 해결되는 것 같죠. 그렇지만 사실 그게 더 큰 문제를 만든다는 걸 사람들은 몰랐어요. 해방 직후 암살이 많았어요. 제일 먼저 고하 송진우 그리고 여운형, 그다음에 김구, 장덕수 이런 사람들이 암살당했죠. 잘 알려지지 않은 암살은 얼마나 많았겠어요.

한층 더 나가면 자기 측에만 유리한 법을 만들고 법치의 가면으로 상대방을 억압하는 것입니다. 제가 워싱턴 문서보관소에서 연구를 했는데, 해방 직후 미군정 문서들 중 시장 상인들이 군정청에 올린 진정서가 하나 있더라고요. 무슨 일로 진정을 했나 봤더니, 김두한이 사람을 죽였더라고요. 미군정에서 김두한을 살인범으로 잡아가니까 동대문 상인들이 연명장을 몇백 명씩 써서 탄원을 했죠. 김두한은 살인범이 아니다, 애국자다, 죽은 사람은 악질 공산당 책임자인데, 애국 청년 김두한이 그 사람과 정치토론을 하려고 간 거다, 토론을 하는 와중에 그 사람이 감정이 격해진 나머지 심장마비를 일으켜 죽은 것이다, 그러니 우리 애국 청년을 놓아달라, 김두한은 우리나라에 꼭 필요한 사람이다, 이런 내용이었어요. 기록에 보니까 김두한은 살인으로 구속까지 되었다가 할복을 하고 또 뭘 해서 아무튼 빠져나왔더군요. 당시 여러 서류를 넘겨보며 노트도 하고 그랬는데, 김두한 건은 보고 웃지 않을 수 없었어요. 과연 김두한이 토론만 하려 했을까 싶어서요.

혼란과 폭력이 난무하는 시대였죠. 그러니까 최승희가 "해방이 되어 모두 행복하다는데 나는 왜 이렇게 기쁘지가 않나"라고 했겠죠. 일제강점기에는 감히 기차 유리창이라도 깨봤겠어요? 그런데 해방이다, 뭐든지 해도 된다! 이랬으니⋯. '시빌리티Civility'라고 할까요? 우리 말로는 '문민도'라고 할 수 있겠죠. 그런 게 모자랐던 거예요. 시빌리티라는 게 뭘까요. 사람이 사람을 사람으로 대우하는 그런 것이겠지요. 그러니까 주먹으로 해결하려 해서는 안 되는 거예요. 예를 들어, 김두한이 사람을 찾아가서 "자, 공산주의가 왜 나쁜지 토론해보십시다" 하고 진짜로 토론했을까 의심이 가요. "반동분자" 아니면 "빨갱이" 이런 말로 사람들을 간단히 처리했겠지요.

이념 투쟁을 하더라도 사람을 존중하는 자세를 가져야 해요.

우리 1940년대, 1950년대를 보면 사람을 자기 이념의 적이라고 여겨 죽여도 아주 처참하게 죽였어요. 우리가 피난 갔던 시골에서도 인민재판이 자주 열렸는데 그중 월남한 사람 하나를 인민재판을 열어 때려죽인 것이 기억에 남아요. 죄라고는 월남했다는 것뿐 그 외에 그 촌에서 소주를 내려 팔았는데 영세 사업이었지만 그것도 죄가 되더라고요. 마지막으로 할 말 남기라고 하니까 그냥 죽으려고 각오를 하고 악이 바쳐 "이승만 만세" "대한민국 만세"를 외쳤어요. 그러니까 풀과 흙으로 입을 틀어막고 때려서 죽였어요.

선친이 조선시대를 돌아보며 늘 유감으로 생각하던 점도 그것이었어요. 자기 주장, 자기 학설에 맞지 않으면 상대를 악으로 몰아 죽였어요. 그리고 죽인 정적의 여인 식구들은 자기 집 종으로 삼아 부렸고요. 선친은 이런 짓을 개탄했어요. 우리가 함께 살 수 있도록 하는 집단적으로 축적된 경륜이 모자랐던 거지요.

아직 트레이닝이 되지 않았다

어째서 드골은 권력을 버리고, 이승만은 버리지 못했을까. 그 이유 역시 근대성에 있다.

따지자면 이승만에게 공산화를 막은 그리고 나라를 지킨 공적은 있었어요. 나중에 긴 안목으로 보면 공산주의를 실행했던 나라보다 안 한 나라가 발전할 가능성이 높았거든요. 공산주의를 경험한 나라는 나중에 자유시장경제 쪽으로 바꾼다 해도 별로 신통치가 않더라고요. 왜 그럴까요? 체제를 바꾸면 금세 경제적으로 번영하고 정치적으로 열린 사회로 갈 줄 알았는데, 그렇게 안 되더라고요. 그렇기는 한데, 이승만에게 그런 공적이 있다 하더라도, 한국전쟁 이후의 행태를 보면 좋게 평가하기는 힘들지 않을까요?

드골Charles De Gaulle 같은 사람은 과감하게 물러나잖아요. 권력을 딱 버리고요. 한국전쟁이 끝났을 때 이승만이 그렇게 책임을 지고 사직했으면 정말 좋았겠죠. 많은 것이 달라졌을 거예요. 적어도 1956년 선거에는 출마하지 않았어야 해요. 물론 김일성은 더욱 반성했어야 했고요. 책임을 지고 박헌영에게 정권을 넘겨주었다면 어땠을까요. 왜 그렇게 억지로 거짓말을 지어내 결국 옛 동료들까지 다 죽이고 말았을까요.

두 개인의 문제만은 아니었다고 생각합니다. 정치라는 것은 결국 사람들이 같이 사는 것에 대한 문제니까요. 사상, 이해관계, 의견이 다른 이들도 서로 인간으로 존중하는 것, 한마디로 시빌리티를 갖추어야 사회적 공존이 가능하죠. 하지만 당시 한국인들은 그 점에서 훈련되어 있지 않았어요. 공존을 훈련하는 근대의 경험이 우리에게 없었기에 다들 자기 옳은 점만, 자기 이해만 생각하게 되지 않았나 싶습니다. 독립운동을 하는 과정에서도 비슷했어요. 자기만 맞다고 여기니 같은 독립군 사이에서도 갈라져 싸우고, 서로 살상도 했잖아요.

식민지 반근대화

**일제강점기 한국인에게는 근대화 경험이 결여
되어 있었다. 라종일이 기억하는 식민지 조선
의 면면들은 무엇일까.**

일제 말에 제가 소개疏開로 시골에 내려가
있었는데요. 소개가 뭐냐면, 당시 일본이 공습을 우려해 서울 사람
들을 시골로 보냈어요. 그래서 저희 가족은 선친이 간척지를 만든
곳으로 갔지요. 그곳에 아직도 선친을 기억하는 사람들이 있어요.
옛날에는 분재分財라고 자식들한테 재산을 나눠주었거든요. 오늘
날의 유산 상속이죠. 그런데 선친은 윗대로부터 한 푼도 못 받았대
요. 독립운동 한다고 사방으로 다니면서 집에 있는 돈을 다 갖다 썼
으니 한 푼도 안 준다고 그랬대요. 아버지는 당연하다고 받아들였
대요. 그래서 아버지는 함평에 간척지를 만들어서 아주 부자가 됐
어요. 우리 가족이 그곳으로 소개를 간 거예요. 시골로 내려가는 길
에 어머니가 기차 안에서 뭘 꺼내 우리더러 먹으라고 주시던 게 기
억나요. 지방 역에서는 우리를 데리러 올 달구지가 아직 안 와 있어
서 기차역에서 기다리는데 무척 추웠어요. 두 살 때였나 세 살 때였
나, 그게 저의 이 세상 최초의 기억입니다.

당시 B29 폭격기를 일본 발음으로 "비-니쥬큐"라고 그랬는데,
그게 지나가면 사람들이 나와서 쳐다봤어요. 미국 비행기가 날아
가는데 워낙 높이 나니까 뒤로 하얀 비행운이 이어졌어요. 시골 사

람들이 그 비행운을 보고 전쟁 결과를 의심하기 시작했다고 합니다. 우리 조부께서도 "일본이 지겠구나" 그러셨대요. 자기네 나라 폭격하는 비행기도 막지 못하는 놈들이 무슨 전쟁을 하겠느냐고요. 국제정세 같은 게 내부에 통 알려지지 않았는데도 사람들은 그런 판단을 할 수 있었나 봐요. 또 기억나는 것이라면, 징용 나가면서 사람들이 항의하듯 일본 군가를 악쓰며 부르는데, 가사를 우리말의 나쁜 뜻으로 바꿔 부르곤 했어요. 일본인들이 처녀들 잡아서 전선으로 데려간다며 딸을 빨리 결혼시키기도 했고요.

위안부 문제에 관해 여러 의견이 있지만 당시는 개인의 자유나 선택권이 무의미한 시대였어요. 일본 순사 하나가 얼마나 권한이 셌느냐면요. 순사가 칼을 차고 마을로 들어오면 마을이 전부 긴장했어요. 그렇다고 큰소리를 치거나 폭력을 휘두르는 것도 아닌데. 순사라면 사람들이 꼼짝도 못하고, 심지어 일본인 순사가 거느린 보조원들조차 위세가 대단했어요. 사람들이 경찰서 같은 데 잡혀가면 엄청 겁을 먹고 그랬고요. 그런데도 항의 같은 것은 꿈도 못 꾸었죠. 당시 시골 사람들의 유일한 위안이 술 좀 담가서 명절 때 먹는 건데, 일제 말에는 그런 것도 못하게 했거든요. 순사 보조원들이 밀주 단속을 한다고 구둣발로 안방까지 들어와서 사정없이 끄집어내곤 했죠. 그 상황에서 인권이 어디에 있겠습니까. 인권이라는 말 자체도 없던 시절인데요. 그리고 농가 대부분은 늘 식량 걱정을 하는 형편이었어요. 그러니까 일본인이 끌어갔느냐, 조선인 브로커가 끌어갔느냐, 이런 논쟁은 큰 의미가 없다고 봐요. 조선인에게 자율적 의사가 있었다? 일정 부분 그럴 수도 있었겠죠. 하지만 그 뒤에 엄청난 권력이 있었고, 그 권력이 무자비하고 폭력적이었다는 걸 기억해야 해요. 그리고 무엇보다 무서운 가난이 있었어요.

근대화는 합리성, 이성의 실현이고, 곧 사람이 자기 능력으로 자기 앞날을 개척하는 방향이 되어야 합니다. 그것 없이 철도만 놓았다고 근대화가 되는 건 아니죠. 그런 것들은 근대의 치장이거나 근대화에 따라오는 부속물 같은 거예요. 따라서 근대성은 일제 치하에서 무어라고 논할 수조차 없는 문제입니다.

해방 후 그리고 전쟁으로 이어진 시대가 암울하긴 했지만 저는 책을 보며 버텨내지 않았나 싶어요. 제 유일한 낙이었죠. 특별히 독서를 좋아했다기보다 그 시대의 큰 특징이 물질적 궁핍 외에도 정서적·지적 궁핍이었어요. 책 외에는 아무것도 없었어요. 물론 지금은 책 말고도 수많은 대안이 있죠. 그래도 저는 책이 제일 훌륭하다고 여깁니다. 쉽고 편리한 자극을 주는 영상자료들은 생각할 여지가 좁아요. 반면 책은 상상과 사고를 자극하지요. 예를 들어, 고등학교 때 톨스토이Lev Nikolayevich Tolstoy의 《전쟁과 평화Война и мир》를 보았는데 큰 감동과 사색의 자극이 되었습니다. 후에 영화화된 것을 여러 편 보았는데 볼 때뿐이지 책을 읽을 때처럼 상상과 사색의 자극이 되지는 못했습니다. 소련이 엄청난 물량을 들여 만든 6시간짜리 영화도 보았지만 역시 소설에는 미치지 못했고요. 엄청난 영상자료도 책이 주는 상상에 비하면 빈약했어요.

이상의 〈권태〉라는 작품 있잖아요. 그걸 보면 아이들이 그냥 권태에 찌들어 있습니다. 아마 자기 권태를 애들한테 투영한 면도 있었겠지만, 그 시대를 산 사람으로서 이해가 가요. 그 시절에는 정말 억지로 놀이를 만들었어요. 그렇지 않을 때는 오직 책이었죠. 닥치는 대로 읽었어요. 아무튼 읽을거리만 있으면 말 그대로 온갖 걸 다 읽었습니다. 아버지는 좋아하지 않았어요. 소설 책 같은 거 읽지 말고 제대로 된 공부를 해야 한다고요. 그렇지만 학교 교과서는 모두 지루했으니….

일제 말기에 한국인들이 그저 꽉 눌려 있었던 것만 같지만, 크고 작은 반항도 많았어요. 가령 일본 군가나 소위 '황국신민서사'를 상스러운 말로 바꿔 부른다든가요. 그렇게 불러놓고는 아무것도 모르는 척했죠. 그리고 놀란 것이 해방이 되었다는 소식이 전해지니까 이제까지 꼼짝하지 못했던 사람들이 하루아침에 달라지더라고요. 그때 일본에 협력하던 사람들도 해방되자마자 일본인들더러 왜놈이라 부르고요. 우리가 살던 곳 포구에서 어부들 상대로 고리대금을 하는 일본 사람이 있었는데, 조선인들이 몰려가서 그가 갖고 있던 금고로 머리를 때려서 죽였다고 해요.

제 집안사람들은 일제시대에 선친의 고집 덕에 이름을 그대로 쓸 수 있었죠. 그때는 창씨개명을 하지 않은 사람이 거의 없었어요. 이름을 일본식으로 바꾸지 않으면 압력이 엄청났으니까요. 관청에서 상대도 해주지 않고 이름부터 바꿔 오라고 하니, 조선 이름으로는 일을 전혀 볼 수 없었거든요. 아버지는 그런데 창씨개명을 하지 않은 걸 후에 큰 자랑으로 여기지도 않았고, 도리어 다른 사람에게 미안하게 여기셨어요. 사회활동을 하면서 조금씩이라도 민족주의적인 노력을 하던 사람들까지도 안 바꿀 수 없던 시대였는데, 당신께서는 안 바꾸고 살아서 오히려 미안한 마음이었다고요.

저희 집안 식구들만이 아니라 소작인들도 거의 개명을 하지 않았죠. 한번은 경찰서에서 소작인 한 사람에게 왜 이름을 바꾸지 않느냐고 물었는데, 지주가 바꾸지 말라 했다고 대답한 거예요. 그때는 진짜 경찰에게 온 가족이 혼이 났대요. 아버지 본인은 물론이고 할아버지까지 잡혀가서 어려움을 겪었대요. 그다음에 학병 권유나 일본에서 전투기 산다는 등 헌금하라고 압력이 심했는데도 버티고 얼버무려서 기어코 안 했대요. 버티는 것도 힘들었다고 하시더라고요. 해외에서 독립운동을 한 분들도 훌륭하지만 국내에서 엄중한 현실에서 여러 가지로 뜻을 편 사람들도 어려운 일을 한 것입니다.

이것이 과연 혁명인지

**우리가 미완의 혁명이라고 부르는 4·19. 4·19
에 대한 라종일의 생각은 어떨까. 직접 참여한
당사자에게 물어보았다.**

저는 4·19에 참여했다기보다는 좇아다닌 것밖에 없는 것 같군요. 당시 이승만 박사가 그렇게 무너지리라고는 다들 생각하지 못했어요. 대안이 있어서라기보다 심한 부정의를 그저 보고만 있을 수 없다는 생각이 주였어요. 그전에도 시위들이 있긴 했지만 학생들이 나온 것은 의미가 달랐죠. 조직된 인력이었으니까요. 반별로, 학년별로 학생 조직이 있으니 동원이 쉬웠고

머릿수도 많았어요. 수가 많다는 건 굉장한 강점이죠. 거기에는 물론 멋모르고 나온 학생들도 적지 않았어요. 학도호국단 같은 지도층이 동원하니까 그냥 따라 나온 거죠. 당시 독일문학 교수님 한 분이 수필에 그런 광경을 묘사했더라고요. 학생 하나가 뭔지도 모르고 막 뛰어가면서 묻는 거예요. "형님, 이거 뭐 하는 겁니까?" 그랬더니 답이 이랬다고 해요. "나도 모르겠다, 새끼야!"

후일 한일협약 반대 데모에서도 일부 학생들은 내용을 잘 모르고 나왔어요. 혁명의 우연적 계기라는 게 그런 거죠. 다 합리적인 게 아네요. 헤겔은 그걸 '이성의 교지List der Vernunft'라고 부를지도 모르겠어요. 비합리적인 동기를 가지고 합리성의 실현에 기여하는 거예요. 가령 권력욕 같은 비이성적 동기에서 이성적 결과가 나오는 거죠. 그런데 세계대전을 겪고 보니 무슨 놈의 이성은 이성!

개인적으로는 4·19를 '혁명'이라고까지 할 수 있나 싶어요. 혁명이라면 사회구조 같은 게 근본적으로 바뀌는 무언가가 있어야 하는데, 그런 계기를 만들었다면 또 모르겠지만, 그런 건 없었잖아요. 장면 정권만 하더라도 체제의 근본적 변화는 없었고, 정권을 잡은 세력과 인물 변화에 지나지 않았죠. 그리고 근대적인 의미의 혁명이라는 것은 합리성이잖아요? 헤겔 같은 사람의 정의가 설득력이 있는데요. 마르크스의 관점도 그것을 계승하고 있죠. 곧 이성의 실현으로 비합리적인 질서를 타파하는 것입니다. 그때의 대학생들이 자기네들을 어떤 선구자로 생각하긴 했죠. 하기야 당시에는 학교가 우리나라 사회, 정치의 일선에 서 있었다고들 했어요. 그런데 이 선구자를 자처하는 학생들이 계몽운동을 조직하는데, 당시 학생회장이 계몽대 발대식 연설에서 히틀러를 인용하는 등 어처구니 없는 일도 있었어요. 계몽운동이란 말 자체도 그때 생각으로 조금 웃기는 이야기 같았어요. 그렇지만 모두 4·19혁명의 메시지를 방방곡곡에 전한다고 열심히 돌아다녔습니다.

당시 서울대학교 계몽대라고 그러면 차표 없이 기차를 타도 그냥 봐주었죠. 면사무소, 파출소, 이런 데 가면 재워주고 밥도 주고 또 돈도 주었어요. 이때 이미 4·19로 생긴 작은 권력을 남용하기 시작한 게 아닌가 싶어요. 학사 경관이라고, 대졸자들을 경찰에서 많이 취직시켜줬어요. 또 서울 국회의사당을 학생회관이라고 고치자는 말까지 있었죠. 이런 걸 혁명이라고 할 수 있을까요? 그렇지만 어떤 계기는 됐어요. 학생들에게 아무 힘이 없어 보이지만, 모여서 운동을 시작하니까 엄청난 힘으로 작용하더라는 사실을 사람들이 알게 됐죠. 훗날 사회 개혁의 동력으로 이어지는 계기가 되었을지 몰라도 저는 '혁명'이라고까지는 생각이 안 돼요.

내가 틀릴 수도 있다

이런 정당을 만들어보면 어떨까.

일정 부분은 이승만의 기여로 생각해야 해요. 아니면 우리가 운이 좋았을 수도 있고요. 어떻게 됐건 이승만 정부의 공식 입장은, 그러니까 헌법은 자유민주주의였어요. 자유,

평등, 그리고 인권을 보장한다는 거였는데, 물론 현실과는 거리가 있었죠. 이승만은 권위주의적으로 통제와 억압을 가했지만, 언론은 어느 정도 자유를 행사하는 상황이었고 대체 정당으로 신익희나 장면의 민주당이 있었죠. 그러니 애초에 정치권력을 일정한 집단이 독점한 공산주의와는 달랐어요. 사회의 숨통이 조금이나마 트여 있었고, 변혁을 시도할 여지가 남아 있었지요. 다원성이 존재했다고 할까요. 박정희 때도 그걸 완전히 없앨 수는 없었어요. 여러 변칙 수단으로 반대 의견을 억제했지만, 야당도 있었고 언론도 있었잖아요. 회유, 뇌물, 폭력, 이런 식으로 온갖 편법을 동원해도 완전히 누를 수는 없었지요. 발전 가능성이 있었다는 이야기예요. 근래에 이런 점을 지적하는 저술들이 나오고 있습니다(정진석,《전쟁기의 언론과 문학》, 소명출판, 2020). 그러니까 저는 늘 사회에는 한 가지 정답만 있으면 안 된다는 말을 합니다. 아무리 마르크스가 천재라 하더라도 그 사람 생각대로만 세상을 운영할 수는 없어요. 게다가 올바른 기준이란 시대에 따라 자꾸 바뀌기 마련이고, 바뀌어야만 하는 것이기도 하고요. 이설異說을 내면 사문난적이라고 몰아 죽이는 그런 정치체제보다는 그래도 발전의 여유가 있는 게 자유민주주의라고 생각합니다.

어쨌든 이승만도 훌륭한 사람이에요. 지식이라든지, 세계정세를 파악하는 능력이라든지 이런 점에서 당시 다른 지도자들보다 훨씬 뛰어났죠. 후에 한국전쟁에서 중요한 역할을 한 영국과 미국 관계자들을 만났는데, 사적으로 이승만을 높이 평가하더라고요. 어려운 상황에서 나라를 세우고 국내외 공산주의자들의 위협에서 나라를 지켰다고요. 돌이켜보면 대한민국처럼 허약한 나라가 오늘날과 같은 발전을 이룩했다는 것이 기적 같아요. 그런데 이승만에게는 중요한 게 없었어요. 남을 포용할 줄도 알아야 하고, 다른 생각을 받아들이는 자세도 있어야 하는데, 이승만은 자기는 너무 훌륭한데 다른 사람은 다 보잘것없다고 생각했죠. 우리 집하고도 좋은 관계가 아니었는데, 임시정부 때부터 아버지하고 안 좋았다고 하더라고요. 아버지는 도산 안창호 쪽이었는데, 이승만이 너무 고집이 세고 남의 말도 듣지 않아서 질색이셨나 봐요. 개인적으로 좋지 않은 기억도 있었다고 합니다. 카뮈Albert Camus가 옛날에 그랬어요. 어떤 정당이든 자신들이 틀릴지도 모른다는 얘기를 하는 정당이라면 거기에 가담하겠다고. 그런데 그런 곳이 없죠. 저는 가끔 '내가 틀릴지도 모른다'라는 정당을 하나 만들어서 비례정당으로 등록할까 하는 생각도 해요.(웃음)

올 것이 온 것 같다

현실 권력에 무지한 사람은 좋은 정치인이 되기 어렵다. 한국의 새로운 지도자가 된 장면이 놓치고 있었던 점은 무엇일까.

저는 4·19 이후 사태가 사실 불만이었어요. 큰 변화 이후에 긍정적인 면도 있었지만 기대에 미치지 못했어요.

부정적인 면 역시 폭발했으니. 우선 질서 유지가 안 되었죠. 그전까지 억눌려 있던 것들이 막 튀어나오니까 사회가 혼란스러웠어요. 순경을 두들겨 패는 일들이 일어나고요. 그리고 장면은 나라를 잘 운영할 수 있는 재목이 아니었어요. 신앙이 깊고 선량한 사람이긴 했죠. 그런데 누군가 쿠데타를 하리라는 생각도 못했고, 전혀 준비도 없었고, 심지어 그런 정보가 있었는데도 중요하게 여기지 않았죠. 권력의 문제는 하나님도 못 도와줘요. 그건 사람의 영역이에요. 그걸 이야기한 게 마키아벨리Niccolò Machiavelli죠. 권력이라는 것은 신의 영광이 아니라 사람의 영광에 속하는 것이라고 했거든요. 정치하는 사람은 여러 재주가 필요한데 권력의 속성을 이해하고, 쟁취하고, 또 유지할 수 있는 능력이 있어야 합니다. 그리고 가장 어려운 과제가 남아 있는데, 남에게 권력을 안전하게 물려줄 수 있는 능력이에요. 이게 가장 갖기 힘든 지혜죠.

솔직히 선친이 보사부장관으로 입각한 장면 내각도 부실했어요. 그러니까 구파하고 신파하고 연립한 정권이었는데, 선친은 구파 쪽으로 들어갔죠. 그런데 정부가 일을 잘 못했어요. 아니면 일을 할 여유가 주어지지 않았는지도 모릅니다. 국가를 움직이는 현실의 힘이 어디에 있는지도 몰랐고요. 그때 국방부장관도 구파였는데, 그분 방에 가 보면 군인들이 아니라 고향 선거구에서 올라온 사람들로 꽉 차 있었다는 말들이 있었어요.

당시 한국 군부의 쿠데타 가능성을 언급한 사람이 있었어요. 로버트 스칼라피노Robert A. Scalapino 교수인데, 그가 던진 질문이 한국에서 실제 파워를 가진 곳이 어디냐는 거였어요. 미국이 공급한 무기나 물자를 보유했고, 조직되어 있고, 현 정치와 사회에 불만이 많은 청장년들이 어디에 있느냐고요. 군대죠. 그래서 군대가 실제로 쿠데타를 일으킬 수 있다는 거였어요. 세계적으로 봤을 때 발전도상국에서는 군부가 쿠데타를 일으켜 정권을 잡는 경우가 많았어요. 유일하게 조직되어 있으면서 무력을 갖춘 세력이었으니까요. 이집트의 나세르Gamal Abdel Nasser가 대표적이죠. 심지어 제1세계에서도 프랑스나 스페인 같은 곳은 군이 상당한 정치 세력이었어요. 나중에 5·16이 나고 스칼라피노 교수는 순식간에 유명해졌죠. 그러니까 장면 정부 시절 한국에서 진짜 힘은 군대에 있었어요. 무력만이 아니라 조직 경영이나 효율적인 운영 면에서 가장 근대적으로(혹은 미국적인) 훈련된 인재들이 그들이었던 거죠. 그런데 장면 정부는 그걸 잘 몰랐어요. 군대는 놔두고 정당 내 세력만 고려했죠. 장면은 또 자기가 믿는 몇 사람, 이를테면 장도영 같은 사람만 신뢰했어요. 원래 장면 주변에는 북한 출신이 많았어요. 아무튼 정치인으로서 리더십이라든지 여러 면에서 장면이 이승만보다는 못했어요. 이승만은 고집쟁이이고 권위주의적이긴 했지만 그런 면에서는 리더십이 있었죠.

5·16쿠데타는 사실 계획이 좀 엉성한 면이 있었습니다. 그런데도 장면은 겁이 나서 부리나케 달아났어요. 칼멜수녀원으로 도망쳐서 꼼짝 않고 숨어 있었는데, 영락없이 군인들이 쳐들어와 자기를 죽일 줄 알았던 거예요. 수녀원은 철저히 자기 신변 보호를 위해 간 거였죠. 수녀원에 들어가지 않았더라면 문제가 또 어떻게 되었을지 몰라요. 장면은 그만큼 현실에 어두운 인물이었습니다.

혁명을 계승하는 중이 아닙니다

**5·16은 4·19의 계승을 표방했다. 하지만 라종
일의 평가는 정반대다.**

박정희는 4·19를 아주 긍정적으로 평가하
면서 자신의 명분 하나로 삼았습니다. 그리고 4·19 세대의 주역들
이 후일 군사정부에 많이 협력했어요. 하지만 5·16은 4·19의 계승
이라기보다는 그와는 다른 세계였다고 생각해요. 4·19혁명의 주
된 의지는 제대로 자유민주주의를 하자는 것이었어요. 4·19 때는
우리나라 경제가 잘못된 것도 민주화가 되지 않아서 그렇다고 생
각했으니까요. 그래서 반공체제에 대한 반발이 많았습니다. 적어
도 이론적으로는 4·19와 5·16은 반대였어요. 학생들은 북한하고도
교류하자면서 북한 학생들에게 판문점에서 만남을 갖자고 주장했
죠. 그리고 그때 사회민주계열 사람들이 제법 등장해서 활동을 많
이 했어요. 시골에서는 이런 일도 있었어요. 한국전쟁이 일어날 적
에 인민군이 진격해오자 보도연맹 같은 사람들을 많이 학살했잖아
요. 그 책임자들이 여전히 살고 있었는데, 4·19 직후 부락민들이 들
고 일어나서 그 사람을 쫓아가 죽였죠.

그런 것이 반공 보수세력한테는 자극이 되었을 거예요. 5·16쿠
데타의 첫째 모토는 "반공을 제일의 국시"라 한다는 것이었어요.
당시 육사생도들이 5·16 지지 데모를 할 때 내세운 이유도 반공이
었죠. 4·19의 주제를 민주화라고 생각한다면, 5·16이 그걸 계승했

다는 게 말이 안 되죠. 어떤 분들은 아직도 5·16, 심지어 유신까지도 4·19의 연장이라고 주장해요. 4·19의 일면을 우리나라의 봉건적이고 낙후적인 면을 근대화하는 것이었다고 이해하면, 5·16을 그것의 계승으로 볼 수도 있겠죠. 하지만 크게 보면 5·16은 4·19가 열어놓은 민주화의 길에 대한 반발이었어요. 이승만의 몰락 이후 등장한 민주당 정부가 국민의 기대에 부응하면서 동시에 경제, 안보 등을 제대로 챙길 수 없었다는 것이 어쩔 수 없는 명분이었지요.

그리고 긴 군사정권이 시작되었다. 정치적 민주화는 유예되었다. 18년간 박정희의 통치가 끝나고, 라종일은 프랑스에서 민주주의의 짧은 봄을 느꼈다.

이 나라는 희망이 없나

한국에 실망해서 떠난 라종일. 그럼에도 한국에 다시 돌아온 이유.

저는 유신이 끝나고 현실 정치에 참여할 기회가 있었습니다. 박정희 대통령이 암살당하고, 총리였던 최규하 씨가 대통령이 되었잖아요. 그때 최규하 대통령이 헌법개정위원회라는 걸 만들었어요. 당시 저는 프랑스 외무성의 초대로 파리에서 지내고 있었죠. 파리대학 게스트하우스에서 혼자 재미있게 지내는 중 어느 날 귀가했더니 숙소 수위가 한국대사관에서 저를 찾는다고 알려왔어요. 알고 보니 헌법개정위원회 때문에 불렀더라고요. 유신헌법을 민주주의적 헌법으로 고치려고 하는데, 그 위원으로 저를 넣으려 했던 거예요. 유럽에서 권위주의 정부로부터 민주화된 나라가 스페인하고 포르투갈, 그리스인데, 제가 그리스에 좀 살았거든요. 그리고 학교에서 유럽 정치 강의를 했으니까 그랬는지 모르겠습니다. 그래서 귀국한 다음 위원회에서 한참 일하고 있는데, 5·18이 나던 날 위원회가 해산 통지를 받았어요.

그런데 바로 그날 또 어떤 분 말씀이 국가보위비상대책위원회(국보위)라는 게 만들어질 거래요. 어차피 거기에서 비슷한 일을 할 테니 참여할 사람은 하라는 거였어요. 저는 속으로 '천만의 말씀'이러고선 달아났죠. 사실 저는 전두환의 쿠데타가 성공하지 못할 거라고 생각했습니다. 우리 사회가 쿠데타가 가능한 수준은 넘어섰다고 봤거든요. 하지만 사람들이 쿠데타에도 잘 따랐고, 당시 제 생각과는 아주 달랐어요. 교수들 중에도 국보위에서 일한 분들이 있었습니다. 사회나 경제도 군사쿠데타 이후 그대로 돌아갔어요. 저는 한국은 영 희망이 없나 싶어 외국으로 나갔고요.

영국 케임브리지에 2년 정도 있다가 외국에 주저앉을까, 한국으로 돌아갈까 고민을 많이 했어요. 당시는 영국이 대처Margaret Hilda Thatcher 수상 시절인데, 학교에서는 모두 대처 비판에 여념이 없었죠. 대처가 아이들에게 주는 우유 예산을 없애고 자기 돈으로 사 먹으라고 해서 '우유 도둑'이란 별명이 붙었는데요. 대처는 대학교에 지원해주는 돈이며 연구비까지 죄다 삭감했어요. 영국 교수들은 저녁 식사 후 함께 포도주나 커피를 마시며 이야기를 나누곤 합니다. 거기서 사람들이 다 같이 대처 욕을 하는데, 저는 어떻게 낄 수가 없더라고요. 내 나라가 아니니 말이죠. 그때 너무 쑥스럽더라고요. 그래서 욕을 하더라도 내 나라에 가서 내 나라 욕을 하는 게 좋겠다 생각하고 귀국했어요. 물론 1980년대 한국도 만만찮게 시끄러웠죠. 그래서 가지 말까 생각한 적도 없지는 않았습니다.

한강에 이런 기적이:
근대를 향한 노력

박정희의 여러 얼굴

박정희는 호감형이 아니었다. 그 이면에는 긍정적이면서도 부정적인 여러 면이 존재했다. 이를테면 변화에 대한 강렬한 욕망이라든가.

박정희는 참 좋아하기 힘든 사람이었잖아요. 제가 대학 때 우연히 관상 잘 보는 분을 알게 되었어요. 그분이 관상 보는 법을 이야기해주셨는데, 결론은 관상 볼 필요가 없다는 얘기였죠. 아무리 좋은 관상도 마음을 나쁘게 먹으면 한순간에 무너지고, 나쁜 관상도 마음 갖기에 따라 성공도 출세도 할 수 있다고요. 그 예시가 박정희였어요. 박정희는 가난하고 흉한, 한마디로 나쁜 관상인데, 눈에서는 무언가를 이루려는 강한 의지가 보인다고 했어요. 그렇다면 박정희는 사람을 해치기도 하고 출세를 시키기도 하고, 좋건 나쁘건 사람들을 휘두를 텐데, 끝은 안 좋지 않겠느냐 하시더라고요. 그때는 이게 무슨 소리인가 싶었죠. 지금도 관상이라는 말을 들으면 박정희가 떠올라요. 우리가 쉽게 사람을 논하잖아요. 박정희가 어떤 사람이었다, 이승만이 어떤 사람이었다 하고요. 그런데 사람은 딱 한 사람이 아니에요. 그 속에 여러 사람이 있어요. 그러니까 박정희의 어떤 면 중에는 이상주의적인 면도 있었는지 몰라요. 그런데 어떤 면을 보면 권력을 탐하고요. 한편으로는 자기 아내를 사랑했고, 다른 한편으로는 젊고 예쁜 여자들을 원했고….

어쨌든 박정희가 큰 변화를 일으킨 건 사실이에요. 어떤 면에서는 4·19나 다른 무엇보다도 혁명적인 변화였을지 몰라요. 해외에서 박정희를 전문으로 연구한 저명한 교수가 한 분 있는데, 박정희에 관한 아주 두꺼운 책을 썼어요. 웬일인지 저를 몹시 존경한다면서 저서에 헌사도 써서 주었습니다. 케임브리지에서 한국학을 강연할 때 그분을 만났는데 후에 저녁을 같이하면서 하는 말이 아직 박정희의 수수께끼 중 하나를 풀지 못했다는 거예요. 그의 쿠데타에 CIA가 개입되었는지 증거를 찾으려고 애를 많이 썼는데 못 찾았대요. 그래서 제가 CIA는 하나도 중요한 게 아니라고 했어요. 깜짝 놀라더라고요. CIA가 그렇게 큰일을 할 수 있는 족속들이 아니다, CIA가 없었기에 미국이 베트남전에서 패배한 건 아니잖느냐, CIA가 없어서 이라크가 난맥 상태인 것도 아니지 않은가 하고 이

한국의 발견

야기했습니다. 역사는 CIA가 쓰는 것이 아니고 수백, 수천만 사람들이 쓰는 것이라고도 했어요. CIA가 개입했을 수도 있고 안 했을 수도 있지만, 그것은 전혀 중요하지 않은 문제라고요.

대신 이런 것들이 중요하다고 했습니다. 박정희가 불법적으로 정권을 잡았는데도 18년이나 집권할 수 있었고, 그 18년 동안 한국 사회가 근본적으로 바뀌었다는 점이요. 박정희 집권 18년이 지난 다음에는 가정부를 구할 수 없었다고, 사람들이 공장에 취업해서 착취를 당하면 당했지 이전처럼 남의 집에 들어가 더부살이하려 들지 않았다고 했어요. 그런 변화가 매우 중요한 문제라 생각한다고 말했죠. 박정희 시대는 큰 변화의 시기였어요. 제임스 팔레James Palais 같은 사람도 박정희 때 비로소 한국이 근대국가가 되었다고 해요. 그 전까지는 심지어 국가 예산도 미국에서 짜주다시피 했으니까요.

농민이 지주를
얼마나 착취하는지 아느냐

"잘 살아보세"라는 강한 열망. 민주당 정권이
지속되었더라도 그것을 재료로 한강의 기적이
가능했을까?

흔히 우리는 그 시기를 '박정희 대 양심적인 민주 지도자들 사이의 투쟁의 시대'라고 생각하는데, 그렇지 않은 면이 있어요. 한국 사람들이 중동이나 서독 혹은 월남 같은 데 열심히 좇아갈 때 지도자의 상은 박정희였지 다른 사람이 아니었어요. 구 보수계 인사들은 실상 무능했고, 선거로 당선된 민주계 지도자들은 산적한 시급한 일에 비해 하는 일이 별로 없었어요. 강제로 동원했건 나중에 타락했건 큰 변화를 일으킨 쪽은 박정희였죠.

박정희에게 산업발전의 공이 있다는 건 어쩔 수 없는 사실이에요. 박정희는 어쨌든 국민이 일할 수 있도록 기반을 깔아주었고, 정주영이나 이병철 같은 기업가들이 성공할 수 있도록 여러 면에서 도와주었죠. 무엇보다 산업화가 되려면 여러 조건이 있어야 하는데, 일단 산업사회의 기술과 자본을 가진 일본의 협력이 필요했어요. 그다음엔 산업화 과정에서 상당한 사람들이 억압을 당하고 손해를 봐야 했죠. 장면 정부의 정치 능력으로는 안 되었을 거예요. 우리 아버지였다면 못했어요. 박정희같은 사람이나 할 수 있었지요. 그러나 산업화의 성과를 박정희 개인의 공으로만 돌리는 것은 옳지 못합니다. 더 중요한 요인은 열심히 일하고 상황을 개선하려는 의지에 충만한 수많은 국민이 있었다는 사실이에요. 박정희를 폄하하려는 건 아니지만, 이런 국민을 제외하고는 '한강의 기적'을 생각할 수 없어요.

박정희만 그랬던 것이 아니라 어디나 그래요. 공산주의 나라들도 마찬가지죠. 스탈린도 큰 산업발전을 이뤘잖아요. 김일성도 초기에 북한을 빨리 발전시켰고요. 우리 아버지였다면 글쎄, 조금이라도 인권에 대한 이해가 있는 사람들은 절대로 할 수 없었을 거예요. 머릿니라고 있죠? 머리에서 피를 빨아먹는 '이' 말인데요. 아버지는 머릿니를 갖고 다니면 더러운 인간이 아니라 도덕적으로 나쁜 인간이라고 그랬어요. 하지만 밥을 굶고 다니는 건 그 사람 잘못이 아니라고 했지요. 사회가 책임지고 도와주었어야 하는 것이라고요. 한번은 아버지가 혁명 초기 모스크바에서 볼셰비키 한 사람과 토론을 했는데요. 그 사람이 아버지더러 "당신 지주라지! 소작인을 많이 착취했겠구나!"라고 하기에 아버지는 그렇다고 답하면서 이렇게 말했대요.

"그런데 소작인들도 나를 많이 착취한다."

공산당원이었던 그는 이런 소리는 처음 들어봤겠죠. 무슨 소리냐고 하기에 아버지가 "당신은 지주가 못된 짓을 하고 농민들 착취하는 이야기를 책에서 많이 봤겠지. 그런데 농사를 지어 본 적은 있느냐?"라고 물었대요. 없다고 하죠. 이에 아버지가 "당신이 본 소설에는 지주들이 나왔을 텐데, 그들은 평범하지 않기 때문에 소설에 등장한 것이다. 당신은 토지만 있으면 곡식이 저절로 나온다고 생각하지 않느냐?" 하니까 대답을 안 하더래요. 그래서 아버지가 이렇게 말했대요.

"지주는 농토를 보존하고 소작료를 받아서 첫째로 생산성을 보장해야 한다. 농사를 지으려면 끊임없이 비료를 주고, 때로는 농사를 하지 않고 휴경지로 두어서 땅의 생산력을 보존해야 한다. 그리고 물을 대줄 관개시설이 필요하고, 농지 정리와 토지와 품종 개량도 해야 한다. 앞서의 것들은 자본이 필요하니 지주만이 할 수 있다. 간신히 먹고사는 소작농들에게 비료 살 능력이 있겠는가. 엄청난 준비 없이 소작인들한테 땅을 다 나눠주면 결국 큰 기근이 날 것이다. 그렇게 비료니 휴경지니 하는 것을 생각하지 않고 10년이나 20년간 막 심고 먹으면, 한국 농토는 사막처럼 되어버린다. 지주는 물론 소작인보다는 잘살지만 그 잘사는 대가로 죽어라 일해야 한다. 그리고 법에 없는 지주의 의무가 있는데, 아무리 흉년이 들어도 자기가 관리하는 땅의 소작농이 굶어 죽게 놔둬선 안 된다는 것이다. 무슨 수를 쓰더라도 그 사람을 구하지 못하면 제대로 지주 노릇을 할 수 없다. 그런데 너희 볼셰비키는 토지를 국유화해 거기서 나오는 소득을 산업화에 투자하려 하겠지. 그러면 결국 큰 기근이 날 것이다. 물론 산업이 발달하고 경제가 토지 의존을 벗어나든지 좋은 정치가 가능하다면 소작제는 없어져야 한다. 그러나 현재로서 지주는 한시적으로 유용성이 있다."

아버지가 한 말이었는데, 진짜로 그랬어요. 공산주의혁명이 나면 대개 대규모 아사자가 나와요. 모택동의 대약진운동 때는 굶어 죽은 사람이 대략 4500만 명이나 되었어요(Frank Dikötter, Mao's Great Famine, Walk&Company, 2010). 소련이나 북한도 아사자가 엄청났고요. 착취할 게 농민들밖에 더 있겠어요? 토지자본을 착취해서 산업화에 투자해야 하니까요. 이건 지주가 착취하는 것과는 비교도 안 되게 심한 착취죠. 아버지는 산업화가 되고 나면 지주라는 것은 어쨌든 없어져야 하는 존재라고 이야기하셨는데, 본인이 지주라서 앞서와 같은 말씀을 하셨던 것도 있겠죠. 선친은 독립 이후 농지개혁에 찬성했고, 개혁에서 제외된 땅도 소작인들에게 나눠주었어요.

한국의 발견

프레이저보고서의 신화

진보 일각에서는 한국의 경제발전에 미국의 계획이 절대적이었다고 보기도 한다. 하지만 라종일에 따르면 당시 미국은 한국의 산업화에 그다지 관심이 없었다.

한국전쟁이 끝났을 때 한국에 대한 미국의 아이디어는 농업국가였어요. 농사로 국민을 먹일 수 있는 국가 말이죠. 그때 하와이 교포들이 2만 달러를 걷어서 보냈는데, 그 돈으로 이승만은 인하공과대학(인하대학의 전신)을 만들어버렸어요. 당시 미국이나 영국 전문가들이 평하기를 "한국인들이 참 허영이 많다. 어떻게 한국이 산업국가가 되겠느냐. 그 돈을 농우農牛나 벼 종자를 개량하는 데 쓰면 몰라도 공업을 어떻게 하느냐"는 반응이었어요. 미국은 극동지역의 산업국가로 일본을 키우고, 한국은 일본에서 필요한 공산품을 갖다 쓰면 된다는 정도로 생각했을 거예요. 유럽이나 일본에 비하면 미국의 대한 원조는 상대적으로 적었어요. 이승만 박사와 미국의 충돌에도 그 부분이 있어요. 이승만은 생각이 달랐거든요.

당시 미국 외교관 하나가 가볍게 쓴 말이 있는데 이렇습니다.

"나라면 서울 한복판에다가 수세식 변소를 하나 만들고, 거기서부터 한국을 미국식으로 바꿔가겠다. 그렇게 해서 한국을 점점 근대국가로 만들겠다."

하지만 우리는 그렇게 하지 않았죠. 더구나 미국 생각대로 농업국가로 남아 있을 생각도 없었고요.

이게 되네?

단기적 목표 설정과 결과 지상주의, 군대식 동원과 밀어붙이기식 작전, 희생에 대한 상대적 무관심, 분산보다는 집중…. 이것이 경부고속도로이며 곧 박정희가 아닐까. 당시 지식인들은 박정희의 산업발전을 어떻게 생각했을까.

어쨌든 그 시대를 산 사람으로 말씀드리자면, 그때는 그때대로 의미가 있었어요. 박정희 욕하는 재미도 있었고요. 술집에서 박정희 욕하다가 누가 잡혀간다거나 하는 일은 못 봤어요. 어떤 분이 자리에서 벌떡 일어나 "박정희는 훌륭한 사람"이라고 저희에게 큰 소리로 반박하는 일은 있었지만요. 그분 말씀이 이 새끼들이 괜히 뭐 좀 배웠다고 먹물 들었다나 어쨌다나. 어쨌든 교실 안에서는 학생들이 정부를 자유롭게 비판하곤 했습니다. 대학 시절 "레닌 만세"를 외치는 사람도 있었어요. 그들 중 후일 군사정권에 함께하는 분들도 많았고요. 하지만 당시 박정희의 경제발전에 대한 야권의 반대는 정당성이나 그 영향에 있어서 취약했어요. 저도 경부고속도로나 중화학산업의 의미 같은 것을 잘 알지 못했고요. 여기에 박정희를 반대한 후일 민주 지도자들의 어려움이 있었죠.

무엇보다 특이했던 박정희의 성과는 1970년대 중화학공업이었습니다. 성공하지 못하리라고 다들 생각했지만 결국 성공했거든요. 사실 모든 상황이 중화학공업은 안 된다고 말하는 것 같았어요. 중화학공업은 큰 시장과 기술과 자본이 필요합니다. 중국은 시장이라도 컸잖아요. 그런데 우리는 내수시장이 손바닥만 하고, 또 중화학공업 제품을 만든다면 반드시 국제시장에 내놓아 경쟁해야 하는데, 당시 자동차건 철강이건 기술적으로 앞서간 나라들이 얼마나 많았나요. 모자란 기술로 국제시장에서 가격경쟁력이라도 가지려면 대량 생산을 해야 하는데, 거기에 필요한 자본조차 한국에 없었어요.

경제 전문가들도 그런 점을 얘기했고, 저 같은 사람이 생각해도 마찬가지였어요. 기술력이 있나, 무슨 자본이 있나, 시장이 있나, 아무것도 없는데⋯. 그저 박정희의 정권 차원의 필요 때문이라고까지 생각했어요. 그런데 한국이 해냈어요. 지금 조선造船은 거의 뭐 세계 탑일 정도고, 자동차도 경쟁력이 상당하고, 철강 생산도 괜찮잖아요. 일본과 제품을 주고받을 정도니 이건 기적이죠. 브루스 커밍스Bruce Cumings 같은 사람도 우리나라에 굉장히 비판적이었잖아요. 이분은 한때 친북한이었어요. 그런데 한국이 성공한 걸 보고 자기도 놀랐다고 해요. 아무것도 없는 나라가 어떻게 성공했느냐면서요. 그 사람 생각에 한국은 기술도, 자본도, 프로테스탄트 윤리 같은 자본주의의 기반이 될 만한 것도 없는 나라였으니까요.

반면 북한은 중공업으로 일찍 넘어갔다가 실패한 케이스죠. 앞서 이야기한 바와 같이 북한은 통제경제의 문제가 가장 커요. 중국이나 소련도 초기에는 엄청나게 성장했잖아요? 그런데 일정 수준에 가면 더이상 올라가지 못해요. 북한도 처음에는 다 잘되는 듯했지만 통제경제의 한계가 발목을 잡았죠. 게다가 북한은 너무 군사 쪽에만 자본을 집중해 퍼부었어요. 그리고 투자에 정치 논리가 심하게 개입했죠. 동상 세우는 것 같은 데에도 돈을 너무 쓰고. 1989년에 세계청년학생축전 같은 것도 북한이 엄청난 적자를 내면서까지 무리하게 밀어붙였어요. 정치적으로만 생각하면 남한이 올림픽도 치르고 하니까 안 할 수 없었겠죠.

북한의 실패를 뒤집어보면, 민간의 자율성을 보장해준 점이 한국의 성공 요인이라고 볼 수 있겠습니다. 한국은 통제경제라기보다 정부 지원의 민간 시장경제였어요. 가령 정부는 차관을 가져올 때 기업에 지불 보증을 해줘요. 그러면 그 기업은 조건이 아주 유리해지죠. 그다음에 노조가 활동하지 못하도록 정부가 노동조합 같은 걸 탄압해주었고요. 아마 간첩 다음으로 노조가 집중적인 감시 대상이었을 거예요.

제가 학생으로 영국에 있을 때 한번은 이런 일도 있었어요. 경제기획원장관도 하고 부총리도 하던 분이 현지에 와서 한국에 투자하라고 말씀하면서 창피한 얘기를 하더라고요. 한국은 정부가 나서서 노조를 통제해준다고요. 제 속으로 '아이고' 하는 소리가 나왔죠. 외국 자본가더러 우리나라에 와서 마음대로 노동력을 착취하라는 얘기잖아요.

매직 카펫 라이드

**이란에서 라종일이 얻은 것은 한국인들의 열정
에 관한 기억, 그리고 카펫 하나.**

앞서 언급했지만 한국의 경제발전에서 다
른 무엇보다 중요한 요인을 저는 국민으로 봐요. 무엇보다 국민이
뭐든지 하려는 의욕이 많았어요. 더 나은 생활을 위한 의지가 강했
죠. 기적의 주역은 수많은 이름 없는 국민들이었어요. 그런 면에서
보면 정부나 기업인들은 오히려 조역이었던 것 같아요. 박정희 정
부는 사람들이 일할 여건을 만들어주었을 뿐이죠.

제가 1970년대 말에 중동에서 잠시 일한 적이 있는데, 그 점이
우리와 다르더라고요. 중동 사람들은 열심히 일하려는 생각이 별
로 없었어요. 열심히 일해봤자 인센티브가 없기 때문이었는지, 아
니면 다른 이유 때문이었는지는 잘 모르겠습니다. 당시 제가 이란
에서 샤Shahanshah of Iran(왕 중 왕이란 뜻)가 국제대회 같은 걸 할 때
도와주고 있었어요. 그 정권이 붕괴할 때 저도 달아났지요. 페르시
아 카펫 중에서도 이스파한의 것을 특별하게 쳐요. 양모로 안 만들
고 실크로 만든다더군요. 헤어질 적에 샤가 그 카펫 하나를 줬어요.
샤는 박정희처럼 하고 싶었는데 사람들이 움직이지를 않았죠.

당시 방직 같은 경공업을 하는 한국 기업이 이란에 많이 진출
해 있었어요. 특히 한국 여성들이 직공으로 많이 나와 있었죠. 이
런 기업은 사장부터 수위까지 모두 한국 사람이었는데, 계약상 일

정 수의 이란 노동자를 의무적으로 고용해야 한다고 들었습니다. 그런데 이 사람들이 저더러 강연을 해달래요. 제가 그때 30대 후반이나 되었을 때죠. 제가 가면 10대 후반, 20대 초반 여성들이 "젊은 교수님 오셨네" 그랬죠. 타국에서 일하는 게 싫을 줄 알았는데 다들 의기양양하더라고요. 그들을 보면 왠지 눈물이 나고 목이 메어 말이 잘 나오지 않았어요. 그것을 숨기려 부러 우스운 이야기로 웃기려 했어요. 저 젊은이들이 일한다고 여기까지 와가지고….

한국 기업들은 그 자체가 특별했어요. 일할 수 있는 사람들을 한국에서 다 데려오는 거예요. 이란에서는 자본을, 그러니까 설비라든지 땅을 대주는데, 자국민들을 노동자로 훈련시키려고 조건을 달아요. 인력의 4분의 1이나 3분의 1 이상을 이란인으로 써야 한다고요. 그런데 한국 사람들 말로는, 편견인지 모르겠는데, 이란 노동자들은 계약 때문에 어쩔 수 없이 둔댔어요. 월급은 주지만 믿고 의지하지는 않는다고요. 이란인들은 월급을 타서 돈이 어느 정도 생겼다 하면 자기네 고향으로 가버리고, 작업 시작하는 시간이나 쉬는 시간을 지키지 않고, 일하다가도 힘들면 그냥 혼자 쉰다나요. 그리고 집단 조직생활에 대한 훈련이 되어 있지 않다고 하더라고요. 그러니까 이란 노동자들 숙소를 보면 지저분하고, 개가 돌아다니면서 쓰레기를 주워 먹어요. 그런데 우리 근로자들 숙소를 보면 침구나 옷들을 접어서 수납해놓은 게 꼭 군대 내무반 그대로였어요. 청소도 깨끗이 되어 있었고요. 모여서 함께 작업장으로 가고, 끝나면 똑같은 모습으로 돌아왔지요.

제가 보기에 한국 사람들의 타지 생활은 쉽지 않았어요. 그런데도 의기양양했어요. 또 그렇게 사는데도 재미있어 하고요. 제가 피상적으로 보았을 수도 있지만, 어쨌든 그 시대에는 그런 게 있었어요. 사람들이 열심히 일하고 열정적이었죠. 왜 그랬을까요? 아무튼 박정희의 시대; 박정희로 대표되는 시대가 있었다고 생각해요. 이런 이야기를 책으로 썼는데 우리나라에서는 출판이 어려웠지만 중국에서는 인기가 있어 좋은 데서 출판되었어요(라종일,《우리나라 좋은나라》, Wepubl.com, 2018).

박정희 본인은 전형적인 한국인이라기보다는 살짝 일본적인 구석이 있었어요. 일본의 무사정신 같은 걸 배웠나 싶기도 하고요. 한번은 박정희가 일본에 가서 이렇게 얘기한 적이 있어요. 한국에서 일본 군대 훈련 같은 교육을 해야 한다고. 그랬다가 언론에서 얻어맞고 취소했지요. 그러니까 박정희 시대에도 비판적인 언론이 어느 정도 존재하긴 했어요. 그리고 박정희의 여자 문제에도 일본의 영향이 있지 않았을까 싶습니다. 일본 군국주의 시절에는 남자들이 여자 관계를 어떻게 하건 상관하지 않았어요. 마키아벨리의 입장도 비슷했는데, 피렌체의 폭군 로렌초 일 마니피코Lorenzo il Magnifico의 사생활을 논하면서 이렇게 말했어요.

"그 사람이 낮에 하는 일은 낮의 기준으로 평가하고, 밤에 하는 일은 밤의 기준으로 평가하라. 둘을 섞지는 마라."

박정희 대통령은 술과 여자 문제는 심했지만, 공적으로는 자기를 엄격하게 관리하는 태도를 보였죠. 스스로에게도 엄하고, 자기 아이들한테도 엄한 그런 사람이었어요. 박근혜한테만은 그렇게 못 했다 하더라고요.

요새 애들은 머리가
왜 이렇게 긴가?

박정희 시절을 떠올려보면 요즘 기준으로는 상상할 수 없는 일이 무척 많았다. 통행 금지에서부터 미니스커트 길이 재기, 장발 단속, 혼분식 강제 그리고 교련 수업에 이르기까지…. 사생활에 국가가 왜 그리 간섭하려 들었던 걸까. 라종일은 꼭 박정희만 유별난 게 아니었다고 말한다.

젊은 사람들의 긴 머리를 규율을 중시하는 박정희가 좋아할 수 없었던 모양이죠. 권위주의 사회에서는 자유가 나쁜 거예요. 북한에서는 자유주의라는 게 용납되지 않죠. 남자들이 장발을 하고, 여자들은 미니스커트를 입고 다니는 1960년대의 유행은 미국 문화의 영향이었습니다. 그런데 그런 것들은 권위주의 통치와는 맞지 않았어요.

영어에 '통제광Control Freak'이라는 말이 있어요. 뭐든지 통제를 해야 속이 풀리는 사람을 뜻하지요. 이것이 전형적인 권위주의 행태가 아니었나 싶어요. 통제의 어느 한 면이 풀리면 체제에 전반적으로 나쁜 영향을 미칩니다. 그런데 박정희만 그랬던 건 아니었어요. 복장 단속은 제가 초등학교 다닐 때부터 익숙했으니까요. 단순히 병영국가여서라기보다 전통사회 혹은 일제강점기 때부터 이어온 한국 사회의 어떤 면이 아니었나 생각합니다. 저희 장인어른도 그랬어요. 장인도 딸들한테 옷 색깔이 너무 화려한 걸 못 입게 하고, 짧은 치마도 금지했어요. 결혼한 다음에 제가 이제 마음대로 입자고 해서 아내가 취향대로 입고 처가에 갔더니 그것부터 장인께서 뭐라고 하시더라고요. "옷이 그게 무어냐!" 그러시기에 제가 이제부터는 장인께서 참견하실 일이 아니라고 그랬죠.

어쨌든 산업이 막 발전하는 상황에서 박정희의 규율적 사회는 꽤 도움이 되었을 겁니다. 거기에는 한국전쟁의 영향이 있었죠. 전쟁이 발발하기 전에 한 10만 명이던 군인이 60만 명이 되었으니까요. 이 사람들이 다 군대 규율에 익숙해진 사람들이거든요. 농촌 청년들이 제대하고 오면 굉장히 달라져 있었어요. 농부였는데 갔다가 돌아오면 더이상 농부가 아니에요. 근대 산업사회의 규율과 기본적 기술, 운전, 통신 등 여러 방면에서 훈련이 된 인력이 되어 돌아왔지요.

초기 산업 노동자는 농경 노동자와 달리 집단과 규율이 중요했어요. 군대 경험이 산업화에 도움이 되었겠지요. 19세기 말 미래 세계를 묘사한 공상과학소설에 근로자들이 군대 같은 규율로 직장에 임하는 장면이 있어요(E.Bellamy, Looking Backward: 2000-1887, 1988). 제대 군인들은 이미 마음이 떠나 다시 농촌으로 돌아가 농사 짓는 일을 하지 않게 되었어요. 뭐랄까, 독일어에 실향Heimatlos이라는 말이 있어요. 고향을 잃은 것이죠. 근대화의 어느 한 면입니다. 정지용의 〈고향〉도 그렇지요.

베트남인에게는 거리끼는 것이요, 미국인에게는 미련한 것이로되…

베트남전은 미국과 베트남 양쪽에 큰 상처를 남긴 인기 없는 전쟁이었다. 그런데 한국에서 만은 달랐다.

왜 미국인들이 베트남에서 전쟁을 했는지를 다룬《최고의 인재들The Best and The Brightest》이라는 책이 있습니다. 전쟁 주역들이 로버트 맥나마라Robert McNamara 같은 사람들인데요. 스스로 똑똑하다고 생각하는 사람들, 이른바 명문대학 출신들이 멍청하기 짝이 없는 선택을 했어요. 가장 큰 원인은 반공과 자신 과잉이었을 거예요. 그런데 둘 다 틀렸어요. 한국에서 어쨌든 성공적으로 공산화를 막았잖아요. 베트남같이 작은 나라쯤은 마찬가지로 평정할 수 있다고 생각한 겁니다.

만약, 옛날에 제국주의 국가들이 하던 식으로 수용소 같은 걸 만들어서 사람들을 대규모로 수용하는 것 같은 방식을 썼다면 문제가 달라질 수 있었을지도 모르지요. 수용소를 처음 만든 게 영국인데요. 보어전쟁 때 게릴라전을 당할 수 없으니까 주민들을 대규모 수용소에다 가둬버렸습니다. 그런데 미국은 그렇게는 할 수 없었어요. 텔레비전이 없었다면 또 몰라요. 당시 전쟁의 참상이 텔레비전에서 대대적으로 보도되고 그랬잖아요. 그래서 미국 시민들 때문에 진 전쟁이라고 생각하는 사람들도 있어요. 그보다는 과거

한국의 발견

와 달리 이미 정치적으로 의식이 깨어 있는 대중을 상대한다는 통찰이 없었던 것 같아요. 어쨌든 처음부터 하면 안 되는 전쟁이었고, 이길 수 없는 편을 들어 싸웠어요. 최근 번역되어 나온 책 중에《동조자The Sympathizer》라는 책이 있는데요. 그 책에서도 도저히 이길 수 없고 할 필요도 없는 전쟁이었다고 말합니다. 실로 멍청한 전쟁이었죠.

전 세계 자유주의국가 중에서 베트남전이 인기 있었던 나라는 한국밖에 없었을 거예요. 어찌 보면 한국 정부의 선전이 잘 먹혔던 게 아닌가 하는 생각도 합니다. 그러나 정부의 선전보다 한국인들에게 이 전쟁은 여러모로 나쁜 전쟁이 아니었어요. 심지어 종군 목사들까지도 하나님이 용서하실 거라면서 전투에 가담하고 그랬대요. 1970년대 초반 상황은 특수했지요. 제가 2003년 청와대에 재직하던 중 2차 이라크전 파병 문제가 논의될 때 이제 "월남에서 돌아온 김상사"의 시대는 갔다고 평한 일이 있어요. 이미 세상이 바뀌어 있었거든요. 그런데 다른 차원에서 보면 베트남전은 이득이 많았어요. 원시적 자본축적이라고 경제사에도 나오잖아요. 영국의 공인된 해적들이 스페인 배를 습격해서 남미에서 가져오는 재물을 약탈했잖아요? 해적질이나 식민지 약탈 같은 것이 초기 경제 성장에 실제로 도움이 되었어요.

1970년대 초에 제가 경희대학교에 부임했는데, 그때가 30대 초반이니까 월남전에 참전하고 돌아온 학생들은 저보다 훨씬 사회 경험이 풍부했어요. 그 학생들과 이야기해보면 그렇게 참혹한 전쟁을 치르고 와서 어쩌면 그렇게 의기양양할 수 있었는지 몰라요. 〈플래툰Platoon〉 같은 미국 영화는 베트남전쟁의 비참함을 보여주잖아요. 그런데 그 제대 학생들은 반대였어요. 요즘 이야기하는 PTSD 같은 것은 찾아볼 수 없었어요. 왜 그랬을까, 그것도 생각해볼 문제예요. 그 사람들이 이런 말을 했어요. 베트남전쟁이 참 신났다고요.

전투 이야기도 있었지만 그보다는 보급품이 많았고 여러 가지로 쉽게 돈을 벌 수 있었다고 합니다. 신나게 그런 이야기들을 하는 거였어요. 베트남이 그렇게 좋았대요. 물론 전투에서도 미국 병사들보다 자기들이 훨씬 잘 싸웠다고 자랑스럽게 얘기하곤 했죠.

그래서 다들 한밑천씩 챙겨왔는데, 참혹한 면보다는 이득이 되었던 면이 훨씬 더 많았으니까요. 즐거웠던 전쟁이라니, 참 말도 안되는 것 같죠. 그런데 또 그 사람들만 간 게 아니에요. 태권도 사범이나 연예인들, 사업가들도 가면 잔뜩 돈을 벌어서 왔어요. 제가 아는 고시 출신 법무관들 중에도 베트남에서 결혼 자금을 챙겨왔다고 자랑하는 분이 있었어요. 국내에서 구하기 힘든 전자제품을 잔뜩 들고 오는 사람도 있었고요. 뭐, 이런 얘기들이 엄청나게 많아요. 적어도 그렇게들 말했어요. 그 이면의 어두운 이야기는 별로 뜨지 못했어요.

전쟁은 파괴인 동시에 엄청난 소비예요. 대만은 물론 일본 역시 한국전쟁으로 전쟁 특수를 누렸잖아요. 반면 현지 베트남인들에게는 분단과 전쟁으로 인한 사회적 갈등과 상처가 여전히 남아있어요.

호랑이의 등

어째서 박정희는 업적을 이루고도 권좌에서 무사히 내려오지 못했을까. 그것이 바로 권력이 주는 수수께끼다.

앞에서 언급한 박정희를 전공한 외국 교수가 저를 높이 평가한 이유는 이랬어요. 제가 김대중, 노무현 같은 사람들을 열심히 지원함으로써 민주화에 기여했대요. 정치학자들이 대부분 권력을 쥔 사람을 지지하는데, 저는 그 반대였다고요. 그래서 제가 좀 과장해서 말하면 DJ 역시 박정희의 산물이라고 답했어요. 민주화라는 어젠다를 사실상 박정희가 만들어준 거나 마찬가지라고요. 그리고 이렇게도 이야기했죠.

"첫째로 박정희가 이뤄놓은 사회적·경제적인 변화가 없었으면 김대중은 대통령이 되지 못했다. 박정희의 쿠데타가 성공한 것은 국가권력에 대항할 수 있는 사회적·시민적 세력이 없었기 때문이었는데, 박정희의 18년이 지난 다음에야 그것이 생겼다. 박정희가 처음 쿠데타를 기획한 것은 1952년이었는데 그때 동원하려던 군 규모가 두 개 대대 정도였다. 그런데 1980년대에 이르면 군부가 쿠데타로 사회를 통솔할 수 없을 정도로 사회의 영역이 확대되었다. 기업도 커지고, 노동조합도 커지고, 교회도, 대학도 많이 생겼으니. 1980년대 말에는 전 군대를 동원해도 쿠데타에 성공할 수 없는 상황이었다. 그러니 YS나 DJ가 대통령이 될 수 있었던 것이다. 박정희가 일으킨 사회적·경제적인 변화가 없었다면 둘 다 성공할 수 없었을 것이다."

그러면서 이렇게 덧붙였어요.

"이런 사실을 제일 잘 아는 사람이 김대중이었다. 그가 대통령이 되고 나서 처음 한 일 가운데 하나가 측근 권노갑에게 박정희 기념사업을 시작하도록 지시한 것이었다. 그 자신이 명예 총재가 되고 신현확이 총재, 박근혜와 권노갑이 부총재, 그리고 고건을 사무국장으로 두는 것이 그의 지침이었다."

그러니까 그 교수가 의문이 있대요. 그러면 박정희는 그렇게 훌륭한 업적을 이뤄놓고 왜 적당한 때에 물러나지 않았느냐고요. 그래서 제가 그것이 '권력의 수수께끼Enigma of Power'라고 그랬어요. 정당하게 권력을 잡고 정당하게 그걸 남한테 물려줄 수 있는 게 쉬운 일이 아닙니다. 예를 들어, 아버지 부시가 정권을 잡았다가 (개인적으로는 아주 밉지만) 그 자리를 클린턴에게 물려주고, 그다음엔 클린턴도 (역시 아주 밉지만) 아들 부시에게 정권을 물려주었잖아요. 하지만 박정희는 그런 정당성을 획득하지 못했어요. 제가 그 교수에게 불법적으로 권력을 잡고, 권력의 운영도 불법적으로 했으니 권력을 놓을 수가 없는 것이다, 한국 사람들은 그것을 기호지세騎虎之勢라고 한다, 곧 '호랑이 등에 탄 것'이다, 이렇게 설명했어요. 호랑이 등에 타면 기세야 엄청나게 좋지만 내려가지는 못해요. 내렸다가는 호랑이한테 물려 죽으니까요. 독재자들의 축복과 저주입니다.

그것이 박정희의 한계였어요. 일부에서는 박정희를 '반인반신'

이라며 숭배하곤 했는데, 신은 무슨 신입니까. 여자를 그렇게 좋아했으니 그리스신화적 의미에서는 신일 수도 있겠지만, 진짜 신이라면 자기에게 총 쏠 사람을 중앙정보부장으로 앉혀놓고, 위급한 상황에서 자기 혼자 화장실에 숨을 사람을 대통령 경호실장으로 삼았겠어요?

반인반신으로 불리는 자의 황혼

박정희 시대는 결국 10·26으로 끝을 맺었다. 김재규의 행동은 계획이라고 하기에는 너무 엉성하고, 우발적이라고 하기에는 너무 계획적이라고들 하는데, 라종일의 생각은 어떨까. 박정희 시대의 마무리에 대한 소감을 들어보았다.

10·26 사건에 대해 가장 설득력 있는 설명은 다음과 같다고 생각합니다.

"외부의 사회적 압력이 권력체제 중심에 미친 것이다."

세상이 어떻게 돌아가고 있는지 김재규는 청와대에 있는 박정희와 주변 사람들보다 훨씬 많이 알았어요. 그래서 이대로 가면 좋지 않으니 뭔가 해야겠다고 생각했겠지요. 그 뒤에는 권력 내부의 불화와 갈등이 있었겠고요. 그런데 조직적으로 뭔가 할 수 있는 능력이 김재규에게는 없었고, 또 김재규의 평소 성격도 그렇게 치밀

하지 못했어요.

김종필은 단지 우발적이었다고 하지만 우발적인 것만은 아니에요. 저는 우연과 필연 두 가지가 교차한 사건이라고 생각합니다. 필연적으로 일어날 일이었지만 꼭 그런 모습으로 일어난 것은 우연적이지 않은가 싶어요. 박정희는 그런 식으로 계속될 수 없었고 어떻게든 끝나야 했는데, 끝나는 방식이 부하에게 총을 맞는 방식이었던 거죠. 권력을 잡는 것만큼이나 놓는 것도 어려워요. 우리나라에만 있는 일도 아닙니다. 북한도, 러시아도, 중국도….

박근혜는 늘 이런 식으로 말했어요. 박정희 주변 추종자들의 내부 다툼이 그렇게 터진 것이라고. 하지만 그건 그냥 사건의 작은 일부예요. 한 사건에는 여러 요소가 다 결부되어 있죠. 제1차 세계대전도 그렇지 않습니까? 전쟁이 일어날 상황이 사라예보사건 당시에 다 구비되어 있었죠. 10·26도 우연적인 계기였지만, 그렇게 큰 사건으로 진행될 준비가 되어 있었어요. 만일 박정희에 대한 사회적 저항이 없거나 최소한 크지 않았다면, 박정희의 죽음이 즉각 유신체제의 해체로 이어지지도 않았겠죠.

어쨌든 박정희가 집권할 당시 한국 사람들은 다들 비슷한 생각이었을 거예요. 한국인들은 기회만 주어지면 중동에 가든 월남에 가든 일을 해보려 했어요. 하고 싶어 했던 일을 잘할 수 있게 해준 게 박정희였어요. 그러나 그의 성공이 곧 그의 실패가 되었지요.

제가 《우리나라 좋은나라》라는 책에도 썼어요. 그 책에 나오는 주인공은 중동에 가면서 내복, 양말, 치약까지 다 가져갔대요. 하나라도 국산을 써야 한다고요. 그 정도로 당시 모두들 열심히 노력했다고 그러더라고요. 그분은 박정희를 보면 힘이 나고 뭔가 된다는 기분이 들었대요. 존경하는 사람은 장준하 같은 분이었지만, 그분들에게 정치 지도자는 그래도 역시 박정희였어요. 그분이 박정희가 암살당했다는 얘기를 사우디아라비아에서 들었는데, 하늘이 무너지는 줄 알았대요. 충격이 너무 커서 일도 못 나갔답니다. 하지만 다시 생각해봤더니 박정희는 그렇게 죽어야 한다, 그게 영웅의 죽음이다, 싶었다더군요. 거기서 깨끗하게 죽는 게 박정희답다며 마음속에서 정리했다고 해요.

박정희의 정치적 삶, 그리고 죽음으로 시대 하나가 그렇게 지나갔던 것 같아요. 그다음에 이런 표현이 가당할지 모르지만 '에피고니Epigone'의 시대가 왔죠. 에피고니란 위대한 사람을 모방하는 열등한 존재들이죠. 전두환이나 노태우가 못나서 그랬을까요. 그것보다는 세상이 바뀌고 있는데 지난 시대 흉내를 내려니까 안 된 게 아닌가 싶어요. 저항이 클 수밖에 없었죠. 그래서 박정희의 에피고니들은 양보를 많이 했어요. 가령 전두환은 연좌제를 없앴지요. 자기 아버지가 죄를 지으면 아들도 따라 들어가는 그런 일은 없어졌어요. 공개적이고 자유롭다는 걸 조금이라도 보여주려고 했어요. 그리고 전두환 본인은 7년이 끝나면 물러난다, 반드시 약속을 지키겠다고 명분으로 내세우고요. 또 북한에게 테러를 당하면서도 김일성과 화해를 추구했어요.

전두환의 경우는 박정희의 후계자라기보다는 말씀드렸듯 에피고니입니다. 애초 박정희는 전혀 후계 구도를 생각하지 않고 있었어요. 정확하게는 그럴 수가 없었죠. 김정일 역시 마지막까지 자기

아들을 후계자로 임명하지 않았어요. 처음부터 물려줄 생각이었다면 일찍 수련을 시켰겠죠. 본인처럼요. 그런데 치명적인 질병을 갖게 된 다음에야 시작했잖아요. 그러니까 김정은에게는 자기 측근 같은 사람이 거의 없어요. 구중궁궐 속에 가둬놨다가 갑자기 2년 정도 준비시키고 바로 후계자로 올렸죠. 제 생각에 원인은 두 가지가 아닐까 해요. 하나는 세 번째까지 지도자가 세습으로 나와야 하는지 김정일이 고민했던 것 같아요. 또 하나는 일찍 후계자를 만들어놓으면 권력 누수가 생겨요. 김일성과 김정일 본인의 경우가 정확히 그랬어요. 김일성과 김정일의 지시가 다르면 사람들이 결국 "미래의 권력", 곧 김정일 말을 들었어요. 김정일은 그것이 두려웠겠죠. 자기 아들이라 해도 권력 앞에서는 적 혹은 경쟁자가 될 수 있으니까요.

전두환의 경우는 권력을 잘 낚아챈 셈이죠. 옛날에 비스마르크가 이런 얘기를 했대요.

"정치 지도자여, 가만히 잘 보고 있으면 신이 걸어가는 모습이 보인다. 그리고 발자국 소리가 들린다. 그렇게 무언가가 다가올 적에 신의 외투자락을 꽉 잡아야 한다."

하여간 독일 사람들이 그런 소리는 잘해요. 세상에 큰 변화가 일어나는 게 보일 거다, 그때 그 변화의 자락을 꽉 잡는 거다…. 어떻게 보면 DJ의 성공도 마찬가지예요. 아, 어쩔 수 없이 민주화로 가는 거구나, 그러니까 조금 어려운 일이 있더라도 민주화가 내 정치적 과제다, 그렇게 생각했다는 거죠.

무슨 소리야, 내가 낳았는데?

**다들 전두환을 싫어했지만, 전두환은 어떤 면
에서 인기를 누렸다. 이 모순은 어째서일까.**

제가 영국에서 돌아와 보니 예상 밖으로 전
두환이 7년 통치를 거뜬하게 해내고 있었어요. 전두환의 최대 인기
요인은 아무래도 경제 성적이었죠. 흔히 '세 마리 토끼'를 다 잡았
다고 얘기합니다. 그러니까 경제성장률은 10퍼센트가 넘는데, 물
가는 잘 잡히고, 무역수지는 흑자를 기록했어요. 옛날에는 그랬잖
아요. 임금이 덕이 있으면 풍년이고 임금이 잘못하면 흉년이라고
요. 전두환의 덕성이 어떻든 계속 날씨가 좋아서 농사가 풍년이었
던 거죠.

사람들이 평소에는 다 같이 정권 욕을 했어요. 전두환 집권 막
바지에 제가 대학원장을 하고 있었거든요. 교수 사회에서도 전두
환은 이제 그만해야 한다고 강력하게 이야기가 나오고 있었죠. 그
래서 제가 교수들 몇과 함께 벽보라도 써 붙이기로 했어요. '전두환
은 물러나고 직선제로 개헌하라'는 요지로 선언문을 내고 대자보
를 달았는데, 교수 500~600명 중에서 16명인가 17명만 함께했어
요. 평소 얘기는 같이 하지만 막상 이런 행동에는 참여를 안 해요.
여러 이유가 있겠지요. 저는 몇백 명은 동참할 줄 알았어요. 그런
데 열 몇 명의 이름으로 대자보를 붙이고 나니 오히려 뒤에서 욕하
는 분들이 있더라고요. 친한 교수들 중에도 그런 분이 있었고요. 저

보고 나쁜 놈이라는 이야기였는데, 뭐가 나쁜 놈이냐면, 전두환을 반대해서 나쁜 놈이 아니라 저 혼자서 학생들에게 인기 얻으려 해서 나쁜 놈이라는 거예요. 그리고 저는 영국 시민권이 있다는 거예요. 순 가짜 말이에요. 제가 영국을 자주 다녀가곤 했지만 여왕 폐하의 충성스러운 신민이 되는 영광은 못 누렸거든요.(웃음) 그러니까 저는 절대로 잡히지 않을 인물이고 해를 입지 않을 거라면서 다른 "무지몽매한" 교수들을 끌어들여 선언문을 써 붙였다는 이야기죠. 심지어는 그 뒤에 우리 막내가 태어났는데, 제가 다른 데서 낳아 왔다는 소문이 돌더라고요. 집에 가서 그 얘기를 하니까 집사람이 눈치가 없어서 자기가 낳았는데 대체 무슨 소리냐고 한동안 어리둥절해 하더라고요.

5공에 참여한 교수들은 자의 반 타의 반이었다고 그러지만, 제가 받은 인상으로는 꼭 그런 것만은 아니었어요. 교수고 기자고 기업인이고, 많은 사람이 전두환과 친해지려고 애를 쓰고, 심지어 전두환 동생하고 닿아보려고 노력하는 사람도 있었습니다. 전경환과 배드민턴을 치고 왔다며 자랑하는 사람도 있었고요. 그러니까 문제를 무조건 '전두환만이 나쁜 놈'이라고 몰아갈 수는 없어요. 조금 냉철한 시선으로 보면, 사회 전체가 그런 식의 통치를 받을 상태에 있지 않았는가 하는 생각입니다.

전두환이 아랫사람들에게 화끈했다는 이야기는 많아요. 그게 노태우하고 차이였다나요. 우리 학생 중에 전두환 아들하고 친구가 있었는데, 정초에 세배를 가자고 해서 갔대요. 그런데 세뱃돈을 50만 원씩 주더래요. 그때 교수 월급보다 많았어요. 어쨌든 당시를 두고 착하고 훌륭하고 도덕적인 백성이 있었고, 전두환이라는 악당 깡패 같은 사람이 나라를 빼앗아 다스렸다, 이렇게 표현할 수 있는 상황은 아니었던 것 같아요. 광주의 비극에도 불구하고 전두환의 치적에 대한 국민의 지지가 상당했어요. 우리는 1987년 김대중이 출마해서 김영삼이 떨어졌다고 말하지만, 그때 민정당 자료를 보면 아니에요. 직선제에 야당 후보 단일화를 해도 노태우가 이긴다고 봤더라고요.

지난 세기 전반기 일본에서는 군사쿠데타가 두 차례 성공했지만 통치는 못해서 결국 주동자들의 자살로 끝났어요. 1950년대 말 프랑스에서도 같은 일이 있었지요. 정치학자들은 이런 것을 "정치 문화의 수준"이라는 말로 설명해요. "정치 문화의 수준"이 높으면 쿠데타는 성공해도 통치를 못해요. 그리고 제일 엉터리는 세기말의 소련 쿠데타입니다. 군사쿠데타의 성공 여부는 정권 탈취가 아니라 통치 능력이에요. 그런 면에서 박정희, 전두환 모두 성공한 쿠데타입니다. 다른 예를 들어볼까요? 박정희가 1961년에 쿠데타를 했잖아요. 민정 이양 뒤 대통령선거에서 야당 후보로 윤보선이, 공화당 후보로 박정희가 나왔습니다. 그때 표차가 15만 표였어요. 아주 근소한 차로 박정희가 이겼죠. 그리고 4년 집권한 다음 대선에서 또다시 윤보선과 붙었어요. 그런데 그때는 표차가 엄청나게 늘어서 116만 표였어요. 15만 표 차이에서 그렇게 바뀐 거예요. 물론 공정한 선거는 아니었다고 봐요. 아무리 그렇더라도 표차가 그렇게 벌어졌다는 것이 포인트죠. 그다음 1971년 대선에서는 박정희와 김대중이 붙었죠. 박정희가 은퇴 약속을 깨고 자기가 또 하겠다며 3선이 가능하도록 개헌을 해서 국민적 비난이 컸어요. 신문에서도 비판이 많았고요. 그런데도 박정희가 90만 표 차이로 이겼어요. 90만 표 차이가 만족스럽지 않았던 모양인지, 나는 그렇게 일을 하고 저 사람들은 맨날 입이나 놀리는데도 100만 표 차이가 안 난다며 박정희는 불만스러워했대요. 표로 나타난 국민의 생각을 보면, 박정희의 18년 통치가 마냥 깡패 같은 건 아니었음을 알 수 있어요. 집권 이후에 바뀐 아웅산 수지를 보면서도 정치 현실에 대해 다시 생각해보게 됩니다.

무엇이든 여러 측면을 봐야 해요. 이번 코로나 대응도 크게 잘했다고는 할 수 없지만, 따져보면 코로나 대응에 중요한 역할을 한 것은 박정희 때 만들어놓은 의료보험제도죠. 그러니 과거는 전부 나빴다면서 인정할 것도 인정하지 않으면 안 돼요. 사람의 제일 중요한 특징 하나가 어리석다는 것이잖아요. 우리는 참 어리석지요. 그런데도 대통령 같은 지도자를 뽑을 때 우리와는 다른 어떤 구세주를 기대해요. 김일성의 정권 유지가 성공한 데에도 아마 그런 기대심리가 있지 않았겠어요? 무슨 신천지 같은 데를 좇아다니는 사람들도 마찬가지고요. 누구인가 자기 문제를 다 해결해주리라 기대하는 거예요. 그렇지만 그런 구세주는 없어요. 큰 권력일수록, 그 권력의 중심으로 갈수록 온갖 어리석고 추루醜陋한 면이 보여요. 강력한 권력일수록 주변 말단에서는 위대해 보입니다. 이라크 전장에서 발휘되는 미국의 힘과 부시의 백악관 내부의 실상을 살펴보면 이런 이야기가 이해되리라 여깁니다. "위대한 지도자" 김정일의 궁정도 핵심 내부 이야기는 추루하기 짝이 없어요.

장성택보다 낫다

티나지 않게 업적이 많았던 노태우 정권.

전두환 욕심으로는 만약 국민 반응만 좋으면 7년보다 더 하고 싶었겠죠. 노태우를 앞에 세우고 상왕 노릇을 한다거나요. 버마 아웅산에 간 것도 그런 목적이었다고 알고 있어요(라종일,《아웅산 테러범 강민철》, 창비, 2014). 그런데 현실이 전두환의 소망을 허락해주지 않았어요. 전두환은 퇴임하고 나서 노태우에 의해 백담사로 갔지요. 전두환 본인은 매우 서운했나 봐요. 하지만 노태우는 대통령으로서 민심을 거스를 수 없었을 거예요.

저는 정치인으로 노태우를 상당히 평가합니다. '물태우'라는 별명은 전두환하고 대조적이었기에 생긴 것이지만, 그 상황에서 현명한 처신이었어요. 2인자로서 권력을 물려받는 건 쉬운 일이 아닙니다. 2인자는 살아남기부터가 참 어려워요. 제가 장성택을 놓고 김정일 사후 2년 정도면 숙청되리라 예상한 이유가 바로 그것이었죠. 하지만 장성택 본인은 자신만만했고, 한국의 북한 문제 전문가들 역시 대부분 앞으로는 장성택의 시대가 된다고 했는데, 정치권력이라는 것에 대한 이해가 부족했던 거예요.

노태우는 군부의 통치가 연장된다는 면에서는 좋게 생각할 수 없지만, 민주화를 선택한 점에서는 공을 인정해야죠. 노태우가 그래서 물태우라는 얘기를 들었지만, 전두환 같은 리더십을 발휘하는 것보다는 훨씬 현명하지 않습니까. 그랬다면 국민도 반발했을 것이고, 권위주의 체제를 끝낼 수도 없었을 거예요. 권위주의 정부에서 민주체제로 옮겨가는 동안에 이행 과정을 관리한 공로가 노태우에게 있어요. 원래 정치에서 물이란 순리의 좋은 뜻입니다. 상선약수上善若水!

노태우 정권은 외교적인 성과도 상당히 컸죠. 외교라인을 적절히 관리하고, 그 이후에 박철언이 주축이 되어서 실행한 북방정책이 괄목할 만했죠. 우리의 통일정책 역시 당시의 '민족공동체통일방안'이라는 것에 근간이 되어 있었어요. 햇볕정책도 그것을 이어받았다고 할 수 있습니다. 단 DJ는 상황이 어떻게 됐건, 북한에서 무슨 소리가 나오건, 서해에서 도발을 하건 말건 남북관계를 지속적으로 밀고 나가겠다는 소신이 있었어요. 그런데 김영삼이나 노태우, 이명박도 마찬가지고, 이런 사람들은 상황에 따라 노선을 변경하곤 했지요.

북방정책의 처음 의도는 경제보다 외교·정치적인 것이었어요. 북방정책의 성공으로 당시 북한은 상당히 위기를 느꼈습니다. 주변 나라들이 전부 다, 심지어 자신들의 우방국들까지 남한을 좇아갔으니까요. 외교적인 성과는 한국 내에서도 정치적인 플러스 요인이었어요. 그 덕분에 한국으로서는 시장이 엄청나게 확장됐어요. 외교 성과를 낸 원인 역시 꼭 외교를 능숙하게 잘해서라기보다는 경제력이 뒷받침되었기 때문이죠. 소련 측에서도 원래 차관을 받을 생각밖에 없었어요. 수교 얘기는 없었고 경제 협력만 얘기했지요. 그런데 한국 정부는 수교도 하지 않고 어떻게 돈을 주느냐는 논리로 수교까지 끌고 갔죠. 동유럽 국가와 수교할 때도 차관을 건

넋고, 중국에도 마찬가지였어요. 1988년 서울올림픽을 성공적으로 개최했다는 점도 노태우 정권의 업적이죠. 단지 제 유감은 그 당시 우리가 미국을 포함한 우방 국가들과 북한의 수교를 더 적극적으로 도왔어야 하지 않았는가 하는 것입니다.

쓰레기통에도
장미는 피는가:
민주화의 모범 국가

첫인상

**라종일이 기억하는 DJ와 YS의 초년 시절 모습
은 어땠을까.**

DJ와 저의 인연이 처음부터 깊었던 건 아
니었어요. 그때가 1960년대 초인가, 민주당은 구파와 신파 둘로 갈
라져 있었죠. 구파는 윤보선, 조병옥, 신익희 쪽으로 호남 사람들이
많았는데 제 아버지도 구파였어요. 한편 신파는 관서 출신이 많았
습니다. 장면하고 정일형 이런 사람들로요. 구파와 신파가 서로 무
척 싸웠지만, 그래도 설날이 되면 누구 할 것 없이 인사를 왔죠. 그

때 DJ를 처음 봤어요. 당시 신파 대변인이었죠. 인사를 했겠지만 큰 의미는 없었고, 첫인상은 잘생겼다는 것이었어요. DJ가 젊었을 때 인상이 좋았어요. 갈색 두루마기 한복을 입고 있었죠. DJ는 호남 출신인데 신파였고, 김영삼은 영남 출신인데 구파였어요. 박정희 이전에는 영호남 구별이 정치적으로는 중요하지 않았던 것 같아요. YS가 당시 '40대 정치 기수론'을 주장하면서 국민복이라는 좀 특이한 옷을 입고 다녔는데 별 소득은 없었습니다. 두 사람은 각각 신파, 구파의 젊은 선봉으로 존재감이 상당했고 그때부터 라이벌이었어요.

김영삼은 단식투쟁도 했고 몸을 다친 적도 있었지만, 김대중처럼 감옥에 가거나 사형선고를 받지는 않았죠. DJ가 훨씬 더 선명하게 민주화를 위해 노력했어요. 그리고 국제감각이 김대중이 훨씬 나았어요. 국제적인 인지도도 높았고요. 김대중은 웅변을 할 수 있을 정도로 일본어를 잘했어요. 나중에 일본에서는 정말 자유롭게 활동했지요.

저는 DJ를 심정적으로 좋아했지만 가까이 가진 않았어요. 오히려 저를 부른 건 YS였어요. 대선에 나서면서 저를 안보보좌관으로 쓰겠다고 몇 차례 제안을 해왔죠. 제 생각에 그가 대통령이 되는 것은 거의 확실했습니다. 그렇지만 저는 "그럴 만한 위인이 못 됩니다"라며 고사했어요. 후일 측근에 있던 분이 왜 좋은 기회를 거절했는지 물어보기에 한 번만 더 부탁하면 응하려고 했는데 두 번만 청을 하고 그만두기에 그랬다고 했어요.(웃음)

김대중 씨는 정계를 은퇴하고…

결국은 대통령이 된 두 거인들의 일화들.

양김은 끊임없는 라이벌 관계였죠. 노벨상을 놓고도 서로 먼저 받으려고 애쓰고 노심초사했고요. 1987년에도 김대중이나 김영삼은 상대가 대통령이 되는 것보다 아마 노태우가 되기를 오히려 바랐을 것입니다. 순리를 따지자면 YS의 지지율이 앞섰으니 DJ가 양보했어야 맞겠지만, 어쨌든 둘 다 상대가 대통령이 되면 자기는 그걸로 끝난다고 여겼던 모양이에요. 정치판에서는 흔히 있는 일이지요. 진짜 두려운 경쟁자는 자기 편에 있는 법이죠.

여당에서는 그것과 관련된 공작을 했다고 하더라고요. 그러니까 DJ가 시장 같은 데 가면 사람들이 반지를 빼주면서 꼭 대선에 나가시라고, 꼭 될 테니까 해내시라고 말했대요. 그러니 얼마나 감동했겠어요. 절대로 YS에게 양보할 생각이 안 났겠죠. 그런데 알고 보니 그게 여당에서 하나씩 사준 반지들이었다는 겁니다. 정치인들은 그런 사소해 보이는 데에서 많은 감동을 받는다 하더라고요. 자기가 진짜 인기 있는 걸로 생각하고요.

YS는 대통령이 되고 나서도 DJ가 혹시 다음 대선에 나올까 심하게 견제했어요. 적어도 제가 DJ와 같이 활동하면서 받았던 인상은 그랬어요. YS는 DJ의 집념을 "대통령 병"이라고 불렀어요. 만델라Nelson Mandela 방한에 얽힌 일화가 하나 있지요. 원래 DJ가 만델라와 교류를 많이 했어요. 남아프리카까지 가서 만델라를 만나려는 일정도 있었고요. 그런데 갑자기 우리 정부가 만델라를 한국으로 초청해버렸어요. 그래서 만델라가 김대중한테 편지를 썼어요. 당신이 오실 필요 없이 제가 한국 정부의 초청으로 그곳에 가니까 거기서 만나자고요. 그래서 우리는 그렇게 될 줄 알았죠. 그런데 정부에서 만델라의 일정을 빡빡하게 잡아놓아서 김대중 만날 틈이 없는 거예요. 만델라도 와서 보니까 누굴 만날 수가 없거든요. 그래서 우리 쪽에 이렇게 통지했어요. 자기가 나이가 많아서 이 일정을 다 소화하지 못하므로 한국 정부에 일정을 반나절 빼달라고 하겠다, 그때 DJ와 만남을 갖자고. 그런데 이 제안을 DJ는 거절했어요. 정부의 초청을 받아 오셨으니 정부 스케줄에 그냥 따르시라고, 나중에 만나자고요. 아쉬웠지만 DJ는 궁색하게 할 필요가 있겠느냐면서 그냥 안 만났죠. DJ의 그런 대처는 참 훌륭하더라고요.

이런 일도 있었는데요. DJ가 아시아태평양평화재단을 할 때 국제회의를 열곤 했어요. 본인이 의장을 하고 저도 준비 단계에서부터 부의장으로 참여했습니다. 개막식을 하면서 사람들을 많이 초청했어요. 세계의 여러 인권 활동가들이 한국으로 왔지요. 그때 김영삼 대통령에게 축사를 부탁했어요. 김영삼은 차마 거절할 수는 없어서 써주긴 했는데, 축사에 이런 문구를 넣었더라고요.

"김대중 씨는 정계를 은퇴하고 이제는 정치인이 아닙니다."

이것도 그렇고 만델라 건도 그렇고, 참 웃기죠. 큰 정치인들이 이런 작은 것들 가지고 그러잖아요. 앙드레 말로Andre Malraux 전기에 자기는 정말 어른이 된 사람을 본 일이 없다는 이야기가 나와요.

김대중과 함께라면

YS의 제안을 거절했던 라종일은 DJ를 자기 발로 찾았다. 정계 은퇴를 둘러싼 라종일과 DJ의 숨은 이야기를 들어보자.

DJ가 1992년 선거에서 떨어지고 정계 은퇴를 선언했죠. 그 이틀 뒤에 제가 만나자고 전화를 하고 동교동으로 찾아갔어요. DJ 혼자 있는데 쓸쓸해 보이더라고요. 아마 그래서 저를 오라고 그랬나 봐요. 은퇴하면 안 된다고 DJ에게 제가 얘기했죠. 그때 저는 확실히 어딘가에 뛰어들고 있다는 생각이 들더라고요. 제 생각에 당시 한국은 민주화가 조금 진행된 상태이긴 했지만 한 번은 정권 교체가 이뤄져야 했거든요. 그걸 할 수 있는 사람이 DJ뿐이었어요. 정치학에서 인물은 중요하지 않습니다. 그러나 정치에서는 인물이 중요해요. 특히 어떤 결정적 시기에는.

DJ는 약속한 게 있으니 은퇴할 수밖에 없지 않느냐고 그랬어요. 그래서 제가 말했죠.

"정치에서 은퇴한다고 그랬지, 공적 활동에서 은퇴한다는 약속은 아니지 않습니까."

DJ가 공적 활동이 구체적으로 무슨 뜻이냐고 물어서 제가 답했지요.

"선생님께서 하실 일이 굉장히 많다. 한국에서 대통령이 되려면 최소한 아시아 지도자로 자리매김해야 한다. 아시아는 그 자신을 대변할 지도자가 필요하다. 아시아 안의 모순이 심한 상황이다. 민주주의가 아주 빠른 수준으로 진행되는 나라도 있고, 또 미얀마처럼 민주화가 진전되지 않는 나라도 있다. 경제적인 수준도 세계에서 톱인 나라가 있고, 기본적인 생계도 해결이 안 되어 국민이 굶는 나라도 있다. 이런 모순들에 제대로 된 처방과 지침을 내놓을 수 있는, 그리고 국경을 넘어 다른 나라 국민에게도 자기 메시지를 전할 수 있는 리더가 아시아에 반드시 있어야 하지 않겠는가. 민주화와 경제발전 두 가지를 테마로 걸고 추진하면 국내외 많은 인재가 모여들 것이다. 그리고 한국 혼자서만 문제를 해결할 수 있는 시대가 아니다. 한국의 정치, 사회, 경제적인 모순을 해결하기 위해서라도 한국은 아시아와 함께여야 한다."

　DJ 본인은 그 점들에 대해 별로 생각하지 못했던 것 같아요. 그래서 제가 "아시아의 리더로서 자리매김하면서 공적 활동에 복귀하시라. 정치를 하느냐 마느냐는 다른 문제고 또 나중 문제다. DJ가 앞서와 같은 활동을 한다고 해서 약속을 어겼다고는 누가 말 못하지 않겠느냐"는 취지로 말씀드렸죠. 그러니까 얼굴이 눈에 띄게 밝아졌어요. 만날 때는 굉장히 어두웠는데 한두 시간 지나면서부터는 그렇게 잘 웃더라고요. DJ가 자기를 앞으로 많이 도와주었으면 한다고, 앞으로 어떻게 하면 좋겠냐고 해서 우선은 머리 좀 식히시라, 어디 외국에 나가서 한 반년이라도 있다가 돌아오시면 좋겠다, 하고는 케임브리지를 추천했어요. 일본은 너무 가깝고, 미국은 너무 한국과 닿아 있고, 독일은 교포들도 그렇고 북한과의 관계도 있으니까요. 영국은 어떤 면에서는 굉장히 후진국이었어요. 부정적인 의미가 아니에요. 영국의 매력은 후진성이에요. 영국 시골은 인터넷도 잘 안 되고 편의시설도 엉터리죠. 케임브리지만 해도 런던과 두 시간 거리인데요. 현실과 한걸음 떨어져 지낼 수 있어요. 어쨌든 DJ는 제게 뭐든 맡기겠으니 알아서 해달라고 했어요. 그래서 제가 알음이 있던 케임브리지의 클레어홀Clare Hall College에서 방문교수로 초청을 받도록 했지요. 첫 만남이 두세 시간 정도 되었던 것 같습니다. 가겠다고 일어섰는데 현관까지 배웅하시고 밝은 얼굴로 농담을 건네더라고요. "이제부터 내 명함에 '아시아의 지도자'라고 써놓아야 쓰겠네." 둘 다 웃었어요.

지식인만이 아니라 누구든 해야 할 일, 어젠다가 있어야 정치에 참여하게 되잖아요. DJ 때의 정권 교체가 딱 그것이었죠. 한국의 민주화는 정권 교체 없이는 정체한다고 봤습니다. 그때 그 역할을 제가 하지 않으면 어떻게 될지 모른다고 생각했어요. 정치학자 대부분은 DJ에게 장래가 없다고 전망했습니다. '장래가 있다 없다'는 것보다 지식인의 정치 참여에는 명분과 뜻이 중요합니다. 후일 후배들 중 현실 정치에 참여하려는 분들이 조언을 바라면 "실패해도 후회하지 않을 일을 하라"는 말을 했습니다. 당시 국제정치학회 회장 선거가 있었는데, 저는 그게 좋은 기회라고 봤어요. 회장에 출마해 선거운동을 하면서 정치학자들을 거의 다 만났지요. 같이 밥을 먹으면서 얘기하는데 한 80퍼센트는 김대중은 이제 틀렸다고 말했어요. 특히 좀 잘나가는 교수들은 DJ에게 희망이 없다고 인식했고요. 사람들은 저를 이상하게 생각했을 거예요. 라종일 저 사람은 왜 갑자기 평소 관심도 기울이지 않던 학회 회장에 출마해 선거운동을 하고 다니나 싶었겠죠. 제가 회장이 되지 못하도록 해야 한다는 움직임이 정치학계 일부 원로 중진들 사이에 있었다는 이야기도 들었어요. 어차피 저에게는 중요한 문제가 아니었습니다.

그람시와
메뚜기 부대를 넘어

DJ의 승리를 가능케 한 아이디어들.

DJ가 본격적으로 정치 활동을 재개한 뒤에 제가 집권 플랜을 만들어 보냈더니 DJ가 자기 측근 7~8명을 불렀어요. 스위스그랜드호텔에서 그 플랜을 중심으로 서로 토론한 뒤 그 전략대로 가기로 결정했죠. 뭐, 대단한 전략은 아니었습니다. 중도와 보수 일부를 흡수해야 한다는, 구체적으로 김종필과의 연합으로 접근하자는 것이었죠. 지역 균형론이었어요. 당시 저만 그런 발상을 떠올린 건 아니었습니다. 그런 얘기를 하는 사람은 사실 많았어요. 제가 한 건 이름 붙이기였죠. 그런데 안으로부터 저항이 있었어요. 어떻게 유신 세력과 손을 잡느냐고요. 그때 제가 이렇게 이야기했죠. 둘 중 하나를 택해야 한다, 순수성을 지키고 만년 야당으로 남는 방법이 있고, 정권을 잡아서 민주화를 추진하는 방법이 또하나 있다, 우파와 연합하지 못하겠다고 하면 집권은 수학적으로 불가능하다고요. DJ는 늘 제 편을 들어줬어요. 당시 정치에 두 전술이 있다고들 얘기했어요. 진지전과 기동전이죠. 여기서 제가 꺼낸 이야기는 이랬어요.

"진지전은 우리가 확실히 밀리고 기동전도 밀린다. 육박전으로 가자."

육박전은 제가 고안한 전술이에요. DJ 지지자들이 주로 호남 사람들이었는데, 지지 강도가 높았어요. 열성적이었죠. 그러니까 어떻게든 김대중을 찍으려 하고, 심지어 자기 희생도 마다하지 않았어요. 대신 수는 늘 열세였죠. 그러면 투표를 해도 지기 마련이에요. 아무리 열정이 높더라도 표는 한 표밖에 안 나오니까. 정치학자들은 그 점만 봤어요. 충청과 영남이 연합하고 있으니 호남은 아무리 해도 기회가 없을 거라고 생각했죠. 충청을 끌어들일 방법이 있다는 것을 생각하지 못했던 것처럼, 열성 지지층이 또다른 효과를 낼 수 있다는 점도 그들은 몰랐죠. 그래서 육박전이 무엇인가 하면요. "김대중에 대한 열성을 수로 전환하자. 곧 지지자 한 사람이 열명을 관리하자. 그들을 투표 현장까지 끌고 가자" 이거였어요.

똑같은 게 있다. 일 년에 한 번 교회에서 교인 총동원 전도주일이라는 걸 한다. 그때 교인 한 명이 작정하고 열 명을 데려오는데, 그때를 대비해서 일 년 동안 씨를 뿌리고 거름을 주면서 준비한다. 그렇게 하나가 열을 데려가면 목사에게 칭찬을 받는다. 라종일은 교회가 자신을 표절한 것 아니냐고 농담을 건넸다.

어쨌든 그것이 육박전 개념이었죠. "열성적으로 열 명을 포섭해라. 될 수 있으면 영남 쪽을 포섭해서 투표소까지 이끌어라. 구체적으로는 클럽을 만들어서, 곧 낚시 동호회를 만들든지 영화 동호회를 만들든지 등산을 하든지 바둑을 두든지 고스톱을 치든지 해서 열 명을 꼭 투표장까지 데려가도록 하자." 그래서 실제로 그런 조직을 많이 만들었어요.

선거전에 들어간 다음에는 하루에 밥을 몇 차례 먹었는지 몰라요. 아침도 세 번, 점심도 한 세 번…. 여기저기서 몇 숟갈 뜨고, 약속이 있어서 저는 먼저 가겠습니다, 분발합시다, 이러고 빠져나와 다른 데에 갔어요. 선거가 끝나고 나서 이 사람들한테 마음의 빚이 있었지만 해준 것은 없었어요.

육박전은 다른 선전적 이점도 있어요. 사람들은 신문 기사보다 같이 술 먹으면서 사람들 사이에 오고가는 이야기들을 더 믿어요. 신문에 나오는 건 가짜 이야기이고, 친구가 건네는 말이 진짜 이야기인 셈이죠.

사실 그 분야는 당시 여당이 아주 잘했어요. 우리가 일명 '메뚜기 부대'라고 했는데요. 아이들이 중학교나 대학교에 들어가면, 중년 부인들이 상대적으로 한가해지거든요. 여당에서 그 사람들을 포섭했어요. 예를 들어, 이분들을 온천 같은 곳에 데리고 다니면서 대접해주고, 관광도 시켜주고요. 이게 다 여당 표가 됐지요. 이렇게 조직을 만들어놓고 그 사람들을 공공장소에 뿌려서 자기네들끼리 이야기하게 했어요. 버스를 타고 다니면서 김대중이 치매라거나, 소변을 가리지 못한다거나, 이런 헛소문을 유포하면 다른 사람들은 그걸 듣고 또 퍼뜨리는 거죠. 여기저기 돌아다니면서 기차에서 버스에서 그렇게 떠든다고 해서 붙은 이름이 '메뚜기 부대'였던 거예요.

제가 우리 측에서 들은 이야기예요. 신기하라고 당시 국회의원이 있었는데, 괌에서 비행기 추락 사고로 죽었어요. 심지어 이 사람으로도 그럴듯한 이야기가 만들어져 있더라고요. 김대중이 "신 의원 어디 갔나?" 하면 사람들이 "신 의원 죽지 않았습니까" 대답한대요. 그러면 조금 지나서 김대중이 또 "신 의원 어디 갔나?" 이러고 찾더래요. 이런 식의 소문이었어요. 제가 DJ 가까이에 있지 않았다면 그럴듯하게 들렸겠다 싶었습니다.

소문을 깨는 것이 텔레비전 토론을 추진했던 중요한 이유였어요. 텔레비전 토론을 하면 최소한 다른 건 몰라도 DJ가 치매가 아니라는 것은 사람들이 알 수 있잖아요. 그리고 역대 정권이 만들어놓은 과격한 혹은 친북적이라는 이미지도 불식시킬 필요가 있었고요. 김대중은 이미지가 좋지 않아서 바꾸려고 무척 애썼어요. 이를테면 "New DJ" "알고 보면 부드러운 남자" 같은 캐치프레이즈를 동원해서 이미지 변화에 매진했지요. 어떤 사람은 호남 사투리를 바꿔야 한다고 주장해서 DJ가 살짝 시도했다는 이야기도 들었습니다. 하지만 곧 그만뒀다고 합니다. 사실 여러 전문가들은 텔레비전 토론이 선거에 별 영향을 끼치지 못할 것이라고 말했지만, 우리 내부에서는 그렇게 생각하지 않았습니다. 어떻게든 도움이 될 거라고 봤죠.

지고 있는 것이 유리하다

이기고 있다고 방심하면 승패를 장담할 수 없다. 그것을 찌르는 언더독의 전략을 알아보자.

사실 1997년 선거에서 여름이 다 가도록 누가 봐도 우리 캠프가 지고 있었습니다. 후일 가깝게 지내던 미 대사관의 국내 정치 담당이 저에게 이런 이야기를 해주었어요. 그해 여름이 끝나갈 무렵까지도 자기는 본국에 김대중은 희망이 없다고 보고했다고요. 여론조사에도 다 그렇게 나왔는데, 저는 그게 오히려 좋다고 생각했어요. 우리가 이긴다고 나오면 이길 수가 없거든요. 왜냐면 당시 상대방이 갖고 있던 인적·물적 자원이 엄청났기 때문이에요. 자금은 물론, 경찰이고 행정조직이고 음으로 양으로 국가기관을 동원하다시피 할 수 있었으니까요. 그러면 DJ는 절대로 못 이겼죠. 그러니 이회창이 마음을 놓고 있어야 하지 않겠어요? 저는 늘 이렇게 말했어요.

"지금 우리가 지고 있는 게 아주 좋은 거다. 계속 지고 있다가 개표하는 날, 딱 그날 하루만 이기는 것이 최선의 전략이다."

그 말을 DJ도 좋아했어요. 실제로 그게 제 전략이었어요. 우리가 엄살을 부리고 있어야, 그래서 상대방이 우리를 깔봐야 우리가 이기는 거라고요. 그렇지만 이런 건 제가 생각하는 것이었고, DJ 주변이 이런 전략으로 일사불란하게 움직인 것은 아니었습니다. 현실은 혼란투성이였죠. 전략이고 무엇이고, 현실이 전략에 앞서간다는 게 저의 경험이었어요. 전략이 훌륭해서라기보다 현실이 전략에 맞춰준다는 느낌이 들더라고요.

결국 DJ는 아주 어려운 상황에서도 대통령에 당선되었죠. 가장 큰 승리 요인이라면 무슨 전략이라기보다 여당이 기성 세력의 신뢰를 잃었다는 점이었어요. 그들이 자신하던 경제가 IMF 위기로 완전히 파탄 났으니까요. 그게 아니었다면 아마 못 이기지 않았을까 싶습니다. 그런 상황에서 DJ는 새로운 대안을 가지고 나왔어요. DJ가 그런 면에서는 아주 민첩했습니다.

당시는 외화에 아주 목이 마를 때였죠. 최규선 씨가 사우디의 왕자 알 왈리드 같은 사람과 교분이 있었어요. 마이클 잭슨도 어떻게 데려오고 말이죠. 그런 부호들과 DJ 사이에 화상회의를 주선하기도 했습니다. 그들이 투자를 약속했는데 이뤄지지는 않았어요. 결과적으로 대단한 건 아니었죠. 하지만 집권하고 있는 사람들이 아무것도 하지 못하고 멍청하게 있을 때 DJ에게는 새로운 아이디어가 있는 것처럼 보였습니다.

그리고 보수층을 포섭하는 데 성공했습니다. JP도 가담하고, 의외로 박태준 씨 같은 사람도 참여했어요. 박태준 씨는 후에 잠깐 총리도 했죠. 박태준 씨는 정말 예상 밖이었는데, 박태준 씨 측에서 오히려 적극적이었어요. 알고 보니 YS에게 엄청나게 박해를 받았더라고요. 박태준 씨 보좌관 한 분과 가까운 사이였는데요. 박태준 씨가 얼마나 억울했으면 일본에 귀양처럼 가 있을 때 병이 있는 것도 아닌데 피를 토했다 하더라고요.

DJP연합 때 한 내각제 개헌 약속은, 생각하면 유감인 점이 있습니다. 대선이 끝나니 개헌 논의는 다들 싹 잊더군요. 심지어 자민련에서도 그때 약속한 것을 지키라고 주장하지 않았습니다. 그래서 제가 몇 차례 공언한 대로 내각제 개헌을 추진해야 하지 않느냐고 했는데, 아무도 들은 체하지 않았어요. 처음 정치판에 들어갔던 제가 그만큼 미숙했던 것이라고 생각합니다. 저는 합의를 했으면 하는 시늉이라도 해야 하지 않느냐는 입장이었지만, 정치 현실은 전혀 다른 것이었죠. 물론 시도했어도 성사되지는 않았을 것입니다.

어쨌든 결국 정치에서 큰길은 중도파를 어떻게 자기 편으로 끌어당기느냐 그것이죠. 안보 분야에서 일하는 인사들에게 늘 하는 지적이 있었어요. "당신들에게는 주적만 보이고 적도 아니고 우리 편도 아닌 사람은 안 보이지? 그렇지만 승패는 그 사람들이 결정한다. 그러니까 자기 지지자가 아니면 적이다, 이렇게 생각하면 안 된다" 이런 취지였는데, 알아들었는지 못 알아들었는지 몰라요.

DJ 집권은 흔히 사람들이 생각하는 것보다 여러 가지로 의미가 큰 것이었습니다. 우리 헌정사상 처음으로 합헌적 절차에 따라 여당에서 야당으로 권력이 이동한 것이었잖아요. 이렇게 법적 절차와 규정에 따라 권력이 상대에게 이동하는 건 그렇게 쉬운 일이 아닙니다. 우리나라에서는 실상 개국 이래 반세기가 지나서야 처음 일어난 사건이었죠. 당 일각에서는 득표 차가 매우 적어 혹시 이변이 있을까 우려도 했지만, 선거 당일 자정이 가까워 승패 전망이 확실해지자 이회창 측에서 큰 축하 화환을 보내왔더라고요. 그 순간이 제게는 큰 감동이었습니다. 자신이 누리던 권력을 상대에게

한국의 발견

빼앗기는데도 패자가 승자에게 축하를 건네는 게 그렇게 쉬운 일이 아닙니다. 그때는 이제 우리나라가 큰 걱정이 없겠다는 생각을 했습니다.

황금과 석유

DJ 당선 당시 한국은 소용돌이치는 고난의 한 가운데에 있었다. 한강의 기적이 끝장나는 줄 알았던 시절의 이야기.

IMF 시련 때 우리나라 사람들이 아주 고생을 했지요. 그러면서도 '금 모으기 운동'이라고 가락지를 빼서 내고 그랬습니다. 물론 그게 경제에 실질적으로 도움이 되는 것은 아니었어요. 하지만 이렇게 국민이 단결해서 무언가를 하고 있다는 모습을 보여준 것은 긍정적인 면이었습니다. 해외에서도 좋은 평을 들었어요. 우리 국민이 그만큼 공공심이 있고, 위기를 극복하려는 정신적 자세가 되어 있다고요. 저도 동참했어요. 실제 효과보다 정신이 좋으니까 나도 해야지 해서 했는데, 후회를 많이 했죠. 갖고 있던 금붙이들이 모두 장식품이었는데, 가지고 가니 무게로만 의미가 있더라고요.

당시 YS정부 각료들만이 아니라 우리 모두 국제금융 등 경제에 대한 기초 인식이 부족했어요. IMF 위기의 근본 원인은 이렇습니다. 산업시설에 투자하기 위해 해외에서 차관을 받았습니다. 그런데 그것을 다른 데에 많이 썼죠. 부동산을 산다든가요. 그 상황에서도 수출이 잘 되면 경상수지는 좋잖아요. 그런데 수출 자금이 돌아올 때까지 빌려온 돈의 이자를 갚을 수 없었던 거예요. 결국 나라가 디폴트, 채무불이행 위기에 처했죠. YS정부에서는 경제 수치들이 다 좋은데 왜 문제가 생기는지 의아해했어요. DJ가 대통령이 되어서 보니까 사료 수급도 걱정이 되었습니다. 우리나라는 사료를 전량 수입해요. 그리고 집권하는 시기가 겨울이었잖아요. 무엇보다 심각한 문제가 석유였어요. 당장 목축업도, 난방도 문제였던 거지요. 여기에 굉장히 겁을 냈어요. 그런데 나중에 보니까 그렇게까지 겁낼 일은 아니었습니다. 디폴트가 되어도 먹을 것을 그냥 끊는다거나 하는 것은 아니더라고요.

마하티르Mahathir Mohamad 같은 사람은 IMF 구제금융을 받지 않고도 위기를 극복했잖아요. 그런데 그때는 그런 발상을 못했죠. DJ도 그런 사실들은 잘 몰랐어요. 처음에는 IMF 구제금융을 반대했다가 얼른 찬성으로 바꾸기도 했죠. 당시로서는 IMF의 도움을 안 받을 수 없는 상황이었어요. 한국의 경제발전 신화가, 한강의 기적이 엉망이 되는 줄만 알았던 시기죠. 그때 우리를 많이 도와준 사람이 조지워싱턴대 박윤식 교수예요. 경제에 대해 정말 많이 알았죠. 그래서 DJ가 장관직을 제안하기도 했어요. 그런데 박윤식 교수는 연구 프로젝트 받아놓은 게 많다고, 오래 못 있고 돌아갔어요. 당시 박윤식 씨가 IMF를 상대하고 금융 문제를 처리했어요. 저는 그때 인수위원회에 있었는데 특히 외신 기자들이 여러 가지 어려

한국의 발견

운 문제들을 제기했어요. 예를 들어, 긴축재정을 해야 하는데 안보 관련 예산은 어떻게 하려는가 하는 문제 같은 것이었죠. 저는 우리의 안보는 우리 예산만으로 유지되는 것이 아니며 긴축재정을 하더라도 안보 위협은 없다는 식으로 답했어요.

가까우니까

정권 교체를 완수하기 위해 DJ는 라종일에게 표가 나지는 않지만 중요한 임무를 건넸다.

대통령선거 전부터 저는 인수위원회의 중요성을 역설했습니다. 여러 가지 준비를 했고 그 과정에서 경험이 있는 외국인들의 조언도 받았어요. 하지만 일부에서는 빈축을 샀어요. 아니, 지금 무슨 인수위원회냐, 대통령 되는 게 중요하지, 이런 식으로요. 저는 정권을 물려받을 준비를 하지 않으면 대통령이 된 다음에 국정운영을 어떻게 할 거냐고 했어요. 실제로 당선된 뒤 후보는 엄청난 일정에 함몰되고 맙니다. 그래서 선거 이후 일정과 인수위 작업 준비를 미리 하지 않으면 안 됩니다. 더구나 DJ의 경우는 처음으로 여당에서 야당으로 정권이 이동하는 것이어서 많은 준비가 필요했습니다. 처음 하는 일이어서 참고와 자문이 상당히 필요했어요. 특히 미국의 경험 있는 분들이 자문에 응해주었습니다. 마지막 TV토론이 끝난 뒤 저는 DJ에게 준비해놓았던 인수위

조직 구성에 관한 페이퍼를 드렸어요.

당선된 뒤 DJ는 저를 인수위원회로 보냈습니다. 이종찬 씨가 원장이 되고, 저는 행정실장을 맡아 행정 업무를 담당했지요. 인수위 업무는 말하자면 지난 5년간의 나라 살림을 살펴보고 이것을 물려받는 작업인 동시에 앞으로 5년간 해야 할 일을 구상하는 것이었습니다. 엄청 큰 작업이었고 매우 힘들었지만 많은 것을 배웠습니다. 인수위가 끝난 뒤 저는 팀을 하나 구성해서 작업에 관한 보고서를 만들었습니다. 한국에서 인수위원회 업무 보고서를 제대로 만든 사람은 제가 처음일 겁니다. 그전까지 인수인계는 같은 당, 같은 식구끼리 적당히 주고받으면 끝이었죠. 하지만 정권 교체를 이룩한 상황에서는 달라야 했습니다. 보고서를 드리니까 이종찬 원장도, DJ도 좋아하더라고요.

선거 기간 중 우리 측에서 제일 신경 쓴 부분이 안기부, 지금의 국정원의 공작이었습니다. DJ가 대통령이 되지 못하도록 안기부에서 공작을 하고 있다고 생각했거든요. 야당 시절 외국 대사관이나 정보기관 쪽과 접촉했던 게 저였습니다. 그런 이유로 DJ 당선 뒤 제가 그쪽으로 가게 되었죠. 그러니까 기자들이 왜 외교 쪽이 아니고 하필 거기로 가느냐고 묻더라고요. 그래서 제가 사는 송파구가 내곡동과 가까워서 그렇다고 답했죠.(웃음)

처음 저는 2차장을 하다가 1차장으로 이동했고, 그다음에 외교안보특보를 맡았어요. 전부 합쳐서 2년 반이었나. 국정원은 문제가 많지만 역시 국가의 중요한 기관입니다. 국정원은 이름대로 국가의 안보를 뒷받침하는 곳이 되어야지 어느 특정 정권의 정보원이 되어서는 안 됩니다. 사실 국정원의 임무를 왜곡시키는 쪽은 국정원 자체라기보다는 정치권입니다. 국정원이 국가에 제대로 봉사하기 위해 필요한 것은 국정원 개혁이 아닌 정치권 개혁이라는 것이 그 기관에 종사한 제 경험에서 나온 결론입니다.

컴맹이지만 괜찮아

DJ는 IMF를 단기간에 극복하고 한국을 선진국 궤도에 올렸다. 그 비결은 무엇일까.

DJ 시기의 가장 현저한 업적을 두 가지 꼽는다면, 인터넷 보급과 벤처기업 지원이겠지요. 당시 해외 반응을 보면 이때 비로소 우리가 선진국과 어깨를 나란히 하는 국가가 되었다고 합니다. 그때 손정의 씨가 DJ와 아주 가까웠습니다. DJ가 당선되자 손정의 씨가 얼른 좋아와서 조언했어요. 자기가 하는 야후 같은 것을 한국에서도 추진해보는 게 어떻겠느냐고요. 그때까지 한국 기업들은 제조업만 알았는데, 그렇게 하지 않고도 기업을 운영할 수 있다는 것이었지요. DJ가 그 조언을 받아들여 '신지식인' 같은 개념을 만들어내고 했지요.

IMF 상황에서 어떻게든 활로를 찾아야 했는데 DJ는 그 방면에 이해가 빨랐습니다. 이를테면 브로드밴드 공급 같은 것들을 엄청나게 잘했어요. IT산업이 신속하게 발전해 한국이 그 분야에서 선진국이 되었잖아요. 영국은 그 방면에서는 아주 후진국이었어요. 하긴 영국처럼 시골에 개인 주택이 많은 곳은 힘들었겠지요. 우리나라가 빨리 성공할 수 있었던 이유 하나는 아파트가 많아서 브로드밴드 하나만 들여와도 금세 다 연결이 되어서예요.

그런데 DJ 본인은 컴맹 수준이었습니다. 손으로 쓰는 것밖에는 못했어요. 대통령선거를 준비할 당시 당 최고결정기관이 20인 집행위원회였는데, 중요한 일은 거기서 다 결정했지요. 당시 저도 매일 아침 7시까지 여의도로 차를 몰고 가서 해장국 한 그릇 얻어먹고는 회의에 참여했습니다. 회의를 할 때면 비서들이 DJ 앞에 컴퓨터를 세팅해놓아요. 그런데 실제로는 컴퓨터를 하나도 쓰지 않았어요. TV 화면용이었던 거죠. 아마 청와대에 들어가서도 마찬가지였을 거예요.

여기서 의문이 든다. DJ는 어떻게 컴퓨터를 모르면서 IT산업에 대해 적절한 판단을 내릴 수 있었을까?

대통령이 전지전능할 수는 없습니다. 그리고 결정권자는 때로 불확실한 상황에서 불충분한 정보만 가지고 결정을 내려야 해요. DJ는 늘 여러 의견을 듣고 직접 결정했습니다. 경륜이 많았던 점이 판단에 도움이 되지 않았나 싶어요. 공적 활동에 오랫동안 몸담아온 분이니까요. 그리고 본인이 평소 독서를 즐겼습니다. 영국에 있을 때도 사전을 찾아가면서 영자신문을 꼼꼼히 챙겨보곤 했더군

한국의 발견

요. 독서량이 많고 전문가들 의견을 경청하곤 했던 DJ는 바로 실행에 옮기는 이해력과 행동력이 있었어요.

못다 푼 숙제

IMF는 한국 사회의 모든 것을 뒤흔들었지만 재벌은 그대로 살아남았다. 재벌은 국민을 먹여 살리는 낙수효과의 공중정원일까? 아니면 적어도 국제 경쟁에서 한국이 살아남기 위한 필요악일까? 라종일의 기업관을 들어보자.

개인적으로 DJ정부의 아쉬운 점은 경제발전 방식을 바꾸지 못했다는 점입니다. IMF를 계기로 DJ 때 기존 재벌 위주, 대기업 위주의 체제를 개혁할 수 있지 않을까 싶었어요. 하지만 DJ는 그렇게 생각하지 않았어요. 가령, 지금 롯데가 하는 것 같은 대규모 유통업이 낫다고 여겼어요. DJ는 그래야 고용 창출도 되고, 규모의 경제가 작용해서 물품들을 저렴하게 공급할 수 있다고 판단했죠. 다른 이유로는 품질 보증이 용이하다고 봤어요. 19세기 영국에서도 비슷한 이야기가 나왔는데, 대기업이 더 신용이 있다나요. 밀Js Mill 같은 사람도 그렇게 생각했습니다.

하지만 저는 반대였어요. 대형마트의 가장 큰 문제가 유통이 생산을 지배한다는 겁니다. 좋은 품질의 물건을 값싸게 공급하는 게 아니라, 유통업체가 결정하는 대로 공급이 돼요. 유통 쪽에서 받아주지 않으면 생산 쪽은 방법이 없죠. 그다음으로는 골목상권이 없어진다는 점, 소상인들이 피고용인이 되어버린다는 점이 문제예요. DJ는 결국 대기업 쪽 주장을 들었는데, 저는 그것이 잘못이었다고 생각합니다. 시민사회 쪽에서는 DJ가 중소기업 친화적인 정책을 펼 거라고 기대했다고 합니다. 하지만 실제로 집권한 다음에는 대기업 중심의 사고를 견지했지요. 이것은 DJ만이 아니라 역대 정권들의 숙제였습니다. 물론 지금 정권도 마찬가지고요.

재벌기업들 때문에 자라야 할 기업들이 못 자라고 있습니다. 기술 개발이 안 됩니다. 작은 기업들이 좋은 기술을 새로 개발하면 대기업에서 돈으로 쉽게 구입한다든지, 아니면 기술 개발의 효과를 보지 못하도록 억제해버리죠. 그러니까 창의력 있는 기업가가 뜻을 펼 수 없습니다. 외형적으로는 기술 개발이 이뤄지지만 착시에 가깝습니다. 박근혜 정권 때도 창조경제를 주장하지 않았습니까? 창조경제라면 창조적인 아이디어가 시장에서 힘을 발휘할 수 있도록 해줘야죠. 그런데 삼성 같은 대기업들이 다 지배하고 있는 구조를 그대로 놔두면서 어떻게 창의력을 발휘할 수 있겠습니까.

제일 나쁜 건 세습제예요. 《삼성 라이징Samsung Rising》이라고, 미국 저널리스트인 제프리 케인Geoffrey Cain이 삼성에 대해 쓴 책이 있습니다. 이재용이 자질이 없다고 평하더군요. 실제로 이재용이 구치소에 있는 사이에 삼성 매출이 오히려 늘었더라고요. 그러니 저자가 말하기로는 이재용은 없는 게 낫다는 것입니다. 세습제는 북한의 경우처럼 나라를 계속 물려주지는 않을지라도 우리 사회 도처에 만연합니다. 기업만이 아니라 학교도 교회도. 사실《삼성 라이징》에 나온 내용들은 우리가 다 알고 있는 것들에 가깝습니다. 지금과 같은 재벌기업 가지고는 안 됩니다. 그것에 의존해 발전한다는 것은 문제가 있죠.

노무현은 된다

라종일은 노무현의 당선 역시 도왔고, 집권 후 대통령을 가까이에서 지켜보았다. 노무현 당선의 의미와 당선 후의 딜레마들은 무엇일까.

DJ를 돕던 저를 사람들이 괴짜라고 여겼지만 그건 노무현 때에 비하면 아무것도 아니었어요. 하필이면 제가 노무현이 차기 대통령이라고 얘기하고 다녔으니 저보고 참 웃긴다고들 그랬죠. 노무현이 당선되었을 때 정말 다들 충격이었을 거예요. 노무현은 당내에서 후보가 되기도 어려웠잖아요. 한창 대선 레이스를 벌일 때에도 노무현은 3등밖에 안 되었죠. 제일 높은 게 이회창이고 정몽준이 그다음이었거든요. 다들 노무현은 안 되리라고들 생각했는데, 세상일이 참 그렇게 정치학자들 생각대로는 안 가요. 저는 노무현이 된다고, 될 가능성이 있다고, 돼야 한다고 생각했습니다. 노무현 본인도 열정이 있었고, 대통령이 되겠다고 저에게 자문도 많이 구했어요. 대사로 간다니까 가지 말라 그러기도 했죠.

한번은 급히 저를 찾아서 이렇게 물었어요. 자신이 반미라서 절대 대통령선거에 나가면 안 된다고 사람들이 그러는데, 어떻게 하면 좋겠냐고요. 당시 김종인 씨 같은 경우는 절대로 반미를 하면 안 된다는 입장이었다고 해요. 반면 저는 괜찮다고 그랬어요. 반미를 적절히 하면 선거에서 유리할 수 있다, 그리고 미국과의 관계에서 그것이 나쁜 것만은 아니라는 이야기였죠. 그런데 당시 노무현 후보가 선거 도중 기자에게 그 이야기를 해버렸어요. "영국 대사가 반미해도 괜찮다"했다고. 그 소식을 듣고 '아, 이제 대사 다 했구나' 생각했습니다. 이회창 측에서 가만히 있겠나 싶었죠. 대사가 반미 교사를 했다고 그럴 텐데요. 대사관 간부들을 불러서 이야기했어요. 본국으로 송환될 테니 준비하라고. 그런데 며칠이 지나도 아무 얘기가 안 나오고 없던 일처럼 되어버렸죠. 저는 합리적 근거로 미국에 비판적 태도를 취한다면 여러 가지로 불리하지 않을 것이라고 생각했어요.

저는 노무현이 한 번은 대통령이 되어야 한다고 여겼어요. 제대로 민주화를 이룩하려면 김대중이 한 번은 되어야 했던 것처럼요. 왜냐하면 노무현이 대표하는 세력은 대한민국 건국 과정에서 빠진 세력이에요. 그뿐 아니라 소외되고, 억압당하고, 희생자를 내고, 불이익을 많이 받은 세력이지요. 제가 보기에 이념적인 지형만 따지면 대한민국은 국민의 4분의 1만 가지고 만든 나라예요. 왜냐면 좌우가 나뉘어 있는데 좌파는 대한민국 성립에 반대했고, 우파는 절반만 찬성했으니까요. 김구와 한독당은 반대했잖아요. 그러니까 숫자로 따지지 않고 이념 지형만 생각하면 4분의 1을 가지고

건국한 것이죠. 이런 상황이 계속되는 한 나라는 정상적으로 발전할 수 없다고 생각했습니다. 노무현 집권의 의미는 커요. 노무현이 후보로 선출되고 나서도 당 일각에서는 그리 안 좋아했어요. 왜냐하면 지지율이 엄청나게 낮게 나오니까요. 일부에서는 지금이라도 바꾸자, 이거 가지고는 도저히 못 이긴다고 그랬습니다. 하지만 저는 항상, 어떤 일이 있든 그가 당선되리라 믿었어요.

저는 노무현이 집권한 뒤 많은 게 변화하는 걸 봤어요. 내면의 갈등이 있었을 거예요. 무슨 갈등이냐면 말이죠. 한때는 그가 생각하기에 대한민국은 정통성이 없고, 정의가 없고, 나쁜 나라였어요. 나쁜 사람만 출세하는 그런 나라. 그런데 다시 가만히 생각해보면 자기는 나쁜 사람이 아닌데 출세했잖아요. 대통령까지 됐잖아요. 그러니까 그런 게 모순이었나 봐요. 정말 나쁜 나라였다면 자기가 대통령이 될 수 없었겠죠.

집권 초기 노무현 대통령은 장성들에게 '무슨 장군님' 하고 말을 건넸어요. 그런데 그 사람들이 "아닙니다, 안 그러셔도 됩니다, 그냥 '김 장군' 그렇게 말하면 됩니다" 그랬죠. 그리고 대선 당시에는 미국에 대한 경계가 컸는데, 미국이 선거에 개입하는 시대는 이미 지났어요. 세계대전 이후 이탈리아나 이란에서 CIA가 선거자금을 뿌린 적도 있었지만, 그것이 사태를 바꿀 만큼 영향이 있었다고는 생각하지 않습니다. 그리고 저는 어차피 CIA든 누구든 007 영화를 만드는 사람들을 제외하면 그런 비밀공작으로 역사를 오래 왜곡할 수 있다고 믿지 않습니다. 미국인들도 그 사이 제국을 반세기 경영해본 사람들이잖아요. 그 정도로 바보는 아니에요. 대통령으로서 미국에 가면 한 나라의 수반으로서 당당하게 처신할 수 있는 시대였어요. 정상회담에 임하면서 노무현은 상황 통제가 무척 좋았습니다. 퍼포먼스도 훌륭했고요.

제가 경험한 노무현, 김대중 전 대통령 모두 정치인으로서 뛰어난 사람들이었어요. 물론 두 분 다 완벽하다고는 할 수 없었습니다. 국내외를 막론하고 제가 아는 정치인들 중 자신들이 가지고 있는 권력에 필적할 지식, 정보, 도덕성을 다 갖춘 사람은 단 한 사람도 없었어요. '왜 권력에 항상 견제와 비판이 필요한가'라는 질문의 답이 바로 그것이겠지요. 저는 제가 참여한 두 가지 정치 프로젝트, 곧 김대중과 노무현 모두 성공했다고 생각해요. 제가 높은 자리에 올라가거나 개인적으로 성공하지는 못했지만요.

몰로토프 칵테일

라종일의 한 제자는 병상에 누운 자신을 찾아와 눈물로 기도한 분으로 스승을 회상한다. 그런데…

학생 하나가 가두투쟁을 하다 다쳐서 제가 문병 간 일이 실제로 있었죠. 눈물을 흘리긴…. 가서 야단을 쳤어요. 그 녀석은 새끼 정치인답게 역사를 왜곡해서(!) 내가 눈물로 기도해서 개심했다고 말하고 다녔지만 사실이 아닙니다. 게다가 그

녀석은 자기가 투척한 화염병이 되던져진 것에 맞았으니 멍청한 일이었습니다. 그래도 전신에 화상을 입었으니 얼마나 아팠겠어요. 그래서 "네가 화염병을 던지면 상대도 그렇게 아프지 않겠니. 정신 차리고 이제 좀 제대로 해라" 이렇게 이야기했죠. 다른 방법이 뭐 있겠느냐고 제자가 묻기에 제가 영화, 그리고 사회비평 같은 건 어떻겠냐고 그랬어요.

운동권이 중요하던 시절에 저는 그 현장에 있었습니다. 자기 온몸을 바쳐가며 투쟁한 사람도 있었지만, 대부분 그 정도는 아니었어요. 그래도 중요한 게 헌신적인 사람들이 운동의 방향을 정했다는 거죠. 전체 학생들에 비해서도 운동권은 소수였어요. 운동권을 싫어하는 학생들이 오히려 더 많았을 거예요, 아마. 그렇게 소수인데도 운동권은 학생운동의 어젠다를 정의할 수 있었어요. 그런데 거기에 반감이 있던 학생들은 정면으로 나서서 반대할 명분이 없었어요. 그러니 소수가 이끄는 대로 세상이 따라갔죠. 돌이켜보면 프랑스대혁명도 국민 전체가 아닌 소수에 의해 일어났습니다. 볼셰비키들의 혁명도 마찬가지였고요. 그런데도 그들에 맞서 저항할 수 있는 설득력 있는 명분과 세력이 없었죠.

보통 '시대정신'이라 하면 많은 사람이 함께 갖는 어떤 희망 같은 것이라고 생각하곤 합니다. 어떤 교수는 '시대정신'을 이렇게 정의했어요. "동시대인이 공유하고 있는 관념적 표상과 지향성"이라고. 교수란 쉽게 할 수 있는 이야기를 어렵게 하는 사람들이죠. 하지만 제가 보기에 시대정신이란 오히려 패권입니다. 제 책《우리나라 좋은나라》에서 여기에 대해 이야기한 게 있어요. 어젠다를 정의

하는 건 설득력 있는 권력이죠. 그 과정에서 폭력을 쓸 수도 있어야 하고요. 폭력은 물리적인 폭력만이 아니라 언어적인 폭력도 포함해요. 그 결과 다른 이들이 대항할 수 없다면, 패권을 가진 그 소수는 여론을 장악할 수 있죠. 한국의 운동권이 좋은 예입니다. 시대정신은 사실 패권에 있다는 점에서요. 그람시 같은 사람이 일찍부터 이를 잘 지적했어요.

당시 전두환이 정치인들의 정치 활동을 허용해서 생긴 민한당이라는 야당이 있었지만, 그 당에는 정치적인 리더십이 없었어요. 사회를 이끌어나갈 어젠다는 물론, 그걸 실현할 행동력이 전무했죠. 전두환 정권 말에야 YS와 DJ가 연합한 신민당이 생겼고, 그때부터는 조금 야당다웠지요. 그런데 그 이전, 1970년대나 1980년대를 통틀어 제대로 된, 예를 들면 학생운동처럼 정치 현안을 정의하고 그것을 효과적으로 추진할 수 있는 정치세력은 없었어요. 그것도 아마 박정희나 전두환의 통치를 가능하게 했던 원인이 아니었나 몰라요. 정권의 유일한 정치적 반대세력이 있다면 학생운동이었다고 생각해요. 그곳이 정치 1번지였어요.

유감인 점도 있어요. 대학은 원래 현실에서 두 발자국, 세 발자국 떨어져 있어야 하거든요. 헤겔이 '미네르바의 올빼미'라는 말을 했는데, 현실의 사건은 50년은 지나야 학문적인 연구 대상이 된다는 뜻이죠. 그렇게 떨어져 있을 필요가 있는데, 학원이 정치 일선에 서버리니 현실을 냉철하게 보는 통찰을 키울 기회가 없었지요. 권위주의 정치가 학원에 강요한 어려움이었어요.

아방가르드와 민중

혁명가들은 대개 자신을 선지자로 생각하곤 한다. 이것이 아방가르드다. 하지만 1980년대 한국의 운동권들은 달랐다. 이것이 민중이다.

스기우라 세이켄杉浦 正健이라는 분이 있어요. 일본의 전 법무대신으로 3년 동안 재임하면서 한 명의 죄수도 사형을 집행하지 않았죠. 이분이 저와 가깝게 지냈는데, 한국을 굉장히 칭찬하곤 했어요. 제가 정부의 반대를 무릅쓰고 한국 방문을 주선했는데, 한국을 방문한 뒤에는 더더욱 칭찬을 하더군요. 그분은 한국 교정시설에 깊은 감명을 받았어요. 책임자에게 어떻게 예산을 그렇게 많이 받을 수 있느냐고 물으니, 그건 아무 걱정 없다고 답하더래요. 국회의원들이 자기가 언제 들어갈지 모르니까 감옥 예산을 아주 후하게 준다나요.(웃음)

제가 거기서 웃고 끝나면 중요한 걸 놓치는 거라고 그분에게 얘기했어요. 그러면서 한국의 정치인과 감옥의 관계라는 것은 일본과 다르다, 일본 사람들은 나쁜 짓, 그러니까 정치인이 뇌물을 받든지 해서 감옥에 가는데, 한국 정치인들은 훌륭한 일을 해서 감옥에 가는 경우가 많았다, 김대중부터가 사형선고를 받고 옥살이하지 않았는가, 일본의 민주주의는 점령군에게 선물로 받은 것이지만, 한국의 민주주의는 자기 손으로, 자기 힘으로 만든 것이다, 이렇게 설명했어요. 영향력 있는 정치인들의 감옥행이나 사형에 관

한 인식이 다른 것이지요

가령 러시아 사람들은 푸틴의 권위주의적 정부에 큰 불만 없이 살아요. 러시아 지식층 일부에서 반기를 들긴 했지만 성과가 없었죠. 우리 같으면 아마 감옥에 가더라도 들고 일어났을 거예요. 그래서 우리 1970년대, 1980년대 민주화운동의 경험이라는 건, 지금도 진행되고 있지만, 굉장히 귀중한 거라고 생각해요. 그래서 한국의 진취성과 창의력을 부러워하는 일본 사람이 있으면, 그 점을 생각해봐야 한다고 말하곤 합니다.

4·19 때는 대학생들이 계몽운동을 한다고 여러 곳에 갔어요. 그러니까 자신들은 깨어 있고, 그렇지 못한 지방에 가서 그 사람들을 가르치겠다는 '나로드니크Narodnik'적인 생각이었거든요. 공산주의자들, 마르크시스트라기보다 레닌주의자에 속하는 사람들의 생각도 비슷했어요. 마르크스식으로 얘기하면, 노동계급은 의식이 없는 즉자적인an sich 단계인데, 문제의식을 가지는 대자적인für sich 단계로 전환하는 역할을 자기들이 해야 한다는 거죠. 대중을 그렇게 의식화하는 전위적인 역할이 한마디로 전위 '아방가르드Avant-garde'예요. 이른바 선전선동의 기능이 그런 것이지요. 그런데 한국어의 '민중'이라는 말은 아주 독특한 의미를 가집니다. 혁명가들이 권력을 잡으면 자기네들도 똑같이 권력자가 되고, 특수 계층이 되잖아요? 그런데 그 민중이라는 개념에는 그런 존재가 없어요. 그 점에서 제가 1970~1980년대 학교에서 경험했던 것은 새로웠어요. 공부 잘하는 학생들이 농활을 가고 공장에 취업했습니다. 저는 이들이 공산당들처럼 자기네들을 전위, 선각자로 여기고 정치의식

없는 민중을 일깨우려 할 거라 생각했는데, 한 학생이 이러더군요.

"그게 아니고요. 저희는 거기에 가서 그 사람들한테 배우려고 그럽니다. 민중들 속으로 들어가서 노동자들에게 배우고, 농촌에 가서 농부들에게 배우고, 저희가 모르는 것을 그들에게 배우려 합니다."

신선한 충격이었어요. 그들은 민중 속으로 들어가 오히려 자신들이 민중의 실제와 현실을 배우겠다고 마음먹고 있었던 거예요. 일상과 권위에 도전해본 경험은 큰 자산입니다. 권위에 도전하면서 스스로 어젠다를 정의해본 경험, 일을 직접 기획하고 할 일을 스스로 정해본 경험은 일본을 비롯한 외국의 젊은이들이 쉽게 해보지 못한 것들이에요.

군사정권은 대학생만 평정하면 아무 문제가 없다고 여겼어요. 제 가설이지만, 저는 그때 학생의 그런 경험이 지금의 문화적 창의성과 이어져 있다고 생각합니다. 일본 친구들 중에는 한국이 문화 영역에서 창의력을 발휘하는 건 군대에 가기 때문이라고 엉뚱하게 생각하는 분도 있어요. 저는 웃으면서 이야기해요. 그런 창의성은 학문적이건 권력이건 억압적인 권위에 저항해본 경험에서 나오는 것이라고.

저는 당시 학교에서 운동권 학생들에게 너희가 하려는 일은 정치적으로 성공하진 못할 것이라고 말했어요. 당장 독재정부를 몰아내고 새로운 정부를 세우지는 못할 것이라고요. 그런데 만일 그럴 가능성이 있으면 빨리 숨어야 한다고도 했죠. 그런 조짐이 보이면 정부가 모두 죽이려 들었을 테니까요. 진짜 혁명적인 세력이 나온다든지, 소비에트 같은 게 생긴다든지 했으면, 엄청난 반동에 부딪혔을 거예요. 하지만 민주화가 이루어지면, 운동권 경험이 있다는 것은 아주 도움이 될 거라고, 운동권 세대에서 훌륭한 학자와 문인, 예술가가 많이 나올 거라고 그들에게 말했습니다.

지금 돌이켜보면, 요새 한국 사람들이 문화적으로 업적을 많이 내는 게 그때의 활력으로부터 시작하지 않았나 싶습니다. 하지만 민중 속으로 들어가 배우겠다는 운동권의 아이디어는 길을 가던 도중 멈춰버렸어요. 현실적으로 의미 있는 개념으로, 또는 역할로 제대로 정립되기 전에 말이죠. 그럼에도 저는 그에 대한 희망을 아직 버리지 않고 있습니다.

당신의 가정은
얼마나 민주적입니까:
사회의 민주화

계백의 시대는 갔다

**정치의 민주화를 위해 투쟁한 운동가들은 조직
이나 가정에서 민주적이었을까. 유감스럽게도,
꼭 그렇지만은 않았다.**

일본 친구들은 한국인들이 어떻게 그렇게
적극적이고 창의력이 좋으냐는 이야기를 종종 합니다. 지하철 선
로에 떨어진 일본인을 구하려다 사망한 이수현 군에 대한 영화 〈너
를 잊지 않을 거야〉를 천황 부부와 함께 보았는데, 앞서도 언급했
지만 일본인들은 그의 그런 용기가 군대 경험에서 나온다고 생각

하는 경우가 많았어요. 그래서 제가 그렇지 않다고 했지요. 그런 창의력이나 자기 생각을 행동으로 바로 옮길 수 있는 능력은 운동권의 유산이라고요. 아주 단단한 권위에 대항해 싸워본 경험, 그리고 막연한 이상을 위해 투쟁한 게 아니라 싸움을 위한 전술, 전략, 이론을 자기 힘으로 맹렬하게 개척하고 개발한 경험이 지금 한국인들의 창조적 능력을 낳았다고 설명했지요.

일본의 민주주의를 보면 사회를 국가가 편리하게 관리하는 방식일 뿐이지, 민주주의의 기본 이상 같은 건 없지 않나, 또는 사회와 국가가 적당히 합의해 운영하는 것에 불과하지 않나 싶어요. 그러나 한국은 아닙니다. 한국은 적극적으로 의문을 제기하고, 싸우고, 어떨 때는 국회에서까지 주먹다짐을 할 정도지요. 그 정도까지 격렬한 논쟁이 있고 투쟁이 있었어요. 저는 그것들도 한국이 자기 세계를 만들어가는 방식이었다고 생각합니다. 그 과정에서 민주화의 역사는 결코 빼놓을 수 없는 한국의 커다란 자산이 될 것이고요.

그런데 김대중, 김영삼 모두 민주화 투쟁을 했지만, 실상 당내에서는 권위적인 면이 상당했습니다. 그리고 자금 조달이라든지, 공천 과정이라든지, 당비 납부라든지, 이런 면에서 투명하지 못했어요. 지금은 그 부분들이 많이 개선되었으니 민주화가 심화된 셈입니다. 옛날에 민주화 투쟁에 몸담은 DJ나 YS 주변 친구들에게 너희 집안에서는 어느 정도 민주화가 되어 있느냐고 물어본 적이 있어요. 다들 전혀 아니더군요. 〈적벽가赤壁歌〉에 "위국자爲國者는 불고가不顧家"라는 대사가 있어요. 곧 "나라를 위하는 사람은 가정을 돌보지 않는다"는 말이에요. 마찬가지로 민주화운동의 아버지들이 운동을 하느라 가정을 돌보지 못했다는 게 일종의 권위, 특권화가 되면 곤란해요. 진정한 변화는 자기 자신에서부터 그리고 자기 가정에서부터 시작해야 한다는 생각이 그들에겐 없었어요. 그러나 민주화가 더욱 심화되면서 가정을 버리고 민주화운동에 투신하는 방식은 이제 통하지 않는 시대가 되었죠.

이상한 놈이 왔구나!

어느 날 회사에 나타난 이상한 부서장.

DJ정권 때 여성부가 출범했지요. 당시 제가 몸담았던 어떤 기관의 에피소드를 하나 들려드릴까 합니다. 그 기관에 처음 가서 보니 여성 직원들이 많았습니다. 다들 키도 크고 잘생겼더군요. 그런데 비서직에 있거나 기능직, 그러니까 타이핑 같은 업무를 맡은 여성들은 결혼하면 사표를 내야 한다고 그러더라고요. 제가 왜 사표를 내야 하느냐고 물어봤어요. 돌아온 대답이 보안 유지 때문에 그런대요. 제가 "아니, 여자들이 비밀을 잘 지키다가 결혼하면 갑자기 비밀을 누설한다는 통계가 있습니까?" 그랬더니 없대요. 그래서 "남자 기능직은 결혼해도 퇴직하지 않는데, 왜 그들은 가만히 놔두나요?" 했더니 "여자들은 비밀 유지가 어렵지 않습니까" 이러는 거예요. "여자가 남자보다 비밀 누설을 많이 한다는 통계가 있어요?" 하고 다시 물었더니 또 없대요. 그런 게 어디 있겠습니까. "그러면 어째서 여자만 그렇게 불이익을 줍니까?" 하고 물으니 대답이 이래요. "아니, 그거 뭐, 다 아는 거 아닙니까." 제가 "그런 쓸데없는 소리 하지 말고 바꿔요" 그랬더니 알겠다고 하고 나가서는 지시대로 안 하고 있었습니다. 한 일주일 뒤에 바꿨냐고 물었더니 안 바꿨대요. 그냥 어물어물하고만 있더라고요. 제가 또 바꾸라고 지시하고 2주가 지났는데 역시 안 해요. 그래서 3주째에 제가 "또 안 바꾸면 내가 뛰어나가서 시민단체, 여성단체에 고발할 겁니다. 괜찮겠습니까?" 그랬더니 "알겠습니다" 하고 가서 그제야 바꾸더라고요. 그때 규정이 바뀌었는데 제가 그만둔 다음에 어떻게 되었는지는 모르겠습니다. 아마도 그런 시대는 이제 지나가지 않았을까 합니다.

그런 관행은 원칙적으로 부당한 것도 있지만 현실적으로도 현명치 못합니다. 제가 당시 여러 점을 지적했습니다. 결혼 시 퇴사규정을 그대로 두면 완전히 부작용이 날 거다, 첫째는 결혼한 다음에 신고하지 않을 수 있고, 둘째는 아예 결혼을 안 할 수도 있다, 결혼을 자꾸 미뤄서 생기는 개인적 혹은 사회적 부작용은 누가 책임지느냐, 이렇게요. 그래도 처음에는 말을 잘 안 듣더라고요. 그 기관에 처음 들어갈 때만 해도 군대 같았습니다. 지금은 많이 바뀌었지만요. 윗사람이 아랫사람에게 반말하고 그런 곳이었죠. 그런 조직에서 제가 세 번을 이야기했으니…. 절대로 있을 수 없는 일이었습니다. 무엇 때문에 그렇게 저항을 했는지 모르겠어요.

이런 에피소드도 있었죠. 약칭 '해파'라고, 해외에 파견되는 요원들을 말해요. 경쟁률이 높아요. 해외 파견자를 선발할 때 차장에게 면접시험을 받게 되어 있었어요. 한번은 면접 대상에 여성이 들어 있더라고요. 면접관 하나가 그 여성에게 이렇게 질문했습니다.

"당신이 해외로 나가면 가정은 누가 돌봅니까?"

정작 제가 뭐라고 했는지는 잊어버렸는데, 나중에 현장에 있던 다른 사람이 그 이야기를 꺼내더라고요. 그때 제가 "아니, 그런 얘기는 남자한테도 물어보라. 왜 여자한테만 물어보나. 남자한테도 당신이 해외에 나가면 가정은 누가 지키냐고 물어야지"했다더군요. 그곳에 있던 사람들이 다 놀랐대요. '이상한 놈이 책임자로 왔구나!' 하고요. 그 이야기를 제게 한 사람은 몇 년 전 그곳에서 퇴직한 직원이었어요. 그 사람 말이 그때 그 발언을 하셔서 자기는 속으로 훌륭하다고 생각했는데, 사람들 대부분은 여자가 집을 돌보는 게 당연한데 왜 저러는지 모르겠다는 반응이었대요. 여자들은 '괜찮은 사람이 왔구나' 하고 좋아했답니다. 세상은 많이 바뀌었어요.

단군 이래 최대의 경사

미투운동의 시대, 라종일에게 물었다. 당시 화제였던 안희정을 포함해서.

탈북한 사람들에게 들은 이야기입니다. 북한에 '기술서기'라는 직책이 있어요. 고위 관리가 먹는 음식을 제공하는 것에서부터 건강 관리에 이르기까지 신변을 돌봐주는 게 업무인데, 대개는 미모의 젊은 여성들이 맡는대요. 그런데 때때로 이들이 고위 관리의 소실처럼 되는 경우가 있다고 합니다. 나쁜 사람들인 게, 이 여성들을 데리고 살다가 2~3년마다 갈아요. 내보낼 때는 자기 부하 중 누구하고 혼인을 시켜서 처리하고요. 또 새로운 여자를 데려다가 음식, 약 챙기는 것, 안마, 뭐 침대 일까지 다 시키는데, 그 여성은 불평할 수도 없답니다. 혹시 이런 사실이 바깥으로 새어나가면 그날로 수용소로 끌려간다나요.

탈북인들에게 북한에 있을 때는 왜 그렇게 불의한 일을 보고도 가만히 참고 살았느냐고 물어봤어요. 그분들 답이, 그때는 그런 문제를 제기할 처지도 아니었고, 불의에 대한 감각이 좀 무뎌져 있었던 것 같대요. 남한에 와서 보니까 그게 나쁜 짓이었구나, 하고 생각이 난다고 합니다. 똑같은 사람도 사회의 기준이 달라지면 세상을 다르게 보는 걸까요? 글쎄, 스캔들에 휘말린 남한 고위층들도 아마 굉장히 억울하다고 생각할 거예요. 예전에는 괜찮았는데 하고요. 그런데 억울해하면 안 돼요. 예전에 괜찮다고 해서 나쁜 일이 괜찮은 일이 되는 건 아닙니다. 또 지위에서 오는 책임은 생각하지 않고 변명 같은 것만 하려고 해서도 안 돼요. 처음에 좋아서 그랬건, 위력에 의해 그랬건 모든 책임은 윗사람에게 있어요.

1990년대 초에 어떤 대학에서 조교가 교수를 고소한 사건이 있었어요. 당시 원로급 교수님들과 저녁을 먹는데, 농담인지 진담인지는 모르겠지만 이런 이야기들이 나오더라고요. 이런 일은 흔하고, 특히 여자대학교에서 비일비재하게 일어나는데, 그런 곳은 학교가 나서서 일을 무마하지만 이번 경우에는 그대로 외부에 노출되었다고요. 그분들이 다 외국에서 유학한 분들이에요. 기가 막히더라고요. 그래서 제가 "아니, 조교가 교수를 고소했으면 단군 이래 최대의 경사입니다. 그런데 왜 그것을 학교가 나서서 무마해줍니까" 그랬더니 '이 녀석, 무슨 괴이한 소리를 하는 거냐'는 식으로 다들 이상하게 쳐다보더라고요. 혹 그분들이 가벼운 마음으로 농담처럼 건넨 말에 제가 너무 진지하게 반응했는지도 모르겠습니다. 그때가 1990년대니까 비교해보면 나라가 참 빨리 좋아진 것 같기도 해요. 아직 끝나지 않은 이야기지만요.

엉터리 우정

남자들은 아가씨가 있는 술집에 왜 가는 걸까.

예전에 친구들과 룸살롱이라는 데를 한번 가봤는데, 젊은 아가씨에게 자꾸 술을 먹여요. 좋은 일이 아니잖아요. 제가 여자에게 억지로 술을 먹이는 건 범죄라고 지적하니까 이 녀석들이 그다음부터 저를 이상하게 보고 따돌리더라고요. 《장성택의 길》을 쓰다 보니 그 일이 떠올랐어요. 김정일이 밤에 기쁨조를 모아놓고 파티하는 것이 우리나라 룸살롱과 유사합니다. 그게 필요한 이유는 남자들이 엉터리 우정을 빨리 만들기 위해서예요. 함께 여자를 함부로 대하면서 그걸 즐기고 술을 먹으며 엉터리로 빨리 친해지는, 그렇게 해서 일종의 '공모관계'를 성립하는 것이죠. 단지 김정일의 경우는 돈이 아닌 정치권력이 그 판을 움직인다는 차이가 있지요. 직장인이 저녁을 집에 와서 먹거나 특히 2차에 가지 않으면 솔직히 직장생활에서 불리한 게 사실이에요. 술자리는 2~3차까지 가기 마련인데, 저는 저녁은 함께 하더라도 다음에는 바로 집에 돌아왔죠. 그다음이 사람들에게는 진짜로 재미있는 일인데 말이죠. 2차는 취미가 없어서 가지 않았어요.

여기서 잠깐. 외교관들 사이에서는 우정을 어떻게 만들까.

외교관들 사이에는 우정이 가능하지 않다고 답하겠습니다. 특별히 통하는 사람이 있을 순 있지만 한계가 있을 거예요. 국익은 외교관이 아니라 그때그때 권력을 쥔 사람들이 정의하고, 외교관은 거기 맞춰서 행동해야 하니까요. 정치적 용어라는 건 대개 엉터리예요. 국익을 'National Interest'라고 하는데, 이건 그 당시 권력을 잡고 있는 사람들이나 패권을 쥐고 있는 집단이 정하는 것이니까요. 국가안보도 마찬가지예요. 권력을 장악하고 있는 사람들이 정하는 것입니다. 실은 국익이건 국가안보이건 직접적으로 이와 관련된 이들은 수많은 이름 없는 사람들인데요. 부시나 김일성이 국가의 이름으로 전쟁을 일으키면 피해당하는 이들은 일반 병사나 국민이지요. 그 사이에 이득을 챙기는 이들은 따로 있겠지만…. 정치 관련 용어는 다 그렇지요. 예를 들어, 북한에서 말하는 '국익'이라는 게 북한에 살고 있는 주민들의 실질적 이해관계를 말하는 게

한국의 발견

아니죠. 권력을 쥔 김정은 집단의 이해관계에 지나지 않잖아요. 아마르티아 센Amartya Sen이 민주정치에서는 기근이 일어나지 않는다는 말을 한 일이 있어요. 국익의 정의에 국민이 영향을 미치기 때문이지요. 민주정치는 이 난제를 어느 정도 순화할 수 있지만 근본적인 모순은 그대로 남습니다. 제가 한국전쟁 70주년 국제 학술행사를 기획하면서 높은 사람들만이 아니라 양측의 일반 병사들과 국민의 전쟁 경험을 한 파트로 넣은 것도 그런 이유에서였어요.

남성해방운동

남자들은 여자를 두려워한다. 사실이다. 그들을 해방시킬 이념은 이미 준비되어 있다.

사실 남자들에게는 무의식적으로 여성 공포증이 있어요. 여자들은 남자들에 비해 튼튼하고 안정되어 있거든요. 반면 남자들은 불안정하고 부담을 많이 안고 있는 것만큼 자신이 없죠. 왜냐면 남자들은 자기가 더 우월하다는 걸, 여자를 보호해주고 즐겁게 해줄 능력이 있다는 걸 증명하려고 애를 쓰며 살기 때문이에요. 자신이 뭔가 증명하려는 게 없으면 남자들이 그런 공포증을 갖지 않아도 되는데 말이에요. 그래서 저는 페미니즘이 남성해방이라고 생각해요. 증명하려는 노력 때문에 남자들이 얼마나 고생하기가 쉬워요.

예전에 제가 젊을 때는 주로 공원이나 헌책방으로 데이트를 갔어요. 으슥한 데를 가면 데이트하기에는 좋지만, 거기 꼭 건달들이 있죠. 괜히 아가씨한테 집적대고 그래요. 이걸 정면 돌파하려면 싸움을 해야 하잖아요. 그런데 여성해방이 되면 얼마나 편해요. '네 일은 네가 알아서 해라' 하고 나 혼자 달아나면 되는데.(웃음) 남자의 체면을 잃지 않고 그 상황에서 빠져나오는 건 힘들어요.《헤라의 영광The Glory of Hera: Greek Mythology and The Greek Family》이라는 책이 있어요. 영어에서 '고민'이라는 말이 '아고니agony'잖아요. 그 어원은 그리스어 'agon', 곧 경쟁이죠. 희랍시대는 민주주의였다지만 여성은 엄청나게 억압했어요. 집안에 가둬놓고 해가 지면 바깥에도 나갈 수 없게 했죠. 올림픽 경기에도 가면 사형이었어요. 어떤 여자는 자기 아들이 출전해서 그걸 몰래 보러 갔다가 아들이 우승하니까 만세를 부르다 들통이 나서 사형당했다고 합니다.

희랍인들이 여성의 사회활동을 못하게 막은 결과는 결국 남자들을 어려운 승부의 세계로 몰아넣은 것이었어요. 어머니들이 자신들의 억눌린 일생에 대한 보상으로 아들들을 어떤 경쟁에서도 이겨 명성을 얻도록 압박했기 때문이라고 합니다. 우리나라의 이른바 치맛바람도 같은 현상이었는지 모르겠습니다. 그러니까 여성을 억압한 대가로 남성들은 일생을 고통agony스러운 경쟁의 세계에서 살아야 합니다. 운동을 하든지, 정계에 나가든지, 토론을 하든지 늘 시합으로 자기를 증명해야 하죠. 그러니까 남자들의 진짜 고민은 여신 '헤라의 영광'에 봉사하는 것입니다. 그러니 여자를 해방시키면 얼마나 편하겠어요. 각자 알아서들 하는 거죠.

제가 다닌 영국의 어느 칼리지는 수학으로 유명했어요. 그 칼리지 하나에서 배출한 노벨상 수상자가 프랑스에서 배출한 노벨상 수상자보다 더 많았다고 자랑이었어요. 그런데 제가 다닐 때는 남자만 갈 수 있었어요. 후에 소수지만 여학생도 들어갈 수 있도록 바뀌었는데, 그런 논의가 있었을 때 반대한 교수 하나가 "여학생들을 받아들이면 남자친구보고 수학 숙제를 해달라고 할 거다"라는 말을 했다고 들었습니다. 그때는 그런 얘기가 통했어요. 여자는 추상적인 사고에 약하고 감정적이기 쉽다는 생각이요. 남자들이 꼭 여자를 깔보고 싶어서가 아니라, 문화적으로 그런 분위기가 만들어지는 게 아닌가 싶어요.

신체적으로도 남자가 여자보다 훨씬 약해요. 기아 같은 위기상황에서 여자들이 훨씬 오래 살아남고, 육체적으로도 튼튼하죠. 하나님이 아이를 낳아서 기르는 역할을 주셨으니까요. 남자들은 그런데도 자기 우월을 증명해야 하니까 여자를 자꾸 억눌러요. 정부에 있을 때도 여성이 높은 자리로 올라가지 못하는 경향이 심했어요. 정보 분석에 뛰어난 여성이 많은데 승진을 못했죠. 그걸 없애고 나오려 했는데 잘 안 됐습니다. 합리적이어야 할 조직이 그게 뭐예요. 빈 라덴을 추적해 찾아낸 사람도 여성 직원이었잖아요. 그래도 지금은 여성에 대한 대우가 많이 나아졌을 거예요.

문화예술과
교육

DJ와 판소리를

**사람들의 우려와 달리 DJ의 일본 문화 개방은
성공적이었다. 그 배경을 들어보자.**

DJ의 일본 문화 개방은 지금도 회자되지요.
평소 DJ는 대중문화에 관심이 많았다고 알려졌습니다. 그리고 사
실이 그랬어요. DJ에게는 문화에 대한 감각이 있었어요. 〈발해를
꿈꾸며〉를 놓고 가수 서태지와 서신을 나누어 세간의 화제가 되기
도 했지요. 그런데 DJ가 진정 애호하던 것은 한국의 창이었습니다.
판소리 영화였던 〈서편제〉를 아주 좋아했어요. DJ가 원래 결혼 주

례를 절대 안 하는데, 서편제에 출연했던 여배우 결혼 때는 주례를 섰어요.

저도 판소리를 무척 좋아해요. 판소리를 모르면 한국 사람이 아니라고까지 말씀드리겠습니다.(웃음) 왜냐하면 판소리는 한국인의 독특한 정서를 반영하는 음악이고 서사시입니다. 그런 걸작들이 어떻게 나왔는지 모르겠어요. 민중의 집단 창작 아니었나 생각도 합니다. 《전쟁과 평화》나 《삼국지연의三國志演義》도 〈적벽가赤壁歌〉에는 비할 수 없죠.

어쨌든 DJ의 일본 문화 개방 조치로 문화 교류의 정치적, 인위적 장벽이 제거되었어요. 왜 정치적이고 인위적이냐 하면, 일본 문화를 금지했던 것에는, 솔직히 말하면, 우리나라 문화인들의 좁은 이기심도 있었어요. 조그만 시장을 독점하고 싶어 하는데, 일본 상품이 들어오면 그게 안 되잖아요. 사실 그전까지 일본 작품을 베끼는 경향이 아주 심했습니다. 드라마 제작에서부터 잡지 디자인에 이르기까지 여러 분야에서요. 학술 분야에서도 이런 경향이 나타났어요. 일본 학자의 저술을 표절해서 저서를 내는 경우도 가끔 있었고요.

그런 사람들의 로비도 작용했고, 정치적으로는 민족주의의 영향을 쉽게 받았고요. 일본 문화는 천하고 우리 것은 고귀하니 일본 것을 막아야 한다는 논리였습니다. 하지만 DJ는 그런 편견이 없었어요. 저는 일본 문화 개방이 아주 좋은 선택이었다고 봐요. 개인적으로는 영화 쿼터 같은 것도 근본적으로 방어적이고 좁은 생각이 아닌가 싶습니다.

신의 정원에 핀 여러 꽃

**민족주의는 숱한 부작용을 낳았다. 오늘날의
민족은 어떤 모습이어야 할까.**

한때는 민족주의도 진보적인 개념이었습
니다. 귀족주의이나 왕권에 대항하는 개념이었죠. 왕정시대 프랑
스 국민은 "폐하 만세Vive le Roi"라고 외쳤지만, 혁명 이후에는 "국
민 만세", 곧 "비브 라 나시옹Vive la Nation"으로 바꿔 외쳤죠. 원래
진보적 의미의 '국민' 혹은 '민족'을 히틀러 같은 사람들이 거꾸로
파시즘의 혈통주의로 만들었지만요. 민족은 여러 가지 정치적 충
성 가운데 하나였습니다. 예를 들어, 부족에 대한 충성이나 제국에
대한 충성이 있지요. 그렇지만 그 충성의 강도는 역시 민족의 경우
가 가장 강렬했을 것입니다.

북한은 인종주의적으로 혈연을 강조하지요. 북한은 민족의 혈
통을 주장하면서 남한의 국제결혼을 비난합니다. 실로 반동적인
생각인데요. 결국 정치적인 실패가 근본 원인이 아닌가 합니다. 권
력을 장악하고 그것을 물려주는 과정을 제도화·합리화하지 못했기
때문에 경제, 사회, 문화의 모든 면에서 세계적인 조류에 역행하는
고립을 자초하고 있는 것이죠. 일본은 러일전쟁에서 이기고 난 뒤
천황을 어버이로 모시고 국가를 가족으로 생각하는 천황 중심적인
국가가 되었습니다. 전쟁의 희생은 잊어버리고서 말이죠. 일본의
일부 진보적인 학자들은 그래서 러일전쟁의 승리가 오히려 일본에

게 독이 되었다고 말합니다. 그런데 북한이 지금 그렇습니다. 수령은 뇌수고 전체는 하나의 생명체라면서 사회를 한 단위의 유기체라고 우기고 있죠. 우리도 민족을 말하지만 과거 일본이나 지금의 북한이 주장하는 것 같은 민족은 아니라고 봐요. 물론 아직도 지역주의는 상당하지만요. 한국의 민족주의는 기껏해야 저항적인 민족주의였습니다. 다행히 한국의 진보세력에게 혈통이라는 개념은 없지 않았나 싶습니다. 독일 낭만주의 시인 헤르더Johann Gottfried von Herder는 이런 말을 했어요.

"민족은 신의 정원에 핀 여러 가지 꽃이다."

그러니까 정원에 꽃들이 있는데 제각기 달라요. 그러나 정원 전체는 아름답죠. 서로 다른 여러 민족이 한 정원에서 조화를 이루면서도 자신들의 민족적 특별함으로 정원에 기여할 수 있다는 것입니다.

천역에 종사하느라
얼마나 고생이 많으십니까

오히려 선진국에서 신분제도는 굳건하게 남아 있었다. 라종일이 마주했던 귀족 도련님들.

또 하나 우리나라의 긍정적인 부분이 있는데 일제강점기와 해방과 한국전쟁을 거치면서 신분제가 없어졌다는 점입니다. 일본 사람들에게 이 사실을 얘기하면 잘 안 믿어요. 일본은 공식적이지는 않지만 차별받는 사람들이 있습니다. 우리도 제가 어렸을 때 시골에서 도살업에 종사하는 백정들은 사는 곳이 따로 있었어요. 집에서 일하는 하인들도 백정들한테는 반말을 했지요. 대나무 같은 것으로 광주리나 모자를 짜던 사람들, 그들도 고리백정이라고 하층민이었어요. 진척津尺이라고 있는데 뱃사공들이에요. 그들도 하층민이었죠. 이제는 그런 기억이 별로 없지만요.

제가 영국에서 대학을 다닐 때 유도클럽에서 호신술 강의를 했어요. 일 년 내내 코치를 해주니까 총장이 자기 친필로 고맙다고 쓴 편지 한 장을 주더라고요. 돈은 한 푼도 안 주고. 영국은 대학이 직업 선수를 기르지 않아요. 돈을 주어야 하는 코치도 쓰지 않고요. 대신 선배들이 와서 코치를 해요. 그런데 영국이 위계 사회라서 그런지 운동에도 급수가 있더라고요. 가령 유도는 등급이 '하프 블루' 밖에 안 됐어요. '하프 블루'가 뭐냐면, 선수가 입는 운동복에다가 파란 줄을 하나 그어주면 그게 하프 블루였어요. 등급이 높으면 두 줄인데 유도는 등급이 낮아서 한 줄밖에 안 되었던 거예요. 한편 부자만 할 수 있는 폴로는 아주 높아요. 그다음으로 높은 게 조정입니다. 이들은 귀족클럽이라고 디너 자켓을 입고 격식에 맞춰 자기네끼리 파티도 하고 늘 젠체했죠. 조정클럽이 또 정치적으로 보수적이라고 알려져 있었어요. 언젠가 조정클럽 사람들과 이야기하면서 제가 이런 말을 했어요. 한국에서는 예전에 노 젓는 뱃사공을 제일 천한 직업이라 여겼다고. 별로 좋아하지 않더라고요.(웃음)

우리나라는 그런 신분제가 이제 없죠. 대신 돈만 있으면 뭘 하

든지 멋있게 살 수 있어요. 또 한시적이지만 권력이 있으면 대접을
받아요. 하지만 그것이 무슨 신분은 아니죠. 젠체하는 양반은 이제
없잖아요. 영국 같으면 안 그래요. 귀족제도를 없앤 독일이나 프랑
스에 가도 마찬가지예요. 공식적으로만 없앴을 뿐이지요. 그래서
엉터리 귀족도 많아요. 한편, 미국은 부자를 숭배하죠. 돈만 숭배하
는 게 아니라 부자 자체를 훌륭한 인물로 생각해요. 돈을 벌면 자동
적으로 훌륭한 인격을 갖춘 사람이 돼요. "미국에서 사회주의가 뿌
리내리지 못한 이유는 미국인들이 자신을 잠깐 형편이 나쁜 백만
장자로 여겨서다"라는 말이 있어요. 사실은 그게 전혀 아닌데 말이
죠. 아무튼 한국에 신분제가 없는 건 좋은 일입니다. 우리나라에서
는 트럼프 같은 대통령이 안 나올 거예요.

더이상 한국을 칭찬하지 마라

**태생적 신분이 없는 한국에도 문제가 하나 있
으니, 그것은 바로 학벌이다. 학벌의 부작용은
무엇일까.**

한국에서 신분제는 없어졌지만 대신 학벌
이라는 것이 생겼죠. 그래도 문벌보다는 학벌이 좀 나은가 모르겠
어요. 처음에는 나았을지 몰라요. 가난한 집 출신이 고등고시로, 혹
은 명문대학교를 거쳐 출세하는 경우가 있었으니까요. 과거에는

좀 그랬는지 모르지만 지금은 그렇지도 않죠. 학벌이 그대로 사회 구조를 반영하니까요. 시험제도 자체가 불공정한 상태죠. 재산이 있는 이들이 자녀를 사교육 시장에 넣어 엄청나게 준비시키잖아요. 특수고를 없애자고 주장하는 진보 쪽 인사들까지 자기 자식들은 죄다 그런 학교에 보내더군요. 자기 애들을 보내봐야 그 나쁨을 안다나요. 지금은 가난한 사람도 열심히 공부하면 서울대 갈 수 있다, 그런 믿음이 부서졌지요.

헤겔의 표현을 빌리면, 교육은 한 개인을 종種적인 존재, 그러니까 전 인류적인 차원의 존재로 바꿔놓아요. 영어로는 'species-being'인데요, 독일어의 'gattungswesen'을 옮긴 말이에요. 그러니까 인류적인 체험과 인류적인 문명을 개개인이 물려받을 수 있어요. 이것이 인간의 특징이에요. 교육의 근본 목적은 그런 사람을 만드는 거죠. 하지만 우리나라에선 교육이 일종의 신분제처럼 되어서 신분 상승, 혹은 유지를 위해 무리하는 경향이 있어요. 그 와중에 교육 자체는 엉망이 되고 말이죠.

오바마 대통령이 재임 당시 한국의 교육제도에 대해 여러 번 칭찬했는데, 한번은 제가 미국 대사관 인사들에게 제발 미국 대통령이 우리 교육 칭찬 좀 하지 못하게 해달라고 부탁했어요. 제가 양심의 가책 때문에 잠을 못 잔다고요. 오바마 대통령이 그런 말을 하게 된 배경은 있죠. 미국의 가난한 아이들은 부모가 교육에 신경 써줄 여력이 없으면, 학교에 안 가고 그러거든요. 우리나라가 초등학교 때부터 애들을 잡아다가 뭔가를 배우도록 시키는 건 잘하잖아요. 오바마는 그 점이 부러웠던 거예요.

본인이 백점이라고 생각하는
녀석은 낙제입니다

**시험공화국에서 라종일이 기울인 노력들. 그중
하나로 학생들이 문제를 내는 시험이 있다.**

예전 운동권에 언더스터디 그룹이라는 게
있었다고 했죠? 그들은 '교수가 정의해주는 정치적인, 사회적인 문
제, 교수가 제시하는 참고서적들은 우리 현실과 동떨어져 있더라.
오히려 금서가 된 책을 찾아 읽으니 각자가 진정한 문제를 발견하
고 공부할 수 있더라' 하고 느꼈어요. 그들이 스스로 의제를 내고
생각하는 능력을 기르게 된 것이 그래서인데, 앞으로도 그런 학생
들을 키워내려면 지금의 교육·시스템은 바뀌어야 해요. 저는 오래
전부터 강의실에서 작은 실험을 하곤 했어요. 시험 문제를 학생 스
스로 내도록 하는 것입니다. 우선 강의 첫 시간에 학생들에게 반 장
난삼아 내가 하는 말을 그대로 믿는 학생은 장래가 없다는 이야기
를 해요.

강의는 물론 제가 하지만, 학생들이 스스로 문제를 찾아야 해
요. 그리고 저에게 정답을 구하게 하지 않고 학생이 직접 찾게 합니
다. 시험 평가 역시 학생들이 해야 하고요. 그 평가까지 학생 스스
로 하는 이유는 자신이 틀릴 수도 있다는 자각을 갖게 하기 위해서
죠. 저는 그것이야말로 지식인이 갖춰야 할 가장 중요한 자세라고
생각합니다. 제 강의는 학생들의 생각을 돕는 보조 역할에 불과합

니다. 저는 학생이 제기한 문제가 적절한지, 독창적인지, 답을 내는 과정이 논리적인지, 그리고 평가에 균형이 있는지 같은 요소들을 고려해서 최종 평가를 합니다.

학생들에게 시험 문제를 내보게 하면 참 좋은 문제들이 나와요. 그 정답은 자기가 찾아가기 나름이고, 답도 하나가 아니에요. 특히 정치에는 정답이란 게 없어요. 만일 정답만 제시하는 정치가가 있다면 그 사람은 제거해야 합니다. 독재자가 될 테니까요. 이것만 정답이다, 다른 건 오답이다, 그러면 안 돼요. 그러니까 자기가 백점이라고 하는 녀석은 낙제입니다.

그런 식으로 청년들에게 문제를 제기하는 능력을 갖추게 하는 것이 교육의 기본이라고 생각합니다. 1980년대에는 학생들이 강의 안을 만들고 실제 강의까지 해보는 식의 운영을 해보았어요. 방학 전에 제가 다음 학기 강의 주제와 참고서적들을 미리 공지하고 학생들이 자율적으로 강의를 운영하면서 일부 강의를 해보는 식이었죠. 찬반이 있겠지만 강의나 토론 내용은 제가 일방적으로 한 것보다 못하지 않았습니다. 그런데 이런 강의의 의의를 확인한 일이 있었어요. 후일 졸업한 제자들을 만나 정치학 전공 4년을 평가해보라는 화두를 던진 일이 있는데, 이 사람들이 가장 기억에 남는 게 자신이 준비해서 한 강의였다고 말하더군요.

창조경제라는 게 결과는 엉터리였지만, 콘셉트 자체는 좋았습니다. 앞으로는 기존 산업구조에서 수용 능력을 높일 수 없을 겁니다. 그러니 창의적인 일들을 새롭게 만들어야 하겠죠. 그래서 고전 교육이 중요합니다. 고전은 끊임없이 문제를 제기하는 교양을 키워주니까요. 성서도 그렇죠. 그 책들이 오래 살아남는 건 그 때문이에요. 고등학교 때 고전 교육이 되어서, 서양 고전이든 동양 고전이든 학생들이 어느 정도 맛을 들여야 해요. 한국 학생들이 외국에 가서 공부하면서 제일 모자라는 부분이 그것이에요. 1980년대 교육부가 국민윤리학과라는 것을 각 대학에 만들 때 저는 그 대신 고전학과를 만들자고 했어요. 고전 말고도 기초 교육도 그렇고 대학원도 그렇고, 아직은 우리가 많이 부족하죠. 일본의 지방 어느 대학에서 강연할 기회가 있었는데 이름도 모르는 대학이라 별 생각 없이 갔죠. 그런데 그 대학에서 노벨상 수상자를 둘이나 배출했더라고요. 하나는 물리학상, 하나는 화학상.

우리는 해외에서 유학해야 제대로 된 학자 대우를 받아요. 예전에 토인비Arnold Joseph Toynbee가 이런 말을 했어요.

"후진국의 지식인은 연락장교다."

우월한 문명에서 배운 다음 낮은 단계의 문명에 전해주는 존재가 후진국의 지식인이라는 뜻이죠. 참 듣기 싫은 소리인데, 생각해보면 그런 면이 실제로 있긴 있었어요. 이제까지 한국인은 한국인의 현실을 외국의 이론 틀을 가지고 설명해야 했으니까요. 그것이 반드시 나쁜 것만은 아닙니다. 그러나 외국의 교육, 외국의 이론에만 의존하는 것은 건강하지 못해요. 이것이 결국 우리 국어의 건강과도 관련이 된다고 믿습니다. 다행히 근래에 이런 상황에 대한 자성과 비판 그리고 폐쇄적이지 않으면서도 스스로를 자기 언어로 이해하려는 노력이 많이 나오고 있습니다. 고무적인 일이에요.

겨드랑이로 마르크스를

이론은 개념으로부터, 개념은 언어로부터. 부엌에서 돼지 야단칠 때나 쓰던 언어가 인류 지식의 보고가 된 이야기.

한국인들이 자기 언어로 정치나 사회, 인문 같은 것들을 설명할 개념을 개발할 수 있을까요? 장혁주라고, 일제강점기 때의 작가가 한국어라는 건 100년쯤 지나면 없어질 거라고 이야기했죠. 그럴 수도 있었다고 생각합니다. 해방 전후를 다룬 소설에 보면 이런 얘기가 있어요. 독립운동을 하던 사람이 어딜 가고 있는데, 조선인 아이들이 병정놀이를 하면서 일본 군가를 불러요. 그러니 이 사람이 화가 나서 일본말을 한다고 애들을 혼냈지요. 그랬더니 이놈들이 거꾸로 하는 말이 이거예요. "비국민이다! 경찰에 넘기자!" 국어 상용을 하지 않는 사람이라면서 오히려 그분을 고발하려 하는 장면입니다. 3·1운동의 가장 큰 공적은 일본에게서 문화 통치를 얻어낸 것이었죠. 이것에 관한 비판도 있지만 어쨌든 조선말로 신문을 낼 수 있었고 국어를 살릴 수 있었어요. 〈조선일보〉에 〈임꺽정전〉 같은 연재소설이 나올 수 있었던 계기죠. 꼭 폭탄을 던지고 총을 쏜 사람만이 민족운동을 한 사람이 아니에요. 국어를 살리면서 조금이라도 우리의 자주적 의식과 문화 전통을 지킨 사람도 다 독립운동가였어요.

그때 한국어가 간신히 살아남았지만, 그 이후로도 한국어의 운명은 낙관하기 어려웠어요. 세상에서 가장 빨리 소멸하는 것이 언어라고 합니다. 세계에는 자기 언어를 잃어버린 민족도, 없어지는 언어도 많아요. 지난 세기 말에 연구소 하나를 만들었는데 어떻게 하면 우리 언어를 지킬 수 있을까 하는 것이 주 과제였습니다. 토론회 같은 것도 하고 글을 쓰기도 했지만 별 성과는 없었어요. 저는 1980년대 독일에서 하계과정 강의를 하면서 100년 후 우리말 중에 살아남을 것은 '김치'와 '민중' 두 단어밖에 없을지도 모른다는 말을 했습니다. 스코틀랜드 말 중에서 '위스키'가 남아 있는 것처럼요. 우리는 김치라는 좋은 음식을 만들었으니 그 말 하나는 살아남겠지요. 그리고 '민중'이라는 단어도요. 민중이라는 것은 일본인에게도, 미국인에게도 생소한, 시민도 공중도 아닌 매우 의미 있는 개념입니다. 독일어가 19세기 전반까지 그랬던 것처럼 집 안이나 부엌에서만 쓰는 말로 한국어가 살아남는 게 아닐까 하는 걱정도 했습니다.

독일어가 한때 참 별 볼 일 없는 언어였죠. 독일이 원래 후진국이었어요. 19세기 전반까지 독일이란 말은 지리적 표현에 불과했습니다. 독일에는 국가는 없고, 독일이라고 하는 지리적 영역 안에 49개에 달하는 소국이 있을 뿐이었죠. 그 독일이 후진국을 벗어나기 시작한 게 제 생각에는 괴테Johann Wolfgang von Goethe 때부터예요. 괴테가 《젊은 베르테르의 슬픔Die Leiden des Jungen Werthers》을 독일어로 썼는데 유럽 전역에서 인기가 폭발했어요. 사람들이 그 책을 읽으려고 독일어를 공부했어요. 이어서 쉴러Johann Christoph Friedrich (von) Schiller 같은 문인, 그리고 칸트Immanuel Kant나 피히테

한국의 발견

Johann Gottlieb Fichte, 헤겔Georg Wilhelm Friedrich Hegel 같은 학자들이 그들의 철학 이론을 독일어로 개진해나갔지요. 그래서 19세기 중반이 되면 유럽 지식인들이 독일어를 배워야 했어요. 독일어를 하지 못하면 인류의 중요한 업적을 이해하기가 힘들었으니까요. 일본에 있을 때 황실의 인척 한 분이 뒤늦게 대학원에 가서 칸트에 관한 논문을 쓰는데 너무 어렵다고 불평을 해요. 그래서 우선 독일어 공부부터 하라고 했어요. 영어로는 힘들어요. 영미 계통에서 독일 관념론 등이 크게 영향을 미치지 못한 게, 다른 이유도 있겠지만, 영어로는 독일 철학을 이해하기가 힘들어서죠. 그래서 초기 마르크스Karl Heinrich Marx 저작이 영미권에서 큰 반응을 못 얻은 게 아닌가 생각합니다. "튜턴적인 헛소리Teutonic Cant"는 빅토리아시대 어떤 지식인의 마르크스의《자본론Das Kapital》에 대한 평이었어요. 허버트 모리슨Herbert Stanley Morrison이라고, 노동당 소속으로 나중에 외교부장관까지 했는데, 그 사람이 마르크스의《자본론》을 옆구리에 끼고 다녔어요. 그러니까 어떤 사람들이 "겨드랑이를 통해 마르크스를 얼마나 이해했을까?"라고 비웃었다고 합니다.

　독일어가 사실 후진국 언어예요. 원래부터 고급진 학문적 개념을 많이 가지고 있는 언어가 아니어서 어휘가 부족해요. 그래서 붙여서 써요. 독일어로 장갑이 'Handschuhe'인데, 말 그대로 '손구두'예요. 근데 그것을 독일인들은 자랑으로 여겼어요. 원초 언어Ursprache라고요. 그 비문명적 언어를 가지고 독일인들이 학문적 업적을 이루었어요. 돼지 야단칠 때나 쓰던 언어가 그렇게 훌륭한 언어가 된 것입니다. 그리고 통일이 되고 독일 경제가 영국을 앞섰죠.

그전까지는 상상도 못한 일이었어요. 저는, 증명할 수는 없지만, 어느 민족의 발전에 문화적 업적이 먼저 나오는 게 아닌가 싶어요. 독일의 경우에도 다른 것보다 문화가 먼저였어요. 한국의 문화적 성과가 많이 나오는 것 역시 우리의 앞날이 잘 풀릴 조짐이 아닌가 하고 희망적인 생각을 하기도 합니다. 저는 한국의 상황이 낙관적이라고 봅니다. 하마터면 나라 고유의 언어를 잃어버릴 뻔했는데도 지금은 언어가 많이 살아나고 문자도 높게 평가받지 않습니까?

가깝지만 먼

외교란 무엇인가?

주영 대사와 주일 대사를 역임한 라종일. 그에게 외교관에게 필요한 의외의 자질을 들어본다.

외교를 결정하는 가장 중요하고 기본적인 요소는 국력입니다. 그 국력을 어떻게 잘 쓰느냐, 이것이 외교관의 역량이죠. 국제정치를 공부하는 사람들이 의외로 간과하고 넘어가는 외교관의 중요한 자질이 있는데, 바로 사람을 많이 아는 것입니다. 외교관이 사람을 많이 알고, 더 나아가 좋은 인상을, 그보다 더 나아가 신뢰할 수 있다는 느낌을 사람들에게 줄 수 있다면, 그 외교관은 차이를 만들어낼 것입니다. 외교부처는 그런 인재를 많이 갖고 있어야죠. 함께 근무하던 외교관들에게 외교관의 자질과 관련해 이런 이야기를 해준 적이 있어요. 첫째 문제를 바로 정의할 수 있는 능력, 둘째 문제와 관련된 정보와 전문지식을 확보할 수 있는 자질, 셋째 타인과 협력을 조직할 수 있는 수완이 있어야 한다고요. 마지막 분야에서 자기 의사를 잘 표현할 줄 아는 능력도 중요해요. 상대와 입장이 다를 때 상대 감정을 상하지 않게 하면서 설득할 줄 아는 언어 능력이죠.

재작년 워싱턴에서 연례 한미일 3국의 소위 '외교 분야 전문가 회의'가 있었어요. 한일 관계가 매우 안 좋을 때였습니다. 마지막 세션은 공개 토론이었는데 일본 측에서는 강경한 성향으로 알려진 전직 외무성 사무차관이 나왔고, 우리 측에서는 제가 대표 토론자로 나갔어요. 일본 분이 한국에 대해 강경한 발언을 하면서 양국 관계가 지금 최악이라는 취지로 말씀을 끝내더라고요. 이에 제가 웃으면서 이런 말로 시작했어요.

"사실, 현재 양국 관계는 매우 양호하다. 16세기 말 아무런 이유도 없이 일본이 우리를 침략해서 7년 동안 전 국토와 민생을 폐허로 만들었을 때보다는 매우 양호하다. 지난 세기 초 무력으로 위협해 우리 국권을 박탈했던 때에 비하면 지금은 일본이 우리를 매우 우호적으로 대하고 있다."

그러면서 3·1운동 당시 비무장 평화 시위를 폭력으로 진압한 일이나 관동대지진 때의 이야기를 이어갔죠. 방청인들도 웃고 본인도 쓴웃음을 짓더라고요. 마지막 세션은 그렇게 잘 끝이 났지만,

일본 분은 유감을 삭이지 못하는지 밖으로 뛰쳐나가 줄담배를 피우더군요. 일본의 일부 인사들은 왜 한국인들이 일본에 대해 뿌리 깊은 피해의식을 갖고 있는지 깨달아야 합니다. 그러나 이것을 어떻게 알리는가, 어떻게 깨닫게 하는가는 또다른 문제죠.

외교에서 또 중요한 게 '문화적인 대화Cultured Conversation'를 할 수 있는 능력인데요. 고시 위주로 외교관을 선발하면 조금 보충이 필요한 분야입니다. 저도 외신 기자에게 들은 이야기입니다. 사실인지 아닌지는 모르지만 어떤 프랑스 외교관이 그 기자에게 이런 말을 했다네요. "한국에 프랑스 현대철학을 자기보다 더 많이 아는 외교관이 있었다. 그 사람이 바로 한국의 정보 책임자였다."

이런 게 사소한 일이지만, 상대에게 좋은 평가와 인상을 남기죠. 국가 간의 이해관계나 체면을 둘러싼 논의에서도 인문적인 이해는 중요해요. 한동안 해외 주요 인사들에게 햇볕정책을 설명할 때 흔히 제기되는 어려운 질문이 이런 것이었습니다. 남북한 간의 갈등이 정체성에서부터 전략적인 것에 이르기까지 근본적으로 모순되는 것인데, 어떻게 통일은 물론이고 교류 협력 관계가 가능하겠는가 하는 것이었지요. 실은 어려운 문제였습니다. 말하자면 어의론적semantic 문제였어요. 같은 말, 예를 들어 "민족" "평화" "자주" 등 좋은 말을 할지라도 양측의 의미가 매우 다를 수 있다는 것이지요. 저는 에둘러 이렇게 설명했어요. 사람들 사이의 관계가 반드시 의사소통의 성공 때문이 아니고 실패, 혹은 오해로 이뤄지고 유지되는 경우도 있다, 그리고 이것이 반드시 나쁜 결과로 이어지는 것은 아니다, 이렇게요. 듣는 분들이 조금 의아한 표정이었는데 제가 우리의 결혼을 생각해보자고 했어요. 모두 웃었지요. 설득에 어느 정도 성공했는지는 몰라도 자신들의 생각을 재고해보는 기회는 되었던 것 같았습니다.

일본, 무슨 원한?

대한민국과 일본의 첫 단추는 한일협정일 것이다. 한일 관계의 본격적 시작에 얽힌 문제들은 무엇이었을까.

한일협정의 상징적 일화가 있어요. 한일 양국이 1951년 처음 만났는데, 당시 한국 측 대표였던 양유찬 씨가 모두발언을 미국 속담 "Let's Bury the Hatchet!"으로 시작했어요. 우리 이제 도끼는 파묻자, 곧 원한은 잊어버리자는 영어 표현이죠. 그랬더니 일본 측 대표가 이렇게 말하더래요. "What Hatchet?" 무슨 원한이 있느냐고 반응한 거예요. 과거사에 대해 그렇게 서로 이해가 달랐습니다.

한일협정에서 우리 쪽에게는 과거사가 가장 큰 문제였죠. 일본이 사과하고 잘못을 인정하는 것, 한일병합조약이 무효임을 확인하는 것이 목표였습니다. 그다음이 청구권이었죠. 곧 일본으로부터 돈을 얼마나 보상받는가였어요. 안보 문제는 그보다 우선순위가 낮았습니다.

하지만 일본은 위 일화에서 보듯 과거사 정리 같은 데에는 관심이 없었습니다. 슬픈 이야기입니다만 제2차 세계대전 이후 일본은 독일과 달리 과거에 대한 내적인 철저한 반성과 대외적인 사죄와 보상의 계기가 없었습니다. 여기에는 우리 잘못도 있어요. 해방이후 통일된 독립국가를 건설할 기회가 있었는데, 이 기회를 내부의 분열과 갈등으로 소모하고 큰 전쟁까지 치렀으니까요. 이 전쟁이야말로 일본이 과거를 제대로 청산하지 않고 지나가게 한 중대한 계기였어요. 한국전쟁이 아니었으면 샌프란시스코조약도 없었을 것이라고 생각합니다.

한일협정에서 일본의 최대 관심사는 일본 자본의 한국 진출이었습니다. 그럼으로써 한국을 일본의 경제권으로 끌어들이려 했죠. 그래서 자금은 제공하되 배상권 형식이 아닌 경제협력 형식으로 한국에 주려고 했어요. 안보도 일본의 중요 관심사였죠. 한반도가 만약 공산화되면 일본에게는 큰 위협이라고 생각했으니까요.

눈여겨볼 만한 점은 미국의 입장인데, 이것은 아주 뿌리가 깊은 문제입니다. 이승만은 미국이 일본을 견제하게 만들려고 노력했지만, 미국은 전통적으로 일본이 극동에서 서방측의 이해를 대표한다고 여겼어요. 시어도어 루스벨트Theodore Roosevel 대통령 시절부터 미국은 러시아를 견제하는 세력으로 일본을 염두에 두고 친일본 정책을 견지했죠. 루스벨트는 일본이 러일전쟁에서 승기를 잡고 있을 때 어떻게든 평화조약을 체결하도록 도왔습니다. 전쟁이 더 계속된다면 일본이 버티기 힘들었을 테니까요. 현 정부의 딜레마도 이와 같습니다. 미국은 전통적으로 한미일 협력을 중요시

했는데, 한국도 중요하지만 일본에 우리보다 훨씬 큰 비중을 두니까요. 이게 한국 외교의 어려움일 겁니다. 정말 최악의 상황은 미국이 한반도를 포기하고 해양 방어 쪽으로 가는 것이지만요. 그렇게 되면 우리는 인근 강대국들의 각축 상황에 놓이게 되겠지요. 김대중 대통령이 통일 이후에도 한반도에 미군이 주둔해야 한다고 말씀하신 것도 이 때문이에요.

나라와 나라 사이의 관계란 옳고 그른 걸 가지고 결정되지 않습니다. 어느 시점에 그 나라가 처해 있는 객관적인 상황에 따르는 거예요. 한일수교 역시 두 나라가 타협을 한 셈입니다. "한일병합 조약은 이미 무효다"에서 "이미"라는 말을 서로 다르게 해석하는 방식으로요.

야스쿠니의 독립유공자

역대 최악의 한일 관계. 라종일로부터 그 상세한 배경을 들어본다. 일본을 대할 우리의 자세를, 그리고 라종일의 독창적인 아이디어를.

지금의 한일 관계에서 핵심적 갈등 요소는 위안부와 징용 노동자 문제지요. 위안부 문제를 바라보는 관점은 특정 시기의 상황에 따라 달라졌습니다. 위안부 문제 제기가 제일 절실했을 때는 1945년입니다. 문제 제기의 적기는 그때였어요.

일본은 패전 후 피폐한 상태였고 과거의 잘못에 대한 후회와 반성도 컸지요. 그때라면 생생한 증언과 기억 그리고 문서상의 기록들이 나왔을 텐데, 우리는 내부 싸움에 몰입해 있었지요. 위안부 피해자들도 밖으로 나오지 않았고요. 위안부 문제가 제대로 제기된 것은 우리가 상당한 경제 성장을 이룬 다음인 1990년대부터이니 많이 늦었지요. 강경화 장관이 그 문제에 자문을 구하기에 그 얘기를 해주었어요. 좋은 시기를 많이 놓친 문제라고요.

지금은 우리 생각이 달라졌어요. 위안부 문제는 수치스러워 감춰야 하는 문제가 아니라 당당하게 떠들고 나서야 하는 문제라고요. 그리고 용감한 위안부 피해자들이 진짜로 나섰어요. 그 촉매가 된 것 중에 저는 일본 시민운동을 생각해요. 일본 시민운동가들이 먼저 이 문제를 제기했거든요. 그러니까 이런 문제 제기는 사회적인 분위기와 긴밀하게 연결되어 있습니다. 예를 들어, 우리가 경제력도 우세하고, 일본에서나 한국 내에서나 위안부운동이 여론에 좋게 반영되고, 특히 우리 안보 문제가 튼튼하고, 그래서 일본에게 아쉬울 게 없는 상황이라면, 이 문제가 더 중요하게 받아들여질 수도 있겠죠.

그런데 한국이 만들어놓은 상황이 좋지 않아요. 그러니까 한일기본협약에서는 문제를 다 해결했다고 생각하고 노무현 정부 때도 보상은 정부가 해준다는 식이었는데, 지금 한일위안부합의는 파기도 안 했고, 그렇다고 지켜지지도 않고 있어요. 그런데 징용 문제는 대법원에서 판결했잖아요. 불법이라고 해서 일본 회사에 차압을 해놓은 상황이고요. 한편으로는 위안부 문제가 불법이라고 헌법소원을 한 것은 헌법재판소에서 받아들이지 않았어요. 그러니까 우리나라의 외교적 입지가 조금 혼란스럽습니다.

외교에서 중요한 것을 또 하나 꼽자면 바로 명분입니다. 특히 오늘날 많은 국가에서 민주화가 이룩되었기에 명분은 더욱 중요해졌지요. 일본 같은 경우, 국민 여론의 지지가 외교에서 무척 큰 요소로 작용합니다. 그런데 지금 일본 여론은 대부분 우리에게 부정적입니다.

제가 일본 대사로 재임하던 3년 동안에는 한국에 대한 인식이 대단히 좋았습니다. 이수현 학생 일도 그렇고, 특히 〈겨울연가〉를 비롯한 한국 드라마의 효과가 굉장해서 문화의 힘이 그렇게 크다는 것을 저는 그때 새삼 알았어요. 그 드라마에 치유 효과가 있어서 병이 나았다는 사람도 많았고, 심지어 '욘사마 이혼'도 있었어요. 부인이 배용준 씨를 굉장히 좋아하는데 남편이 욘사마한테 무례한 언동을 하면 "상종 못할 자로다" 이러면서 이혼하는 거죠.

그런데 지금 일본 국민들은 한국하고는 얘기가 힘들다고 보고 있어요. 이번 세기 초에 있었던 일본 여론의 좋은 감정은 이제 없어졌어요. 그 면에서는 우리가 외교적으로 굉장히 불리해요. 일본은 조약을 맺어도 소용없고, 정부 간에 합의해도 폐기하면 그만이고, 정치적 필요에 따라 왔다갔다 한다면서 우리를 신뢰하지 않고 있죠. 물론 한일 관계에는 여론 외에도 여러 요인이 있습니다. 양국 간의 오래된 편견, 최근 양국 정부 사이의 불행한 관계, 그리고 이런 부정적인 관계를 국내 정치에 활용하려는 일부 인사들, 그런 것들이겠는데요. 그 밖에도 저는 이런 점을 볼 수도 있겠다고 생각합

한국의 발견

니다. 제가 일본에 있을 때 외교 안보 쪽을 담당하는 사람들과 가깝게 지낸 적이 있는데, 그들과 교류하면서 느낀 점이 당시 동아시아에서 일본이 좀 외로운 처지였습니다. 일본은 민주화도 그렇고 산업화도 그렇고, 말하자면 근대화가 많이 된 나라였습니다. 그런데 중국이 엄청난 속도로 부상하거든요. 일본으로서는 불안할 수밖에요. 마침 한국이 빠르게 민주화되고 산업도 급속도로 발전해서 좆아오니까 일본이 동아시아에서 한국과는 얘기가 좀 되겠다 싶었던 겁니다. 일본은 동아시아에서 거대 중국과 일대일로 마주하는 걸 불편하게 느꼈는데 중간에 선진 민주 한국이 있어주기를 기대했던 것 같아요.

노무현 정부 초기 고이즈미 총리와 이른바 "셔틀 디플로머시"를 했어요. 일 년에 한 번은 넥타이를 매지 않고 격식 없이 만나 정상간 교류하자는 것이었습니다. 두 번 하고는 못했지만, 이런 것도 같은 문제를 반영했습니다. 당시 일본의 불안은 중국이 막 떠오르기 시작했다는 점이었어요. 일단 중국이 엄청나게 덩치가 큰 데다 실은 일본이 가장 나쁜 짓을 많이 했던 곳이 다른 어디보다 중국이었거든요. 제가 보기에는 자기들과 같은 자유민주주의와 시장경제 체제를 가진 튼튼한 우방 국가가 하나 있으면 중국하고 관계를 개척하기가 낫지 않을까, 이런 생각이었던 것 같아요. 그래서 일본은 한국과 어떻게든 좋게 지내려 했죠.

일반 국민들에게는 한국 드라마의 효과도 컸다고 생각하는데, 당시 일본 지도층은 어떻게든 한국과 같이 가보려는 생각이 있었어요. 천황도 저와 개인적으로 독대를 하면서 세 번 정도 아주 완곡

하게 이야기한 적이 있어요. 자기 집안이 사실은 우리와 깊은 인연이 있다는 은근한 말씀이었습니다. 정치인들이나 전문가들도 한국이 경제적으로나 정치적으로나 튼튼했으면 한다, 특히 통일의 기회가 있다면 우리가 지원을 많이 해주겠다 했고요. 또 이런 제안을 하는 이도 있었어요. 군사동맹 같은 게 어렵다면, 유엔평화유지군을 파견할 때 공동으로 한다거나 다른 걸 해보면 어떻겠느냐는 언급이었는데, 제 생각에 나쁘지 않다고 여겼어요. 제가 대사를 그만 둔 뒤에도 '외교 분야 전문가 회의'식 비공개 회담을 계속했는데, 우리 쪽은 꼭 협력적인 문제만 다루지 않았던 기억입니다. 반면 일본은 우리 측에 비판을 많이 당하면서도 우리와 같이 가보려는 분위기였어요. 그런데 지금은 이것이 모두 바뀌었습니다.

물론 일본과 가깝게 지내는 게 이상적이겠지요. 빌리 브란트 Willy Brandt의 얘기 중에 이런 게 있어요.

"정치란 잔혹한 현실에서 올바른 추론을 이끌어내는 것이다."

현실이라는 건 우리의 희망에 비하면 참 잔인합니다. 우리를 좌절시키는 요인이 많아요. 그럼에도 그 현실에서 어떻게 올바른 결론을 끌어낼 것인가를 고민해야 합니다. 애초에 무엇이든 자기 생각대로는 할 수 없으니까요. 자기가 바라는 대로의 세상이라는 건 근본적으로 부정의하지요.

때로는 발상의 전환도 필요합니다. 한일 정상 간 사이가 좋았다가 야스쿠니 참배 문제로 나빠졌을 때 노무현 대통령께 이런 취지로 말씀드린 적이 있어요.

"야스쿠니 문제 가지고 다르게 생각할 수 있지 않은가. 야스쿠니 같은 기념물이 동경 한복판에 있다는 건 일본에게는 창피한 일이다. 일본이 그렇게 창피한 짓을 하는 걸 가지고 우리가 화낼 필요는 없지 않나. 그리고 솔직히 말하면 야스쿠니에 모셔놓은 A급 전범들이라는 게 일본 국민이 미워해야 하는 사람, 일본에 큰 해독을 끼친 사람들이다. 한국 역시 그 사람들 때문에 피해를 많이 입었다. 그런데 그 어리석은 사람들이 아니었다면 우리가 빨리 해방되지 않았을 수도 있다."

그러니까 만약 일본이 만주 정도에서 야욕을 멈추고 미국과 타협했다면, 추축국에 가담하지 않았다면 대전 이후에도 한동안 제국을 유지했을지 몰라요. 물론 장기적으로는 불가능한 일이었겠지만요. 한국 사람들이나 중국 사람들의 민족의식을 이길 수 없었을 테니까. 그렇지만 한국에서 철수하더라도 더 긴 시일이 걸렸을 테고, 일본의 영향이 한국에 훨씬 더 뿌리 깊게 남았겠죠. 만약 대일본제국이 100년 갔더라면, 우리는 언어를 잃어버렸을지도 모른다고 생각해요.

한일 갈등에 관해 여당 측 인사가 사적인 자리에서 저에게 어떻게 하면 문제가 해결되겠는지 물은 일도 있어요. 한일 관계만이 아니라 어떤 나라 사이의 문제에 관해 완벽한 해결이란 있을 수 없다고 했어요. 어떤 지도급 인사는 한일 관계의 완전한 해결을 위해서라면 우리가 일본을 한번 점령 통치해야 한다고 말한 적도 있습니다. 그러나 그건 불가능할 뿐 아니라 그렇게 되면 또다른 문제가 생기지 않겠어요?

근대화의 장애물

식민지근대화론 안에 근본적으로 자리한 문제점들.

저는 '식민지 근대화'를 언급하는 사람들이 무슨 말을 하는지 잘 모르겠어요. 잘못 이해하고 있는 거 아니에요? 근대적 기획이라는 걸 서구화로 이해하거나 혹 산업화로 이해하고 있는 게 아닌지.

일본에게 제일 피해를 많이 받은 쪽은 앞서 말했듯 중국이에요. 일본은 중국에게 무자비했어요. 아주 비참하게 사람들을 학살했지요. 한국에게도 물론 무자비했지만 그나마 한국에는 산업시설과 제국 대학을 포함한 교육기관을 설립했어요. 유럽의 식민지 통치 양상들과는 많이 달라요. 하지만 산업시설을 지어줬으니까, 생산성을 높였으니까 한국의 근대화를 도왔다는 것은 아닙니다. 오히려 근대화라는 면에서 보면 일본이 우리를 매우 해쳤죠. 근대화라는 게 자기 주체적인 능력으로 자기 앞길을 자기가 개척해나가는 거잖아요. 물질적 산업화는 근대화의 치장에 지나지 않고요. 그런데 일본이 우리가 스스로 근대화할 수 있는 기회를 빼앗았으니 근대화의 결정적 장애물이었죠. 《반일 종족주의》라는 책이 베스트셀러가 되었던데, 개인적으로는 좀 유감입니다. 그 책에 맞는 부분은 일부 있어요. 거기에서 비판한 몇 가지는 옛날에 저도 사실로 알던 거예요. 그러니까 그런 부분에서는 한국인들을 비판할 수 있어요. 그런데 어떻게 일본의 잘못은 전혀 없는 것처럼 이야기하면서 한국 사람들의 편협한 면만 전면적으로 탓할 수 있나 싶어요. 일본이 설득으로 한국을 합병한 것도 아니지 않습니까. 타국의 근대국가 성립에서도 군사력이 일정한 역할을 하긴 했습니다. 그렇지만 일본은 군사력으로 독립국가의 왕궁을 에워싸고 한 나라의 황후를 죽이는 식이었으니, 폭력적이고 강압적인 강탈이었지요. 그런 얘기는 일절 없이 한국인들이 마치 종족주의 때문에 일본을 싫어한다고 주장하는 건 옳지 못해요.

일면으로는 우리가 우리 스스로를 일본과 관련해서도 비판할 수 있다, 뭐 이렇게 생각한다면 긍정적인 면이 있을지도요. 그렇지만 전반적으로는 참 유감이에요. 《반대를 론하다》라고 젊은 학자 넷이 그 책에 대한 반론을 썼더라고요(정혜경 외, 《반대를 론하다》, 선인, 2019). 실질적인 자료를 많이 사용한, 잘 쓴 책이에요.

헤엄쳐 온 사람들

주일 대사 시절 재일교포들을 위해 노력했던 이야기.

재일한국인 역시 말씀드리기 쉽지 않은 주제입니다. 1945년경에 재일교포들이 한국으로 많이 건너왔습니다. 일본은 이제 다 망했고 한국이 희망일 거라고 생각한 것이죠. 그간

모은 재산을 가지고 와서 한국에서 뭘 하려다가 1950년대에는 거꾸로 됩니다. 도저히 이 나라에 희망이 없다면서 다시 일본으로 가요. 많은 사람이 밀항하고요. 교포들 표현으로는 이들을 "헤엄쳐 온 사람들"이라고 하더라고요. 제가 그분들에게 일본 국적은 어떻게 취득했냐고 물었더니, 쉬웠대요. 죽은 사람이 많고, 또 호적부가 없어진 것도 많아서 내가 누구누구인데, 어디서 살았는데 집도 다 부서지고 호적부도 없어졌다고 하면 호적에 올려줬대요.

한국의 해외 교포가 750만 명을 넘는다고 들었는데, 민족의식이 가장 강한 교포들은 재일교포들이라고 생각해요. 그것은 이들이 일본에서 겪은 불행한 경험 때문이라고 여깁니다. 마음 아픈 것은 이분들이 현지에서 본국의 분단을 재생하고 있다는 것이죠. 우리 민족이 통일을 할 역량이 있다면 재일교포들 사이에서 먼저 화해가 이뤄져야 하지 않을까 하는 생각이에요. 저의 재임 기간 중 민단과 조총련이 앞으로 분열과 갈등을 지양하고 화해와 협력을 하겠다는 선언을 한 일이 있어요. 현지 언론에서 이것을 대서특필했죠. 본국에서는 별 관심이 없었지만요. 불행히도 오래가지 못하고 화해가 깨졌어요. 저는 화해를 추진한 분들에게 실패했다고 생각하지 말고 한 번 성공했다고, 그리고 앞으로도 계속 노력하겠다는 생각을 하시라고 권했습니다. 그 외에도 총련 측 인사들과도 개인적으로 친밀히 지냈어요. 자녀들 결혼 중매도 하고 주례도 섰어요. 총련 학교 방문도 하고 같이 식사도 하고요. 또 총련 학교 출신을 대사관 직원으로도 채용했죠. 개인적으로는 모두 친하게 지낼 수 있는 분들입니다. 가정에 경조사가 있으면 지금도 참여합니다. 제

한국의 발견

가 총련 학교를 방문해 식사도 함께한 적이 있기에 후일 제가 우석
대 총장을 할 때 그 학교 교사분들을 초청했는데 올 수가 없다고 하
더라고요. 정치적 상황 때문에 그렇다고요. 그래서 제가 짐짓 화를
내고 나무랐어요. 같은 민족끼리 서로를 방문하는 것도 정치 문제
인가 하고 꾸짖었는데 매우 민망해하더라고요.

제가 관심을 기울였던 문제 중 하나가 총련계에서 운영하는 학
교들이었어요. 역시 '정치' 때문에 어려운 문제가 많았지만 그래도
국어 같은 민족적 교육에 기여한 바도 큽니다. 그런데 대개 경영이
어려웠어요. 이 학교들에 재정 지원을 하는 계획을 수립했는데 평
양 측에서 맹렬히 공격하는 바람에 어리둥절했습니다. 사정을 듣
고 보니 북한 정권은 우리의 재정 지원으로 자기들 영향력이 약화
될까 봐 두려웠던 모양이에요. 평양에서는 지원하려면 자기들을
통해서, 말하자면 돈을 자기들에게 먼저 주어야 한다고 주장했어
요. 세상에! 매사가 정치입니다!

일본에서 가장 훌륭한

**라종일은 일본에서 가장 훌륭한 정당을 어디로
꼽았을까. 답은 살짝 의외다.**

〈아카하다赤旗〉라는 일본의 공산당 기관지
가 하나 있습니다. 그런데 〈아카하다〉가 주재원을 한국에 보내지

못합니다. 그리고 일본 중의원에도 공산당 멤버가 있는데, 한일의
원친선협회에 들어가지 못해요. 한국 측에서 공산당 기관지나 의
원이 들어오는 것을 반대해서입니다. 제가 노무현 대통령께 그런
제한들을 풀어주자고 말씀드린 적이 있습니다. 의원도 들어오고
기관지 주재원도 서울에 둘 수 있도록 말이죠. 일본 신문들 중에서
한국 편을 제일 잘 들어주는 데가 바로 〈아카하다〉입니다. 그곳은
들어오지 못하는데 '세월호 7시간' 기사를 냈던 〈산케이신문産経新
聞〉 같은 데는 다 들어오지 않습니까? 어쨌든 노무현 대통령이 저
더러 좋은 생각이라고는 하면서도 정치적으로 부담이 되었는지 실
행에 옮기지는 못하더라고요. 〈아카하다〉 지부가 워싱턴에도 있고
베이징에도 있는데 한국과 북한에만 없어요. 일본 공산당 당수가
북한을 비판하고 그러니까요.

일본 공산당은 의회주의 정당이고, 아마도 일본에서 제가 보기
에 제일 훌륭한 당이에요. 국고보조금도 받지 않고, 공산주의 아이
디어에 충실하죠. 비극적인 점이 실제로 공산주의를 한다는 데는
공산주의가 아니잖아요. 중국이나 북한을 보면 그렇죠. 마르크스
가 만약 북한을 보면 깜짝 놀랄 거예요. 오히려 사회복지를 기준으
로 놓고 생각하면 일본에 사회주의적인 면이 더 많다고 할 수 있습
니다. 일본은 특히 노인복지가 잘 되어 있어요. 하긴 북한은 우리식
사회주의를 한다면서 마르크스를 계승한다는 부분을 벌써 없애버
린 나라죠.

아무도 평양에 가자고 하지 않는다

사이 나쁜 이웃 북한은 오랫동안 어려운 상황에 처해 있다. 해외 북한인들의 태도에서도 그것이 드러난다는데.

북한 사회가 김일성 사후 여러 문제에 봉착했다는 사실은 잘 알려져 있습니다. 그런데 사실 북한은 그전에도 마찬가지였어요. 김일성 말기에 이미 경제는 망가져 있었던 셈이죠. 당시 김정일이 김일성에게는 실상을 숨겼다고 합니다. 김일성은 현실과 너무 동떨어진 엉터리 지시를 하곤 했다고 들었습니다. 이를테면 "아이들에게 과자를 충분히 먹여라" 같은. 현실은 사람들이 굶어 죽고 있는데 말이죠. 문고리 권력이라고 흔히 말하는 그것과 그 외 모든 통제를 김정일이 완전히 틀어쥐고 있었던 것입니다. 마지막에 핵 위기가 나면서 김일성이 상황을 인식했다고 해요.

박정희 정권 시절 제가 러시아, 당시에는 소련을 다녔는데요. 거기에 가면 북한 사람들이 와서 매일같이 만나자고 귀찮게 하거나 협박하면서 못살게 굴고 그랬어요. 평양으로 가자면서 저를 어르다가 어떨 때는 여기가 어디라고 기어들어왔냐면서 욕하고요. 그러다가 또 다음 날에는 "교수 동무, 그러지 말고 가봅시다. 평양에 한번 가봅시다!" 이래요.

지금은 반대로 되어서 외국에서 북한 사람들이 남한 사람들을 될 수 있으면 안 만나려고 합니다. 그런 걸 보면 과거와의 차이가 느껴져요. 북한에서는 처벌 강도도 매우 심하죠. 그렇게 해야 체제를 유지할 수 있다고 생각하나 봐요. 그게 오히려 탈북자를 양산하고 있다는 걸 북한 당국은 잘 모르는 거죠.

21대 총선에서 태영호 씨가 국회의원이 되었죠. 저는 긍정적이라고 생각해요. 태영호 씨만이 아니라 다른 탈북자들이 의원으로 국회에 진출하면 그것도 통일에 기여하리라고 봅니다. 남한에 와서 반북 언사만 하지 말고 북한 측 입장 같은 것도 이야기하고요. 어렵겠지만 가능한 대로 북한 인민이나 정부의 사정도 대변할 수 있지 않겠습니까? 북한 정권이 작은 반대도 허용하지 않으니 남한에서라도 야당이 있어야 한다고 생각할 수 있습니다.

탈북자가 남한에서 영원한 난민이나 이민자 취급을 받는 게 아니라 국민의 한 사람으로 활동할 수 있어야죠. 그 반대도 생각해볼 수 있겠죠. 남한 인사들이 북한에 가서 활동하는 거예요. 국회의원의 특별한 점이 뭐냐면, 자기 권력 기반을 원칙적으로 자기가 만든다는 거예요. 대통령이 임명해서 임명권자의 호의로 권력을 누리는 게 아니라, 선거에 나가 국민의 지지를 받아서 권력을 얻는 것이죠. 형식적으로라도 아무튼 자기 권력을 자기가 만드는 것이 국회의원이에요. 그렇다면 의미가 있어요.

일부 진보 지지자들 사이에서는 태영호 씨가 간첩 아니냐는 주장이 나오는데.

그렇게 말하는 사람이 혹시 간첩 아닌가요?

지금 북한이 내 뺨을 때렸다

북한도 한때는 대외 이미지가 좋았다. 세계 무대에서 잘나가던 북한 외교는 왜 몰락했을까.

북한도 한때 국제주의를 표방했습니다. 그러나 이제는 국제주의는커녕 거의 인종적인 민족주의를 주장하지요. 북한은 1970년대까지만 해도 외교 분야에서 우리를 압도하는 면이 있었어요. 외교 영역에서 남북 사이에 각축이 있었는데 우리가 열세였어요. 특히 비동맹 국가 영역에서 그랬지요. 제가 아웅산 테러 사건을 《아웅산 테러리스트 강민철》이란 책에서 상세히 다루었는데, 당시 버마에서 네윈Ne Win이 혁명을 일으켜 대통령이 되었다가 임기가 끝나고 물러나면서는 자기 대리인 하나를 앞에 세우고 본인은 뒤에서, 말하자면 상왕 노릇을 했어요. 그러니까 전두환 대통령은 네윈과 친분을 쌓아 경험을 전수받은 뒤 본인 영향을 임기 이후에도 이어가보려는 목적으로 버마 일정을 대통령 순방 일정에 끼워 넣었다고 합니다. 이 사건으로 북한은 국제사회에서 비난을 받기 시작하죠.

아웅산 테러 사건으로 격노한 네윈은 외교관계 단절만이 아니라 북한의 국가 승인까지 취소해버렸어요. 버마 외교관들이 국가 승인을 취소하는 건 국제법에 없다고 그랬더니 네윈이 버럭 화를 내면서 말했대요. "지금 북한이 내 뺨을 때린 거나 마찬가지다. 내 손님을 죽이려고 내 뺨을 때렸는데 무슨 외교고 뭐고 있나."

제가 보기에는 그때부터 북한이 외교적으로 퇴조하기 시작한 게 아니었나 싶습니다. 경제적 문제도 물론 있었지만 해외 테러가 결정적이었어요. 국제사회에서도 모두가 인정하는 것을 북한은 자기들 소행이 아니라고 아직까지 우기고 있지만요. 김일성은 이를 인정하면서 늘 하던 식으로 "일부 몰지각한 맹동분자의 소행"으로 돌리자고 했는데 김정일이 반대했다고 하더라고요.

서울은 불타고 있는가

1994년 북핵 위기는 대한민국 최후의 사재기 사태로 추억된다. 지금은 코로나 사태에도 사재기가 일어나지 않는다며 외신은 한국을 신기하게 여긴다는데. 코로나보다 더한 패닉을 안겨주었던 핵전쟁 위기의 정체는 무엇일까.

김영삼은 자서전에서 말하기를 당시 미국이 전쟁을 일으키려고 해 본인이 호통을 쳐서 막았대요. 그런데 미국 관리들의 말은 다릅니다. 카터Jimmy Carter는 자신이 전쟁을 막았다고 합니다. 김대중은 또 카터를 북한으로 보낸 것이 자기였다고 하고요. 나중에 취소했지만.

사실 당시 북미 모두 전쟁을 바라지 않았어요. 그 이야기를 다름 아닌 클린턴Bill Clinton에게 들었죠. 노무현 대통령이 몇 번 저에게 미국이 그때 진짜 전쟁을 하려고 했는지 물었어요. 그래서 제가 간단하게 답할 문제가 아니니 클린턴 방한 때 직접 물어보시라고 했죠. 클린턴이 방한해 오찬을 같이하는데 노무현 대통령이 그 질문을 가장 먼저 하더라고요. 클린턴 말에 따르면, 전쟁을 하느냐, 안 하느냐는 부차적인 문제였고, 전쟁을 할 수 있는 카드가 교섭의 조건이 되어야 한다는 것이었대요. 북한은 그때 전쟁이 날까 봐 오히려 긴장하고 있었고요. 물론 미국 입장에서도 전쟁을 해서 얻는 게 딱히 없으니 될 수 있으면 하지 않으려 했어요. 하지만 핵무기는 막아야 했고, 그 결과가 '제네바합의'였죠.

북한의 제일 큰 무기는 폭력으로 너희를 못살게 할 수 있다고 위협하는 것이에요. 사람들 대부분이 남에게 필요한 서비스를 제공한다든지, 남에게 필요한 물건을 만들어주면서 살잖아요. 그런데 그러지 않고도 잘사는 사람들이 있습니다. 마피아입니다. 마피아는 남을 못살게 하는 능력이 있거든요. 북한이 우리에게 필요한 것을 제공해주지는 않습니다. 하지만 불바다로 만들 능력은 있어요.

경제발전으로 정부 외적인 영역이 성장하면, 그전처럼 마냥 억누르며 통치할 수 없다는 것이 박정희의 역설이었죠. 이것은 북한의 딜레마이기도 해요. 장성택이 숙청당한 이유 중 하나도 그것이 아니었나 합니다. 장성택은 기회가 있을 때마다 개혁 개방을 통한 경제발전을 주장했거든요. 중국 공산당이 아직까지 잘 유지되고 있으니 중국처럼 해보자는 것이었죠. 하지만 그런 식으로 경제가 발전하다 보면, 해외 정보에 국내가 노출되죠. 그렇게 되면 노동당은 설령 집권을 이어나갈 수 있을지 몰라도 김씨 정권은 유지되기

가 힘들 것입니다. 많은 사람이 북한 김씨 정권의 이런 딜레마를 과
소평가하고 정상적인 국가처럼 개혁 개방을 시키려고 합니다. 김
일성은 처음부터 국민이 경제적으로 여유 있게 사는 것이 국가, 곧
자기 권력에 이롭지 않다고 생각했어요.

분단비용을 계산해봅시다

**동족의식은 희박해지며 통일비용에 대한 우려
는 커지고 있는 상황에서 통일정책은 어디로
가야 할까. 햇볕정책 입안자이기도 한 그에게
물었다.**

저는 그 '동족의식'이라는 말이 다소 거슬
립니다. 단지 같은 민족이라고 해서 억지로 친하게 지내야 한다는
게 납득하기 어려워요. 특히 하나의 민족이라는 것을 자신들의 정
치적 목적에 이용하려는 상대라면 더욱 그렇지 않겠습니까? 나와
기질이며 가치관이며 여러모로 맞지 않는데도 가까운 친척이나 형
제라고 해서 반드시 함께해야 할까요?

통일비용 문제는, 첫째로 통일비용이 내 주머니에서 나갈 상황
은 적어도 몇십 년 안에는 오지 않을 테니 그런 염려는 하지 않아도
되고, 둘째는 통일비용이 그렇게 부담된다면 분단비용은 생각해보
았는지 묻고 싶습니다. 단지 돈의 문제만이 아닙니다. 남한과 북한

을 막론하고 가장 지적으로, 육체적으로 활발하고 생명력 넘치는 시기의 젊은이들이 군대라는 곳에 가서 황금같이 귀중한 시간을 보냅니다. 또 우리는 무기 구입하느라 돈을 쓰고, 북한은 무기 개발에 매달리며 사람들이 영양실조가 되든 말든 내버려두고 있죠. 핵무기를 개발하는 사람들의 두뇌만 해도 너무나 많은 지적 손해를 입고 있어요. 무기는 시간이 지나면 고철 덩어리일 뿐인데요. 이런 것이 모두 분단비용입니다. 사회적인 비용, 인간적인 비용들 모두 함께 생각해야 합니다.

다른 한편으로 현 상황에서 통일이 되는 건 큰 재앙입니다. 지금 남한 안에서도 서로 싸우느라 야단인데 북한까지 포함되면 사회 혼란이 우리가 감당할 수 있는 선을 벗어나요. 공동의 삶을 관리할 축적된 경험과 능력이 있는가를 봐야죠. 현재로서는 남북한이 서로를 위협하지 않고 평화를 유지하면서 가능하면 화해, 교류, 협력을 하는 게 최선일 거라 생각합니다. 두 나라 모두 지금은 통일할 능력도 그 뒤를 관리할 여력도 없기 때문에 억지 통일을 한다면 양측 모두 불행한 결과를 맞지 않을까 싶어요.

통일은 요원하다 해도 북한과 교류하고 협력할 수만 있다면 그것은 좋은 일입니다. 하지만 그 모든 행동에 큰 의미를 부여하거나 큰 야심과 뜻을 품고 교류하는 것은 그만두었으면 좋겠어요. 이솝 우화에 나오는 것처럼 따뜻한 햇살을 비추어 남의 외투를 벗기듯 통일을 하겠다고 하면, 외투를 벗긴 다음 햇살이 사라지면 어쩌려고요. 그런 거창한 생각들은 부디 하지 말고, 식량이 모자라서 사람들이 굶으니까 도와주고, 또 병원이 없고 약도 없으니까 도와주고,

젊은이들에게 교육 기회가 없으니 만들어주는 것 같은, 지금 우리가 할 수 있는 일을 하는 게 어떨까 합니다. 말하자면 통일을, 그 과정이나 결과를 정치적인 문제가 아닌 구체적인 사람의 문제로 생각하자는 것입니다.

우리는 한민족

라종일의 지도 아래 남과 북이 영국에서 하나 된(?) 이야기.

한때 유럽에서 한국 하면 떠오르는 게 한국전쟁과 1966년 월드컵에서 북한의 8강 진출이었어요. 제가 그분들을 만날 기회가 있었어요. 8강 신화의 그 선수들을 말이죠. 노인이 다 되었더라고요. 이빨이 빠진 분들도 있었고요.

1966년 월드컵이 영국에서 열렸는데, 스코틀랜드의 어느 마을 하나가 선수들의 호스트 역할을 해줬어요. 당시 북한은 대사관도 없었으니 그런 도움이 절실했을 거예요. 저와 가깝게 지내던 쿡 Frank Cook이라는 노동당 좌파 국회의원이 있었는데 그분 선거구가 바로 그 마을이었습니다. 그분은 북한에 가서 김일성도 몇 차례 만났다고 합니다. 이분이 뒤에 저의 권유로 김정일에게 핵무기 개발을 그만두라는 서신도 보냈어요. 그 의원이 주동해서 여비를 다 감당하기로 하고 그 전설적인 북한 선수들을 영국으로 초청했어요.

그분들과 함께 옛날 회상도 하고 영국 이곳저곳을 구경도 시키려는데 북한 대사가 영국에 없으니까 영국 사람들이 뭣도 모르고 저에게 부탁을 하더라고요. 그래서 제가 그 선수들을 데리고 참 재미나게 이곳저곳 다녔어요. 그들은 북한에서 고생한 흔적들이 역력했지만, 역시 스포츠맨들이라 그랬는지 아주 활발하고 화통했어요. 선수들을 위한 파티 같은 게 열리면 사람들이 다 제가 북한 대사인 줄 알고 손을 흔들어 인사를 하고, 연설할 차례가 오면 제가 대신해서 연설도 하고, 참 재미있었죠.

외교관은 필요한 경우 자신의 판단으로 북한과 접촉해도 된다는 규정이 있단다. 라종일에게 거짓말하지 말라며 트집 잡는 사람도 없었다고.

이후에도 북한 사람들을 만날 기회가 적지 않았는데, 런던에 국제해사기구IMO라고 중요한 국제기구가 있어요. 거기 2년에 한 번씩 열리는 전체대회 의장을 제가 했어요. 그곳에 북한 상주 관리가 세 명 있었습니다. 외교부 리셉션 같은 데에서 런던에 상주하는 북한 대표들을 만나는 일이 있었어요. 한번은 리셉션에 갔더니 문간에 북한 외교관 세 명이 보였어요. 그분들이 웬일인지 입구에서 서성대더라고요. 그래서 제가 같이 들어가자고 했죠. 그래서 같이 가는데 문 앞에서 영국 외교부 차관이 인사를 하기에 제가 그분께 "한국과 북한이 통합되어서 제가 그 대표를 맡아 지금 같이 왔습니다" 그랬죠. 그분은 그걸 진짜로 믿고 정말 잘됐다고 축하를 해주더라고요. 북한 사람들은 뒤에서 아니라고 말도 못하고 우물쭈물하고 있었고요. 윗선에 보고하면 일이 커져 자기네가 혼나니까 그냥 대강 넘어가는 것으로 묻어버리는 게 나았겠지요.

후에 들었지만 북쪽 외교관들이 저 때문에 무척 고생을 했대요. 저는 그분들 보면 얼른 가서 친하게 말을 거는데, 만일 거기에 네 명이 있어서 그 네 명과 다 이야기를 나눴다면 저랑 무슨 이야기를 했는지 네 명 모두 보고서를 작성해 제출해야 한대요. 그런데 내용이 일제히 똑같아야 하고 혹시나 누가 달리 써내면 이 사람은 이렇게 썼는데 왜 당신은 내용이 다르냐 하면서 아주 혼이 난다는군요. 해외에서 어렵게 만나 반가웠을 뿐 그렇게 고생시킬 생각은 아니었는데.

완성되는 근대

룰과 파트너

지난 150년간 한국인들의 과제였던 근대화. 라종일은 근대화의 키워드 하나를 시빌리티, 곧 타인에 대한 존중에서 찾았다. 스포츠의 '룰' 과 '파트너'라는 용어에서 그것이 엿보인다.

스포츠의 발달 역사를 보면 재미나게 느껴지는 부분들이 있어요. 일단 공이라는 도구가 그래요. 근대 이전의 스포츠는 전투에서 비롯된 것이 많았는데. 점차 구기같이 전쟁과는 상관이 없는 운동이 등장합니다. 중세의 마상 창 시합이나 현대의 권투 같은 종목은 상대를 해치는 싸움 개념이잖아요. 반면 테니스나 골프 같은 건 남을 해치는 개념이 아니죠.

스포츠에서 도구보다도 중요한 것은 '룰rule'입니다. 무슨 수를 써서라도 상대를 이기면 되는 게 아니에요. 상대하고 자신, 심판, 관중까지 모두가 인정하는 룰 안에서 공개적으로 승부를 겨뤄야 합니다. 공개된 룰에 따라 승자와 패자가 결정되고, 진 사람은 이긴 사람에게 축하를 해주죠. 승자는 이겼다고 해서 상대를 조롱하거나 모욕한다거나 하지 않아요. 근대, 특히 19세기 스포츠의 발달사를 보고 있자면, 민주 국가의 권력투쟁도 같은 모습으로 발전한 게 아닌가 하는 생각이 듭니다. 여기서 가장 중요한 것이 룰을 지킨다는 것입니다. 제가 정치세계에 들어가서 제일 감동받았던 경험이 그것이었어요. 앞서도 잠깐 언급했지만, 1997년 12월 19일 저녁, 개표가 한밤중까지 이어지다가 자정에 다다랐을 때 단 1점 몇 퍼센트 차이로 DJ가 승리했다는 게 확실해졌어요. 그때 이회창 씨가 보낸 축하 화환이 우리에게 도착했죠. 바로 그 순간 저는 무한한 감동을 받았습니다. 드디어 이 나라 정치가 죽기살기로 싸워서 권력을 잡으면 상대를 없애려 드는 전투의 시절을 지났구나, 상대방을 파트너로 대접하는 게임으로 바뀌었구나, 싶었거든요.

한번은 대선 기간 중 여름이었는데 우리 측이 열세였던 어려운 시기였죠. DJ가 점심 먹으러 가자고 해서 서너 명이 함께 갔는데, DJ가 우리를 웃기느라고 자기가 이회창보다 유리한 조건이 하나 있다고 하더군요. 당시 이회창에게 굉장히 밀리는 상황이었거든요. 우리는 귀가 번쩍해서 뭐냐고 물었죠. 그랬더니 만약 개표를 해서 둘이 동수가 되면 자기가 이긴대요. 선거법에 나와 있는데, 후보의 득표가 동수이면 나이 많은 사람이 당선된다고 하더라고요. 그래서 모두 웃었지만 저는 그게 좋은 예라고 생각했어요. 그게 룰이에요. 지고 나서 왜? 하고 규칙을 따지면 안 돼요. 나이 많은 사람이 왜 되는 것이냐, 나이가 하나라도 적은 사람이 되어야지 하고 우길 수도 있겠지요. 하지만 일단 룰이 정해졌으면 선수는 지켜야 해요. 룰을 문제 삼으면 게임이 안 돼요.

옛날에는 이런 룰 따위 다 무시하고 권력을 잡았어요. 서양 속담에 전쟁과 연애에는 규칙이 없다, 이기는 놈이 그저 이기는 것이다, 뭐 이런 말이 있어요. 하지만 근대화라는 것의 한 면은 룰을 생성하고 지키는 과정입니다. 룰을 무시하고 근대적으로 살 수는 없어요. 한때 정치학자 칼 슈미트Carl Schmitt가 정치란 적을 정의하는 것이라고 주장했어요. 그런데 민주사회에서 상대방은 적이 아니라 파트너가 되어야 합니다. 물론 민주사회에도 적은 있어요. 그 적을 아주 잘 정의한 사람은 루스벨트 대통령이었습니다. 유명한 네 가지 자유에 관한 연설에서 그는 인류 공통의 적을 어떤 계급이나 종족 같은 특정 집단이 아닌 "결핍" "공포" 그리고 "신앙이나 언론의 자유를 막는 것"으로, 말하자면 추상적인 개념으로 정리했어요. 이것은 매우 중요한 혁명적인 발전이라고 생각합니다.

북한과 우리는 파트너가 될 수 있을까요? 제한적으로 경제 교류나 관광 같은 걸 같이 한다면 파트너로 생각할 수 있을 것도 같아요. 그렇지만 한계가 있겠지요. 저는 북한의 실패가 경제가 아니라 정치 때문이라고 봐요. 정치권력을 잡고, 또 권력을 물려주는 방법이 사람들이 다 인정하는 룰에 따라 진행되어야 하는데 북한은 그것에 실패했어요. 그러니까 김일성은 자기 파트너가 될 만한, 경쟁자가 될 만한 사람을 모조리 숙청해버렸지요. 제도적인 절차에 따라 경쟁하는 과정이 전혀 없이 자기 아들에게 물려주었고요. 백성들에게 이 과정을 설득시키려면 지도자를 전설적인 인물로 포장해야 하는데, 정치적으로 이게 참 위험한 일입니다. 영웅다운 모습을 유지하려면 늘 외부의 무서운 적과 맞서 싸워 이겨야 하니, 평화가 오히려 감당하기 어려운 적일 수 있어요. 북한에서는 정권 하나를 지키려고 너무 많은 것을 희생한 셈이 되었죠. 지난 세기 가장 심한 전체주의 국가들도 지금의 북한보다는 형편이 나았다고 생각합니다.

북한 영웅담의 귀결은 자기네 식으로 살고 통일하는 거라고 생각해요. 궁극적으로는 영웅적인 리더십을 증명해야겠지요. 학자들의 지적과 같이 영웅적인 리더십은 한시적인, 특별한 혹은 위기의 시기에 국한되고, 이것이 정규적인 제도화된 리더십으로 정착해야 안정이 되는 것입니다. 그런데 북한의 리더십은 지속적으로 영웅적인 지도자, 그것도 천출의 천재적 전쟁 지도자여야 합니다. 그래서 북한은 핵무기를 필요로 합니다. 알고 보면, 북한 정권의 제일 큰 위협은 북한 주민들이에요. 모든 정보를 완전히 차단하기 위해 자기 국민이 남한 영상물 하나를 봐도 처벌하고, 방송을 들어도 처벌하지 않습니까? 북한의 인권 탄압 중에서 제일 나쁜 게 지적·정서적 박탈이에요. 전 세계 사람들이 다 BTS 음악을 듣고 즐기는데, 북한은 그것이 무슨 큰 죄라도 되는 양 못 듣게 하잖아요. 그렇지만 통치하는 계층은 마음대로 해외 문화를 향유하고요.

그럼, 제 눈을 뽑겠습니다

파트너가 되기는 어려운 북한. 북한과의 갈등은 어떻게 해결해야 할까? 여기서 라종일은 갈등의 단계에 관한 이론을 힌트로 제시한다.

정치에서 갈등은 특히 상시적입니다. 그리고 그 갈등은 사람 사회에서 불가피하고 불가결한 것이기도 합니다. 예술작품이 갈등 요소 없이 만들어지는 게 가능합니까? 갈등에는 여러 차원이 있어요. 구별, 차이, 대립, 모순…. 가장 심한 경우를 저는 '초모순' 단계라고 부릅니다. 자기가 희생되더라도 상대에게 피해를 입히려고까지 하는 단계죠. 러시아 민담에 이웃을 장님 만들기 위해 자기 눈 하나를 빼어달라고 한 농부 이야기가 있어요. 대강 이런 이야기입니다. 예수님이 세상에 나와 돌아다니면서 인심을 봐요. 어떤 농부 집에 갔더니 극진하게 대접을 해줬대요. 떠나면서 예수님이 "소원이 있으면 말해라. 내가 사실은 하나님이다. 네가 달라는 것을 주마. 그런데 네 윗집에는 네게 해준 것의 두 배를 주겠다" 그랬더니, 농부는 고민이거든요. 윗집 놈이 참 미운데 아무것도 안 하고 자기보다 두 배를 더 받으니까요. 농부는 한참 생각하더니 제 눈을 하나 빼달라고 그러더래요. 이것이 제가 말하는 초모순, 곧 'Super Contradiction'입니다.

갈등은 그것을 어떻게 관리하는가에 따라 발전의 동력이 되기도 합니다. 하지만 상대를 적으로만 여기고 갈등을 무한히 고조시키면 불행한 결과를 초래할 수 있어요. 그러니까 갈등은 일정한 수준에서 관리되어야 해요. 그리고 갈등을 잘 관리하면 좋은 결과를 가져올 수 있습니다. 정부에서 일할 때 남한의 비약적인 발전은 어떤 면에서 북한과의 갈등을 발전을 위해 좋은 방향으로 관리한 결과라고 이야기한 적이 있어요.

"북한하고 우리가 갈등이 있다는 것은 좋을 수도 있고 나쁠 수도 있다. 그러니까 좋은 방향으로 갈등을 해결하는 방법을 강구해보자. 그 갈등 자체보다는 그 갈등을 어떻게 해결할지 생각하자. 갈등이 없다고 무시하는 것은 현실적이 아니다. 이 갈등이 양측에 모두 좋은 방향으로 작용할 수 있어야 한다. 우리의 통일정책과 평화정책은 그러면서 남북 공동의 이익을 추구하는 것이다."

말은 그렇게 했는데 얼마나 납득이 되었는지 몰라요. 가령 북한이 붕괴한다면 이건 정말 초모순 단계로 올라가는 거예요. 북한은 그것에 대항할 전략이 있어요. 전략이라기보다 차라리 비전략이라고 해야겠습니다. 1994년 핵위기 때 김일성이 군 수뇌부를 모아놓고 미국과 전쟁을 할지도 모른다, 전쟁을 하면 어떻게 되겠느냐고 물었대요. 그랬더니 수뇌부가 다들 북한이 이긴다고, 걱정 없다고 그랬대요. 김일성은 정말 좋은 말들인데 '혹시' 북한이 지게 되면 어떻게 하겠느냐고 다시 물었대요. 그랬더니 대답들을 못 하더래요. 그런데 김정일이 나서서 이렇게 말했대요. 만일 북한이 지게 된다면 전 세계를 다 없애버려야 한다고. 그래서 김일성에게 칭찬까지 받았다고 합니다. 어떤 아버지가 그런 소리 하는 아들을 칭찬할까 싶어요. 어쩌면 회의 참가자들의 충성심을 떠보고 퇴로는 없다는 배수진의 결의를 다지기 위해 부자간에 미리 이야기를 나눈 것인지도 모르지만. 이 말을 동판에 새겨 기념하고 있다고 들었습니다. 실은 나치 독일의 히틀러도, 제국 일본의 군부도 자기들이 패망하면 모두가 함께 죽기를 바랐을 것입니다. 사실 정치 현실에서 갈등이라는 것을 어떤 좋은 단계에서 수습하는 것이 아니라 초모순 단계까지, 자기 눈을 하나 빼서라도 상대를 장님 만들겠다는 지경까지 몰고 가는 경우가 참 많아요.

국내외 일부 인사들이 북한 정권이 붕괴하면 북한 핵무기 문제는 물론 통일도, 평화도 이루어지리라 기대하는 것을 보면 황당한 느낌입니다. 북한 정권이 그렇게 붕괴할 일도 없겠지만 그런 일이 일어나면 엄청난 위기 아니겠어요? 그런 것을 관리할 역량이나 준비는 어디에서도 볼 수 없습니다. 저는 북한이 무정부 사태에 빠지는 경우 적어도 세 가지 위기가 닥친다고 보는데, 누가 자신 있게 이를 관리할 수 있는지 물었어요. 그 세 가지는 민생 위기, 군사적 위기 그리고 국제정치적 위기입니다. 아직 제대로 된 답변은 듣지 못했습니다.

통일에 관한 전망은 우리를 너무 안타깝게 합니다. 강대국들이 약소국을 분할한 경우는 역사에 많이 있습니다. 잘 알려진 것이 폴란드의 분할입니다. 18~19세기에 오스트리아, 프러시아, 러시아에 의한 삼국 분할, 그리고 1939년 스탈린과 히틀러의 밀약에 의한 분할입니다. 그리고 1차대전 이후 오스만제국의 영토 중동을 러시아의 동의 아래 영국과 프랑스가 자기 세력권으로 나눈 사이크스피코협정 같은 것이 있고요. 모두가 악명이 높은 강대국 행세들이었습니다. 그러나 세계사 어디에도 어느 나라를 일직선으로 분할한 경우는 1945년 한반도 말고는 없습니다. 하루아침에 함께 살던 동네, 일가친척, 친구, 가족이 하나의 직선으로 절단되어버린 것입니다. 당연히 통일이 우리 민족의 가장 중요한 과제로 등장했습니다. 〈우리의 소원은 통일〉이란 노래도 있지요. 안타까운 일입니다.

그러나 노래를 부르면서 다짐하는 것과 통일을 이루기 위한 현실적인 노력은 다른 차원입니다. 우리는 우리를 하루아침에 분단한 힘에 대해 충분히 생각해보았을까요? 그리고 이것을 극복하기 위해 어떤 노력과 준비가 있어야 하는지 생각해보았을까요? 우선 통일이라는 것부터 그것이 어떤 것이어야 하는지 심각한 고려를 해보았을까요? 통일은 같은 민족은 반드시 하나의 국가를 이루고 살아야 하기 때문에 해야 하는 겁니까? 그리고 우리가 생각하는 민족과 북한 정권이 생각하는 민족은 같은 것입니까? 통일은 우리가 지향하는 이념의 실현입니까? 말하자면 자유민주주의를 한반도에 실현하는 것이 통일일까요? "유일사상 10대 원칙"을 실현해 한반도가 "위대한" 지도자의 영도 아래 들어가는 것이 통일일까요? 아니면 통일은 그저 기능적인 혹은 경제적이거나 군사적으로 강한 나라를 건설하기 위한 전략인가요? 혹은 환상지현상phantom limb syndrome 같은 것에 불과할까요? 그것도 아니면 권력을 장악한 사람들의 현장부재증명, 곧 알리바이 같은 것인가요? 말하자면 지도자들이 그것이 현실에서 불가능하다는 것을 알고 있으면서도 부단하게 통일을 하겠다고 함으로써 자기의 존재를 정당화하는 구실일까요? 때로 '한반도기'를 볼 때마다 참담한 느낌을 지울 수 없습니다. 수많은 희생과 고통을 겪고 마침내 이룩한 정치적 기획의 상징이 땅덩어리 지도밖에는 없는 것인가 싶거든요.

지난 세기 중반 통일 독립국가를 건설할 기회가 주어졌을 때 우리는 토인비Arnold Joseph Toynbe의 밉살맞은 예언대로 나라를 가르고 전쟁까지 치렀습니다. 만약 이제라도 통일의 기회가 주어지면 이번에는 그렇게 하지 않을 수 있을까요? 우리 눈 앞에 펼쳐진 남북한의 정치 현실을 직시하면서 생각해봐야 할 문제입니다.

가장 먼저 통일을 위해서는 좀 차분해져야 합니다. 통일에 이를 능력만이 아니라 통일이 된 후 그것을 관리할 능력이 있는지, 왜 통일이 그렇게 절실하면서 또 가능하지 않은지 고찰해봐야 합니다. 현재 남북한 간의 문제는 뜨거운 가슴만으로 혹은 위대한 정치 지도자들의 천재적인 능력만으로 해결되기 힘듭니다. 남북한 문제에 관해 얼핏 떠오르는 이미지가 하나 있습니다. 이중섭이 1952년 그린 〈꼬리가 묶인 채 서로 죽이려는 야수〉입니다. 두 짐승은 사람의 얼굴을 하고 있습니다. 손에 흉기를 들고 있는데 꼬리가 묶여 있어서 싸움을 그만두고 달아날 수가 없죠. 남북한 문제가 왜 그렇게 어려운가 살펴봅시다. 근본적으로 이 싸움은 정체성에 관한 다툼입니다. 누가 한민족인가 하는 것에 관한 갈등이죠. 사람에게 있어서 가장 큰 위기는 정체성을 박탈당하는 것인데요. 적어도 현 상황에서 한쪽이 죽기 전에는 해결될 수 없는 문제입니다.

둘째로는 북한의 실패입니다. 북한은 창대한 시작과 달리 점점 더 움츠러들어 '위대한 지도자'나 '핵무기' 말고는 이제 내놓을 게 없습니다. 동북아시아의 거의 모든 나라 국민이 해외여행을 다니고 있는데, 북한은 저임금으로 노동자를 수출하고 있을 뿐이죠. 옛 동독과 비교해도 큰 차이가 납니다. 북한이 어느 정도라도 국제 사회의 떳떳한 일원으로 정상적인 교류와 협력이 가능한 나라라면 통일에 대한 전망은 훨씬 밝지 않겠습니까? 자신이 없는 상대와는 정상적인 교류와 협력이 어렵습니다. 게다가 한반도는 결정적인 순간에 네 강대국의 이해관계가 얽히는 곳입니다. 이들의 관심과 정책을 순통일적으로 조정하기 위해서는 엄청난 외교 능력이 필요하지요.

마지막으로는 남북한 지도자들을 포함한 유력 인사들의 인식입니다. 역사적으로 중요한 변화는 소수의 능력과 노력으로 이뤄지지 않았습니다. 표면적으로 그렇게 보일 뿐이죠. 큰 변화는 수백, 수천만 사람들의 마음이 움직이는 것에서 시작합니다. 민심이 결국 천심이지요. 정치 지도자들은 자신들의 훌륭한 리더십으로 역사적인 업적을 이룩할 수 있다고 믿기 쉽습니다. 지도자도 물론 중요해요. 그러나 민심의 흐름을 크게 앞서나가는 혹은 거스르는 업적은 이룰 수 없습니다. 지금 상황에서 지도자들의 한두 차례 회담으로는 통일은 물론 화합과 평화조차 이루기 어렵습니다. 그런데도 지도자들은 이를 모른 체하며 현실에 크게 앞서가는 성취를 이룩하려 하겠죠. 이것은 오히려 환멸과 실망을 남기기 쉽습니다. 그보다는 오랜 기간에 걸쳐 참을성 있게 작은 실적들을 쌓아가야 합니다. 중요한 것은 극적인 정상회담이 아니라 작은 교류와 협력 그리고 특히 의사와 정보의 소통이에요.

내가 아무것도 아닐 리 없어

실로 지금 세계정세를 봐도 그렇다. 트럼프도 갈등 전략을 선호했고, 그 밖의 강대국 지도자들 역시 다른 나라와 좋은 관계를 이어나가기보다 국익을 구실로 자기 권력을 유지하거나 강화하는 데 더 주력하는 것 같다. 왜들 이럴까?

저는 큰 이유를 정치인들의 권력욕으로 봐요. 그것은 간단한 문제가 아닙니다. 무슨 재물을 획득하겠다든지, 예쁜 여자를 취하겠다든지, 남한테 명령을 한다든지 하는 구체적인 욕망 차원을 초월한 문제가 바로 그것, 권력욕입니다. 그것은 사람의 근본적인 모순과 연관되어 있습니다.

사람은 그 존재 자체가 여러 면에서 모순적입니다. 한 예로, 우리는 결코 행복해지지 못합니다. 우리의 어떤 바람이 이뤄지면 잠깐은 행복하겠지만, 이내 다른 욕망이 생기기 마련이니까요. 그리고 우리는 대개 영원이라는 생각에 빠져 있습니다. 자기 생명이 한 몇 년 있으면 없어진다고 평소에 생각하지 않아요. 그리고 자기 존재가 굉장히 중요하다고 여깁니다. 우주의 중심이 자기라고 믿어요. 그것은 천문학의 기초 수준에서의 무지입니다. 에드워드 윌슨 Edward Wilson이라는 진화심리학자는 이렇게 말합니다.

"어느 날 오후, 당신의 정원 꽃잎에 진딧물 한 마리가 앉아 있다. 이 '진딧물 더듬이의 두 번째 마디'가 지구에게 어떤 존재일지 상상해보라. 그것이 우주 속 지구의 위상이다."(에드워드 윌슨,《지구의 정복자》, 사이언스북스, 2013) 적나라한 현실에서 인간의 존재는 사실 아무 의미도 없습니다. 자신의 대단함은 상상일 뿐이죠. 이런 결핍을 해소해주는 것이 권력이에요. 권력을 갖고 있으면 나의 집단, 나의 우주, 이런 데에 자기가 가득 차 있다는 환상이 느껴지거든요. 그런데 권력을 잃으면 어떻게 되나요. 자기가 다스리고 있는 집단은 영원하고, 권력은 우주적 존재인 자신의 영생을 보장해주는 것으로 생각하다가 권력을 잃으면 그 우주적 존재가 별 것 아닌, 아무리 커도 6척 정도의 조그맣고 형편없는 육체로 쪼그라들어요. 그러니까 권력이라는 게 엄청나게 중요하죠. 진실을 깨닫기란 참 힘들어요. 권력을 쥐고 있는 동안에는 자기가 인류의 존재에 얽혀 있는 온갖 모순을 다 해결하고 있는 것처럼 느껴지니까요.

사람을 죽이지 말라

시대의 상징인 '007'에서 라종일은 외부로 향하는 국가의 폭력성을 엿본다.

국가의 폭력성을 제일 먼저 폭로한 사람이 이안 플레밍Ian Fleming이에요. 플레밍은 좀 부랑자 같은 사람이라 정보부에서도 그만두어야 했지요. 그곳에서 나와서는 엉터리 소설을 써서 인기를 누렸죠. 바로 '007 시리즈'입니다. 플레밍은 한 시대의 어떤 중요한 측면들을 파악해 그 소설에서 그렸어요. 그래서 형편없는 소설이 그렇게 큰 관심을 받았어요. 제2차 세계대전이 끝난 뒤 강대국들끼리는 군사력을 자신들의 정책 추진 수단으로 사용하지 못한다는 점을 소설은 반영해요. 약소국들끼리도 강대국의 이해관계가 크게 걸려 있는 경우에는 전쟁을 할 수 없게 돼요. 세계의 중심에 큰 영향을 주는 전쟁은 강대국들이 못하는 상황이었어요. 그러니까 한국전쟁이 아주 특징적이었던 셈이죠. 한국인들의 이해와 상관없이 강대국들이 한국에서 살상과 파괴를 벌였잖아요. 태평양에서 대전을 치르거나 유럽에서 전쟁을 할 수는 없었으니까요.

007은 현대 서구문명의 천박함과 폭력성을 대표하는 것 같아요. 다른 한편으로 '007'이 의미하는 게 '살인 면허licence to kill'잖아요? '라이선스licence'는 원래 교회 용어였습니다. 교회에서 금하는 일이지만 아주 특별한 상황에서는 그 일을 해도 좋다는 게 '라이선스'예요. 가령 천주교에는 금요일에 고기를 먹지 못한다는 금기가 있었지만, 임산부나 병자에게는 신부가 특별히 라이선스를 주었죠. 제가 어렸을 때는 이를 "관면"이라고 불렀어요. 그런데 신부는 전쟁에서도 라이선스를 줍니다. 과거 서양의 경우 전쟁에 나가려면 제일 먼저 교회에 가야 했어요. 그리고 신부님한테 요청하면 신부가 허락을 해줘요. 살인 면죄, 곧 "성부와 성자의 이름으로" 사람을 죽여도, 거짓말을 하고 도둑질을 해도 된다, 이렇게 라이선스를 발급해주는 것이지요. 그리고 전쟁이 끝나면 무엇을 해야 하느냐면 신부에게 와서 회개하고 용서를 받아야 합니다. 신부는 용서를 해주는 대신 보속을 치르게 하죠. 이를테면 일 년 동안 아내 옆에 가서는 안 된다는 식으로요. 이런 의식을 통해 사람들은 전쟁에서 다시 평시의 계율로 돌아와요. 중세시대를 지나 근대로 가면 그 면죄부를 신부 대신 누가 주겠습니까? 국가가 줍니다. 국가가 주는 면죄부가 적국에 하는 선전포고인 것이죠.

평시에는 사람을 죽이면 안 됩니다. 사람 사이에서 제일 중요한 규범이 그것이죠. 그래서 살인을 허용하는 통과의례가 필요합니다. 그것이 교회에서 국가로 이동한 거예요. 그런데 국가는 때로 선전포고를 하지 않고도 사람을 죽일 수 있게 합니다. 그게 바로 '007 살인 면허'죠. 살인 결정도 공개적으로 하는 게 아니라 권력 핵심에 있는 소수 인사들이 은밀하게 합니다. 최근에도 독극물로 또는 원격 조종 폭탄 공격으로 인한 살인이 심심치 않게 보도되지요. 어떤 과정을 거쳐 무슨 이유로 살인이 일어났는지, 누가 그런 일을 했는지 밝혀지지도 않아요. 북한도 빠질세라 여기 한몫 끼었습니다. 예전에도 이런 것이 없었던 것은 아니지만 특히 대전 이후에 현저해진 현상입니다. 이들은 살인이나 파괴 등 온갖 불법을 저지르지만 처벌은커녕 물질문명의 온갖 혜택을 누려요. 행태는 속물 야만인, 겉모습은 첨단 문명인. 국가에 의해 면죄된 자들은 수많은 살인을 하고도 아무 책임도 지지 않아요. 때로는 살인이 있었다는 사실도 인정하지 않지요. 국가의 이름으로 범죄가 정당화될 뿐 아니라 공적도 됩니다. '007'이 그것을 상징해요. 그러니까 그것은 한 시대의 중요한 아이콘이죠. '국가의 일raison d'etat'이라고 하지만 실은 권력을 장악하고 있는 몇 사람의 생각이고 결정입니다. 만약 김정일이 살아 있었다면 한때 자기 사랑을 독차지한 장남이 이국에서 비참하게 독살당하고 시신마저 어떻게 처리되었는지 모르는 현실을 보고 어떤 느낌이었을까요.

사회란 식인의 꽃이다: 반문명적 충동

근대사회는 마냥 좋은 것이었을까? 68혁명 목격자로부터 68혁명에서 드러난 반문명적 지향에 대해 듣는다.

68혁명 당시 파리를 돌아보았을 때 제일 인상 깊었던 것이 무엇이었냐면, "사회란 식인의 꽃이다La societe est une fleur carnivore"라고 벽에 그래피티로 쓰여 있었던 거였어요. 나중에 동일한 제목의 기록영화도 만들어졌더군요. 혁명의 주역이었던 다니엘 콘벤디트Daniel Cohn-Bendit 같은 사람들이 출연했죠. 제 생각에 68혁명은 그러니까 어떤 에피소드가 아니었나 합니다. 반문명 에피소드요. 여기서 '반문명'이라는 건 루소 같은 의미에서의 반문명이죠. 장 자크 루소Jean Jacques Rousseau는 "사람은 자유로운 존재로 태어나지만 도처에서 쇠사슬에 묶여 있다"고 했어요. 여기서 "묶여 있다"는 말은 정치 이야기가 아니라 문명에 묶여 있다는 의미예요.

저는 서양 근대 정치사상을 두 가지로 정리한 일이 있습니다.

문명과 반문명이죠. 가령 밀, 마르크스, 프로이트는 문명을 지지하는 쪽이에요. 이쪽 사람들은 문명이 더 발전한 쪽을 편드는 경향이 있어요. 문명이 되지 못한 나라는 문명한 나라가 계도해야 한다고까지 하지요. 제국주의, 식민화, 이런 것들이 전부 그 문명의 이름으로 자행되었고, 일본이 우리를 식민지 삼을 때도 그 논리였어요. 마르크스도 멕시코 같은 나라는 미국이 다스리는 게 좋다고 했죠. 영국의 인도 통치도 일면의 정당성이 있다고 했고요. 인도인에게는 고통스럽겠지만 일단 영국 식민지가 되어야 근대화건 혁명이건 하지, 옛날처럼 봉건 영주들 밑에서 살면 역사에 진보가 없다고요.

그리고 반문명을 지지하는 쪽이 있어요. 앞서 말한 루소가 문명의 반대자였습니다. 루소는 이상하게 합리주의자면서 또 낭만주의자였어요. 존 스튜어트 밀John Stuart Mill은 루소에 찬성하지 않았음에도 루소를 상당히 평가했죠. 사람들이 모두 근대문명을 칭송하고 있을 때 루소가 폭탄처럼 반론을 던졌다고요. 문명인들에게 다시 생각해볼 계기를 준 것이지요. 루소는 "먼 옛날 자연시대에 사람들은 '야만인'이었고 자유로웠다. 남녀관계도 육체적인 필요만 해소하면 헤어지고, 무슨 연애니 사랑이니 이런 것 가지고 고민할 필요가 없었다. 생활도 자급자족하며 거리낌이 없었다"고 했어요. 하지만 문명이 시작되고 사람은 사슬에 묶였지요. 루소는《인간 불평등 기원론Discours sur l'origine et les fondements de l'inégalité parmi》에서 문명의 시작을 이렇게 이야기합니다. "자연 상태에서 갑자기 땅에 선을 긋고 여기는 내 땅이다"라고 한 사람이 최초로 문명을 만든 사람이고, 이것이 불평등의 시작이라고. 그러니까 루소에게는

'사유재산'이라는 개념이 문명의 시작이었던 거죠. 그런데 문명을 지지하는 사람들의 생각도 같았어요. 인도에 간 영국 공리주의자들이 보기에 인도인들이 유럽인들이랑 생김새가 똑같은 거예요. 실제로 둘 다 같은 코카서스인이잖아요. 그런데 유럽은 문명이 발전한 반면 인도는 자기네들 딴에는 문명이 없는 야만 국가였거든요. 어째서일까 하고 그들이 생각한 원인도 사유재산제도였어요. 인도는 개인 소유라는 개념이 희박하고 권력자들이 토지를 빼앗으려면 빼앗을 수 있는 상황이었지만, 유럽은 왕이라도 사유재산을 함부로 못 건드렸거든요. 곧 사유재산이 문명의 근원입니다. 그러니까 루소와 통하는 거죠. 단지 루소의 결론은 공리주의자들과 달랐을 뿐이에요. 그 사유재산이 이룬 문명에서 온갖 나쁜 일이 시작된다고 봤어요.

프로이트나 마르크스도 결론적으로는 문명사회를 긍정하는 근대인이었지만, 이런 억압에 주목한 사람들입니다. 이를테면 '오이디푸스 콤플렉스' 같은 것이 문명의 억압이죠. 프로이트는 눈에 안 보이는 억압으로부터 사람의 심층심리를 끄집어내 해방시켜주려고 했어요. 프로이트에서 조금 진화한 개념이 마르쿠제Herbert Marcuse의 '일차원적 인간' 같은 것인데, 문명의 억압적인 면을 더 강조하죠. 마르크스의 소외개념도 그래요. 원래 소외는 헤겔철학의 콘셉트지만, 마르크스는 인간의 소외를 새롭게 노동에서 찾았어요. 찰리 채플린Charles Chaplin의 〈모던 타임즈Modern Times〉에 보면, 주인공이 공장에서 매일 나사를 조이는 똑같은 작업만 합니다. 하도 그것만 해서 애인 만날 때도 나사 조이는 동작을 하는데, 희극이지만 그게 노동에서의 소외예요. 찰리 채플린의 노동자처럼 공장에서 단순한 부속품으로 일하는 사람은 노동의 과정이나 그 산물에서 소외되는 것이지요. 산업사회가 곧 문명이고 그게 사람을 억압하는 쇠사슬인 거예요. 마르크스도 어떻게 보면 그 일면은 문명, 특히 산업 문명 비판가예요. 그러나 다른 면에서는 새로운 산업사회 문명을 지향했지요.

68혁명은 그런 근대문명 또는 산업사회의 문명에 대한 항의였어요. 반문명적 충동이었던 셈이죠. 그래서 부르주아나 공산주의자들 모두 당혹스러웠을 거예요. 비슷하게 아나키즘에도 반문명적인 요소가 있어요. 아나키스트들 삽화를 보면 맨 위에 정치권력이, 독재자가 있고, 그 아래에 성당, 교회가 있고, 그 아래에 대학이 있고, 맨 밑에 사람들이 일하는 공장들이 있는데, 수많은 민중이 문명 밑에 깔려 있잖아요?

그런데 68혁명의 반문명은 대안을 제시하지 못했어요. 드골이 다시 복귀하고 소요는 가라앉았지요. 소요가 한풀 꺾였을 때 레지옹도뇌르훈장을 단 부르주아 중상류층들이 행진을 나와서 법과 질서 그리고 문명을 증거하기도 했죠. 저는 그것을 나중에 사진으로 봤는데 인상적이더라고요. 그들은 68혁명의 주동자들과는 외양부터가 다른, 한마디로 '문명인' 다운 모습이더군요.

68혁명이 끝난 뒤 건물 벽 낙서에 "열흘 동안의 행복"이라는 문장이 있었다고 합니다. 어떻게 생각하면 혁명 중 아주 행복한 기간이 있잖아요. 이제까지 아무도 보지 못한 그런 굉장한 사회를 건설한다는 설렘이 넘치고, 모든 사람의 고민이 완전히 해결되는 세상을 건설할 수 있을 것처럼 희망이 가득한 기간이 있고, 그러면 또 반동이 오고 잠시 환멸을 느끼는 그런 기간이 있기 마련인데, 파리의 68혁명이라는 것은 좋은 것만 누리고 그만두어버렸는지도 모르겠어요. 기분 좋게 자유연애하고, 온갖 속박에서 다 벗어나 자기네들 멋대로 해보고, 그다음에는 "에라 모르겠다" 그러고요. 말 그대로 68혁명은 카니발이었을 수 있다고 생각합니다.

68혁명이 1960년대에 일어났고, 또 학생들이 주도했다는 면에서 4·19와 비슷한 부분이 있을 것 같지만, 본질은 전혀 다르다는 것이 좀 흥미 있어요. 제가 본 68혁명은 이채로웠어요. 후에는 학생들이 아닌 언더월드에서 나타난 사람들이 많았거든요. 소시민만이 아니라 범죄자들, 테러리스트들, 이런 사람들까지 끼어들었죠. 어쨌건 오래 지속될 수 없었던 거예요. 4·19하고는 아주 달랐어요. 4·19는 아주 번듯한 모범시민들의 것이었죠.

내일은 내일의 태양이 뜬다

애서가 라종일에게 책 읽기에 관해 물었다. 정보화사회가 반지성주의를 조장하고 있는 건 아닌지에 대해서도. 대답은 의외였다.

독서가 취미라는 이야기는 참 흔한 이야기입니다만, 저 역시 자기 세계를 추구하는 데에 책이 많은 도움을 주었습니다. 제가 책을 좋아하게 된 것은 성장기에 책 말고는 지적 혹은 정서적 자극을 주는 게 없었기 때문이에요. 지금처럼 책 말고도 여러 매체나 수단이 있는 시대에도 책만큼 훌륭한 자극은 역시 없다고 생각합니다. 아인슈타인Albert Einstein은 죽음에 대한 기자의 질문에 "죽음이란 아름다운 모차르트의 음악을 더 들을 수 없게 되는 것"이라고 했다죠. 저는 죽음이 찾아온다면 이 세상에 좋은 책이 이렇게 많은데, 아직 읽고 싶은 책이 이렇게 많은데 더 읽지 못한다는 점이 아주 유감일 것 같습니다.

반지성주의적인 분위기는 크게 걱정할 것이 아니라고 봐요. 어떤 의미로는 그런 태도도 건강한 면이 있다고 생각합니다. 지식인이라고 너무 맹신할 필요는 없습니다. 지식이 상품이 된다든지, 또 너무 지식에 빠져 현실을 못 본다든지 하는 현학적인 혹은 독선적인 태도를 지니는 것은 경계할 필요가 있죠. 몽테뉴Michel Eyquem de Montaigne의 《수상록Essais》에 이런 내용이 있어요. 공부를 많이 한 수도승이 등이 가려운데 등이 가렵다는 소리를 내지 못해요. 왜 그러냐면 '등이라는 건 뭔가' 정의하기 위해 한참 생각에 빠져 있다가 마침내 결론을 내립니다. 그다음에는 '가렵다는 건 뭔가' 생각해요. 그렇게 끝없이 가죠. 등이 가려우면 그냥 긁으면 되는데 말이죠. 그리고 지식인이 권력을 추구하고 집권까지 하는 경우 대부분 경계해야 할 부분이 많습니다.

어쨌든 독서량이 줄어든다는 것은 문제입니다. 옛 그리스인들은 속견doxa, 곧 자기 멋대로 생각하는 앎하고, 지식episteme, 곧 체계적인 사고나 고찰로 이뤄진 앎을 구별했습니다. 유튜브나 요즘

SNS, 그런 매체는 속견투성이죠. 지난 총선도, 미국 대선도 부정선 거였다면서 일부에서 주장하고 그러잖아요. 그런 점은 좋지 않지 요. 아마 사회적으로 확립된 제도도 위협을 받지 않을까요? 대통령 이라든지, 무슨 대학 교수 얘기라든지…. 아무튼 사회적으로 보증 되었던 발언도 예전 같은 무게가 없어요. 한편 누구나 자기 이야기 를 자유롭게 할 수는 있겠죠. 그런 양면이 있을 거예요.

반대로 불안을 물었다. 영화 〈에너미 오브 스테 이트Enemy of The State〉에 나오는 기술에 의 한 인간지배는 점점 몇몇 나라에서 현실이 되 어가고 있다. 정보화사회가 개인의 자유를 완 전히 억압할 수 있지 않을까.

CCTV도 그렇고, 정보기술이 사람의 사생활을 완전히 들여다 볼 수 있는 정도로까지 발전하긴 했지요. 그리고 대량 정보처리기 술도 엄청나고요. 하지만 그것에 의한 통제를 얼마나 오래 지속할 수 있을지는 알 수 없는 일입니다. 문인이나 예술인들은 우리가 민 감하게 느끼지 못하는 닥쳐오는 위험들을 경고해주지요. 조지 오 웰George Orwell 시대에 이미 국가에 의해 완벽하게 통제당하는 것 에 대한 공포가 있었어요. 헉슬리Aldous Huxley의《멋진 신세계Brave New World》도 그렇고요. 그런데 그렇게는 안 되었잖아요. 소련의 경 우에도 국민을 완전히 통제하려고 엄청나게 노력했습니다. 그래도 통제가 불가능했어요. 지금은 북한이나 중국 같은 경우를 두고 서방의 기술로 무장한 동양적 전제라고 겁을 주는 분들이 있어요. 저라고 확실하게 설명할 수는 없지만, 결국 사람이라는 게 자기 의식이 있고 자존심이 있잖아요. 따라서 인간에 대한 완전한 통제란 가능하지 않다고 생각합니다. 기술의 한계가 아니라 사람의 가능성 때문이에요.

기술에 의해 혹시 민주주의가 더 후퇴하지 않겠느냐, 이런 우려도 있습니다만, 저는 그렇게 생각하지 않아요. 저는 우리가 장기적으로 잘 되리라고 봐요. 중국도 지금은 국가 건설 단계의 과도기죠. 성장하고 성숙하면 변화할 것입니다. 사람이라는 게 간단한 생물이 아니잖아요. 그렇게 쉽게 민주주의가 달성되는 게 아니에요. 예를 들어, 50년 전만 해도 우리나라 역시 민주주의라는 것에 그렇게 큰 확신이 없었어요. 민족적 민주주의 같은 주장도 있었고, 대통령이 네윈을 따라 하려고 버마에 간 일도 있었지요. 하지만 어떻게든 조금씩 민주주의 쪽으로 움직였습니다. 그 과정에서 우리가 서방측에 가까웠다는 점도 경시하면 안 됩니다. 우리의 국제 환경이 자유민주주의 쪽이었어요. 그래서 민주화에 대한 국제적인 환경이 유리했습니다. 북한은 그 반대였어요. 너무 낙담하거나 성급하게 기대하지 않는다면 결국 사람들을 영구히 속이고 지배하지는 못하지 않겠어요? 노태우 대통령이 당선되었을 때 우리는 불만이 많았어요. 엉터리 선거라고요. 그래서 중국인 지식인 친구에게 그런 불만을 얘기했더니 그 사람이 이런 말을 하더군요.

"우리는 그런 선거라도 한번 해봤으면 한다. 그런 선거를 하기 전에 얼마나 많은 희생이 있어야 할지 모른다."

큰 시각에서 보면, 세상은 많이 좋아졌어요. 150년 전만 해도 아주 교양 있고 공부를 많이 한 사람들조차 노예가 당연한 거다, 이렇게 우기고 그랬는데, 지금은 그런 일이 없잖아요. 한국도 많이 좋아졌다고 생각해요. 물론 아직 폭력적인 면이 있긴 하지만 제가 어렸을 때 경험한 폭력에 비하면 지금은 아무것도 아니에요. 이웃끼리 서로 죽이고 같은 집안에서도 서로 살상하고…. 여순반란사건 때 보면 반란군들이 경찰 가족도 싹 죽이고 임신한 여자도 총검으로 찌르고 쌓아놓고 불을 질렀잖아요. 저는 그런 정도의 폭력을 보면서 자랐어요. 하지만 지금은 성인지감수성이라든지 그런 이야기들이 나올 수 있는 사회로 변했잖아요. 그래서 제가 계속 희망을 이야기하는 겁니다.

한국의 발견

시대정신

**2021년 오늘의 시대정신이란 무엇일까. 그것
은 우리의 문제의식에서 나온다.**

지금의 시대정신은 역시 '한국의 발견'인
것 같습니다. 박정희의 시대정신이 '잘살아보자'였던 것처럼. 지금
많은 사람이 이 주제, 곧 '한국의 추구' '우리는 무엇인가'에 대해 쓰
고 있는데요. 최정운의 《한국인의 탄생》이 한 예입니다. 최정운 교
수는 서문에서 이렇게 설명하죠.

"…외국에서 학문을 배워오는 것이 우리 사회를 위해서 할 수

있는 최고의 지적 노력이자 업적이라고 생각해왔다."

그는 이어서 이런 생각이 어제오늘의 이야기가 아니라 "역사적으로 형성되어" 자신의 머리에 박힌 것이라고 말합니다. 제가 서문에서 이야기한 재학 시절 토인비를 읽다가 느낀 막연한 저항감이 새삼스럽습니다. 만약 최정운이 토인비를 읽었다면 "후진국의 지식인은 연락장교"라는 구절을 인용했을 텐데요. 문제의식을, 그것도 토인비와는 별개로 발전시키고 있다는 사실을 저는 매우 긍정적으로 봐요. 실은 이것을 1970년대와 1980년대 언더스터디 그룹을 하던 운동권 학생들이 가장 먼저 깨달았다고 느꼈습니다. "언더스터디"라는 말 자체가 흥미로웠습니다. 한국화된 영어죠. 그리고 이 학생들의 독서목록은 대부분 국내에서는 금서가 된 외국 서적들이었어요. 더욱 흥미로운 것은 학생들의 독서목록에는 진보와는 관계가 없는, 오히려 극우적인 서적도 포함되어 있었다는 겁니다. 예를 들면 루카치Georg Lukasc, 그람시Antonio Gramsci, 알튀세르Louis Althusser 같은 신마르크시스트 쪽이나 해방신학 쪽 서적들이 많았죠. 간혹 파시스트 쪽 저술도 있었고요. 시튼Ernest Thompson Seton 같은 인종주의 파시스트나 나치의 이론가 슈미트Carl Schmitt의 저술들 그리고 나치는 아니지만 레니 리펜슈탈Leni Riefenstahl 같은 감독의 영화였죠. 저는 우선 이 학생들의 동기나 시작이 어떻든 자주적으로 현실을 이해하고 행동하려는 생각을 높이 평가하고 가능한 대로 도움을 주려고 노력했습니다. 파시즘 요인이 끼어든 부분은 마치 4·19 직후 계몽운동에 나선 학생회장이 히틀러를 인용하며 연설했던 것과 오버랩되었습니다. 좌우 양극단이 서로 통하는 부분이라도 있는 건가? 안이한 안락이 보장된 출세를 지향하는 소시민 사회에 대한 경멸과 증오의 공유인가? 하는 생각도 해보았습니다. 물론 기회가 되는 대로 마르크시즘과 파시즘은 전혀 다른 이야기라는 말을 해주었지요. 대신 마키아벨리Niccolò Machiavelli는 권장했어요. 한때 저는 마키아벨리 전공 교수라고 알려지기도 했고, 《군주론Il Principe》 출간 500주년 때 어떤 신문사는 그 기념행사의 주관을 제게 위탁한 일도 있어요.

막스 베버Max Weber도 "문제가 자기에게 닥쳐오는 것"이라고 했습니다. 도서관에서 공부한다고 쳐도, 그 문제를 책 속에서 발견하는 게 아니라 자기 현실에서 발견하는 게 시대정신이라고 생각하는 거예요. 1980년대 민중운동은 학문적인 관심 때문에 일어난게 아닙니다. 현실적인 관심, 물론 지적 추구라는 면이 있긴 했지만 그래도 그게 단순히 공부를 위한 공부에서 혹은 취업을 위한 공부에서 나온 게 아니라 자신이 부딪힌 현실에서 나온 문제의식이었다고 생각해요.

"386세대에는 어른이 없다"는 말이 있어요. 새삼스러운 일이 아닙니다. 사실 이것은 근대 이후 우리 사회의 특성이에요. 우리는 모두 '살부의 사회'에서 살아왔어요. 출판하지는 못했지만 이 주제에 관한 저술을 준비한 일도 있어요. 서정주의 시에 이런 구절이 있습니다.

"애비는 종이었다. 밤이 깊어도 오지 않았다. … 스물세 해 동안 나를 키운 건 팔 할이 바람이다."

우리를 키운 것은 우리 아버지가 아니라 외부에서 불어온 바람이었는지 모릅니다. 젊은 세대의 모델은 늘 우리 안에 없었어요. 그럴 수밖에 없지요. 어른의 말을 듣고 어른이 한 걸 좋아 하는 게 아니라 거기에 저항하고 뛰어넘으려 했으니까요. 그리고 그것을 외국 이론이 아니라 우리 현실에서 찾으려 했고요. 권위에 도전했고, 미래지향적이었고, 자신들의 행동 지침을 직접 정했죠. 그 지침을 정할 때 그들은 과거의 경험을 따르는 게 아니라 상상력에서 가져왔습니다. 현실에 적응하는 것이 아니라 창조적이어야 했어요. 그 창조성이 곧 문화적인 동력을 만들어내지요. 말씀드렸듯 저는 그들의 정치적 개혁은 실패할 것이라고 여겼어요. 하지만 시간을 두고 세대를 건너 노무현 같은 인물의 등장으로 결국 성공한 셈이죠. 물론 반반의 성공이지만.

같은 시베리아 다른 대우

혁명과 이상주의에는 부작용이 있다는데, 그것은 무엇일까.

물론 우려되는 점은 있습니다. 사상적인 운동이 정치권력 획득에 성공하면 그것도 문제가 없을 수 없어요. 독선적이 되고 부패하기 쉽습니다. 이상주의와 권력욕이 결합할 때 부정적인 결과가 많이 나옵니다. 볼셰비키와 자코뱅에 몸담은 사람들을 보세요. 그뿐이 아닙니다. 과격 이상주의의 좌우 양극단은 그렇게 멀리 있지 않습니다. 둘은 쉽게 만나기도 해요. 그런 주제를 다룬 연구서도 있어요. 지난 세기 1970년대 작품인데, 최근에 다시 나왔더라고요(James A Gregor, The Fascist Persuasion in Radical Politics, Princeton Legacy Library, 2016). 저는 이상주의와 권력이 결부되었을 때 부패하지 않을 만큼 인간이 진화했다고 보지 않습니다. 권력이라는 것은 사람을 부패시킵니다. 특히 이상주의자들이 권력을 잡았을 경우 더욱 위험하고요. 그들은 모두 변명을 합니다. "나는 이상주의자이고 좋은 일을 하니까 조금 나쁜 짓을 해도 된다"고. 최근에 나온 강준만의 책이 이 점에 관해 참고할 만합니다 (강준만,《권력은 사람의 뇌를 바꾼다》, 인물과사상사, 2020).

오래전 이야기인데, 1980년대에 학교 휴게실이나 식당에서 농성을 하다가 억울한 일을 당한 여학생들이 있었어요. 나중에서야 자신이 당한 일을 하소연해요. 불미스러운 일로 이야기가 커지면 운동에 흠이 될까 그러지도 못하고요. 어떤 여학생 이야기인데, 함께 운동하는 동지가 경찰한테 쫓겨서 재워달라고 하숙방에 찾아왔대요. 그런데 그 남자 동지가 막 애걸복걸을 하더래요. 지금 어려운 처지고 너무 힘들다고요. 그래서 무슨 이야기를 하나 했더니, 결국 몸을 좀 제공해달라는 거였대요. 하도 어려워 보여서 그 청을 들어줬는데, 다음 날 학교에 갔더니 모두가 간밤의 일을 알고 있더래요. 그 사람이 간밤의 일을 자기가 여자를 꼬여서 이렇게 성공했다면서 막 떠들고 다녔더라는 거예요. 이상주의적인 일을 하면서 이상한 특권의식이 생긴 거죠. 나는 훌륭한 일을 하니까, 자기희생적이니까, 경찰한테 어려운 일을 당하니까 여자는 자기에게 봉사해줘도 되지 않겠느냐, 이렇게 생각한 거죠. 오거돈이나 안희정도 그랬을지 모르겠어요. 자신이 진보적인 일을 하니까, 자신이 어려운 권력투쟁을 하니까 그럴 자격이 있다고 말이죠.

솔제니친Aleksandr Solzhenitsyn 책에 이런 이야기가 나와요. 옛날 차르 제정 때 데카브리스트에 관한 이야기입니다. 데카브리스트들 이야기 아시지요? 나폴레옹이 러시아를 침공했다가 패배해 달아났지요. 그리고 알렉산드르 황제의 러시아군이 나폴레옹을 추격해서 파리까지 갔어요. 러시아 장교들은 대개 귀족들이었지만 교육을 받은 사람들이었어요. 이들이 파리에 가서 놀랐죠. 비록 나폴레옹이라는 황제가 있었지만 혁명 이후 프랑스에는 인권이, 진보가, 이성이 아울러 존재하는 것처럼 보였으니까요. 그래서 이 군인들이 러시아로 돌아와서 입헌군주제를 목표로 12월의 쿠데타를 기획했어요. 황제를 쫓아내고, 황태자였던 콘스탄틴을 내세워서 입헌군주제를 하려 했지요. 그런데 쿠데타는 실패했고, 데카브리스트들은 시베리아로 유형을 가게 되었죠. 그런데 이 데카브리스트들은 이미 사회에서, 자유주의적 지식인들은 물론이고 귀족계급 사이에서도 상당히 지지를 받고 있었어요. 우리나라 운동권과 비슷하죠. 그래서 그들은 사회적인 지지와 찬양을 받으면서 유형을 갔어요. 푸쉬킨Alexander Sergeyevich Pushkin이 데카브리스트들을 두고 시를 쓰고요. 유형을 갈 때는 사람들이 역에 나와서 꽃다발도 안기고(그런데 이 이상주의적인 청년 장교들은 대중과의 간격이 컸던 것 같아요. 이들이 구호로 내건 것은 "콘스탄틴Constantin 황태자와 헌법Constitution"이었는데 이들을 따르던 일반 병사들은 '콘스티튜션'이란 말을 이해하지 못해 그것을 "황태자 비"로 알았다고 해요). 우리 운동권도 정치권력과의 투쟁이었지만 일부 사회적인 지지는 있었잖아요. 지사들 같았지요. 이들이 개혁 대상으로 삼았음 직한 사람들 중에 음으로 양으로 이들에게 많은 도움을 준 사례도 있습니다.

그런데 스탈린 시대에는 아주 달라요. 이상주의자들이 권력을 잡고 전체주의적 통제 아래에 있으니 시베리아는 반동들이나 가는 곳이 되었죠. 꽃다발은커녕 다들 유형수들을 아는 척도 안 해야 했어요. 제정 때와는 완전히 반대였죠. 솔제니친의 이야기입니다. 그러니까 스탈린 같은 사람들이 시대정신의 패권을 가지고 있으면 더 잔혹할 수 있어요. 그래서 저는 이상주의자들의 권력을 매우 위험하다고 봐요. 레닌이나 스탈린 시대처럼 잔혹한 새로운 모순 이야기가 나오지 않아야겠지요. 그런데 그렇게 하지 않기가 참 힘들어요.

물론 운동권이 집권한다고 반드시 나쁜 일이 생긴다는 건 아닙니다. 민주적인 제도가 탄탄하고, 헌법정신, 곧 삼권분립이나 특히 사법권의 독립이 잘 이루어져 있는 사회라면 말입니다. 한국이 정말 나쁘다면 오거돈이 아직도 시장을 하고 있었겠죠. 안희정도 돌아왔을 테고요. 볼셰비키나 자코뱅 같은 상황은 아니라는 생각이에요. 오거돈이 도망 다니는 것을 보면요. 윤미향이 국회의원이 되었지만 야당이나 언론에서 비판을 많이 하지 않습니까?

그러니까 필요한 것은 견제장치입니다. 이상주의로 말미암아 권력 남용이 받아들여지는 것을 막는 장치가 필요해요. 제도와 법 이외에 여론도 수단이 될 수 있어요. 그리고 아무리 자기편이라도 나쁜 짓을 하면 나쁜 짓이라고 얘기할 수 있어야죠.

어쨌든 제가 당시 운동권들에게 기대했던 부분은 미래의 문화적 또는 학문적 성과였습니다. 저는 지금 실제로 그것이 이뤄졌다고 봐요. 다시 말하지만 한국의 문화적 업적은 운동권 때문이라고 생각합니다. 케임브리지에서 한국학 강좌를 열면서 나더러 첫 강의를 해달라고 해서 쓴 게 이런 이야기들이었어요. 싫어하는 사람도 있었어요. 한국에 대해 너무 낙관적으로 썼다고요. 하지만 저는 한국학의 출발을 비관적인 것으로 시작하고 싶지 않았을 뿐 아니라 그렇게 할 일도 없었어요.

한과 흥의 장르

한국인의 개성이라면 역시 한과 흥이 아닐까.
한국인의 그 대립하는 두 측면을 판소리라는
장르는 어떻게 표현하고 있을까.

지금의 한국학은 세계를 발견한 다음에 자기에게로 돌아오는 과정이라고 생각합니다. 자기란 무엇인가? 이것부터 쉽지 않은 질문이긴 합니다. 앞서 말씀드린 대로 최정운 교수가 잘 이야기했습니다. 송호근, 함재봉, 탁석산도 그렇고요. 이어령 선생 역시《너 어디에서 왔니: 한국인 이야기》를 펴냈는데 재치 있는 책이었습니다. 1960년대에 이어령 씨가 한국에 관해 쓴 책이 또 있어요. 제목이《흙 속에 저 바람 속에》로 원래 신문 연재칼럼이었는데, 한국에 대해 매우 비판적이었죠. 거의 냉소적이라고도 할 만큼 촌스러움과 전근대적인 부분을 한심해하는 투의 것이 많았어요. 그에 비해 새로 나온《너 어디에서 왔니: 한국인 이야기》는 긍정적이에요. 이어령 씨 말이 한국말의 "꼬부랑 할머니" "꼬부랑 길" "꼬부랑 고개"처럼 ㅇ자 받침이 들어간 것이 근대의 약점을 보강해 준대요. 왜냐하면 근대라는 건 직선이며 어디서 어디까지 곧장 가는 고속도로 같은 것이어서라고 합니다.

태명 얘기도 재미있습니다. 한국에서만 유일하게 태아의 이름이 있답니다. 빨리 잘 나오라고 "쑥쑥이"라는 이름을 지어주기도 한다는데, 그것도 인상적이지요. 이어령 씨 말로는 또 하나의 한류라고요. 투병 중에도 계속 집필하셨던 걸 보면 대단해요. 저도 같은 이야기를 한 일이 있는데, 김현진 작가가 〈한겨레〉에 한국의 소프트파워에 대해 썼더라고요. 한국인의 정서가 한과 흥이다, 한을 품고 죽어라 열심히 연습해서 무대에 서면 흥을 한껏 발휘한다고요.

한국의 한과 흥이 잘 배어 있는 게 판소리예요. 예를 들면 〈흥부전〉을 들어보십시오. 재산을 형에게 빼앗기고 가난을 견디고 살면서도 그 안에 유머가 있습니다. 〈심청전〉도 마찬가지고요. 심봉사가 딸은 제물로 희생되고 자신은 장님이고 공양미로 얻은 재산은 못된 여자에게 속아 다 빼앗겼는데도 계속해서 내용이 웃기지요. 제가 제일 좋아하는 작품은 〈적벽가〉인데, 그것도 비극이지만 중간중간 그렇게 웃겨요.

셰익스피어 극은 등장인물이 여럿이에요. 서양의 오페라는 또 동원 인원수가 얼마나 많습니까. 거기다 오케스트라까지 따라붙어요. 무대도, 치장도, 배우 분장도 대단들 하고요. 희랍에선 배우가 단 서너 사람이고, 나머지는 코러스(합창가무단)가 하는데 그것을 보며 감탄했어요. 어떻게 그리 적은 인원으로 자신의 메시지를 촌철살인의 포인트로 던지는지. 정치학을 때려치우고 연극 평론을 할까도 생각했지만, 아무래도 어려울 것 같아 마음을 고쳐먹었죠. 그런데 한국 판소리는 배우가 딱 한 명입니다. 무대장치가 전혀 없어요. 단지 고수 한 명이 추임새를 넣으면서 북을 쳐주지요. 혼자서 오케스트라나 코러스 역할까지 다 하는 거예요. 가수는 수많은 사람의 역할을 해요. 혼자서 조조 역할을 하고 관운장 역할을 하고 장비 역할, 조자룡 역할, 제갈공명, 손권, 주유 등 수백 사람의 역할을 해요. 내레이터 역할도 겸합니다. 일반 군사들 역까지 혼자서 다 하죠. 고수와 호흡이 잘 맞아야 하는데, 1고수 2명창이라는 말이 있을 정도로 판소리에서는 고수가 중요해요. 그렇게 고수 한 분의 도움으로 가수는 여러 시간을 부르거든요. '연가곡'이라는 형식의 독일 가곡이 있는데, 그것보다 훨씬 힘들어요. 〈적벽가〉는 혼자서 3~4시간을 하잖아요. 목이 어떻게 견디나 몰라요. 아마도 가난했기 때문에 최소의 자원을 가지고 효과를 냈어야 하지 않았나 생각합니다. 그런데 그 가난이 그렇게 훌륭한 예술을 만들어낸 것입니다.

〈적벽가〉에는 병사들 얘기가 나옵니다. 《삼국지연의》를 보면 병사들은 죽어 있어요. 장수들만 싸움을 하죠. 병사들은 그냥 장수가 싸우다 지면 달아나고 이기면 좇아가는 묘사로만 나와요. 반면 〈적벽가〉에는 병사 하나하나가 모두 다 살아 있어요. 전쟁을 앞두고 마누라 보고 싶어 하는 사람, 부모가 생각나 우는 사람…. 표현이 얼마나 훌륭한지 몰라요. 내용이 구절구절 어떻게 그렇게 잘 들어맞는지요.《삼국지연의》보다 몇 배는 더 훌륭해요.

이런 책들도 재미있습니다

한국을 알고 싶어 하는 사람들을 위한 라종일의 추천 도서들.

탁석산은 한국이 네 단계를 통해 발전해왔다고 말합니다. 하나는 '생존의 시대'인데, 한국전쟁 때처럼 어떻게든 살아남는 거죠. 그다음엔 '생활의 시대'예요. 살아남는 것만이 아니라 제대로 먹고 즐기고 생활을 영유하는 것을 추구하죠. 셋째 단계는 '행복의 시대'이고, 가장 마지막 단계는 '의미의 시대'래요. 뒤의 것들은 한국에서 제대로 실현되지 못했죠. 반만 실현이 됐어요.

한국은 불만의 문화예요. 무얼 하더라도 모자라다는 불만의 문화인데, 북한은 반대로 만족의 문화죠. 세상에 부러운 게 없다, 우리가 제일 행복하다고 하는. 한국은 불만스러우니 빨리 발전을 하려고 했을 거예요. 좇아가려 하고, 남보다 앞서가려 했죠. 그것이 아무튼 우리나라의 유리한 점이에요. 제 책《세계의 발견》에도 썼지만, 선진국 수준을 좇아가야 한다고 생각하고 사람들은 현실에 만족하지 않았죠. 외부의 비판을 달게 받았어요. 북한은 그 반대고요.

주영하의 《한국학의 즐거움》도 재미있어요. 신라 때 처음 당나라 의식과 관복을 들여왔죠. 지금 우리가 미국을 따르는 것처럼 당시에는 문화적으로 당나라 모방하는 걸 당연하게 생각했어요. 지금 우리의 이름도 중국 이름 짓는 방식이잖아요. 중국보다 더 중국적이죠. 우리는 이름 지을 때도 오행을 그대로 따라요. 저희 집안만 해도 제 선대는 흙토土 자, 제 대는 쇠금金 자, 제 아이들 대에는 물수水 자, 이런 식이지요.

일제시대 때는 남자 이름은 그대로였지만 이상하게도 여자 이름은 일본식으로 지었어요. 이를테면 순자라든가. 일본이 다 '하나꼬' '히사꼬' 이런 식으로 아들자子 자를 붙여 부르는 것처럼요. 아마도 여자에게는 제대로 이름도 지어주지 않았던 과거 때문이 아니었나 생각도 합니다. 지금은 순한글로 재치와 의미가 번득이는 이름들이 나오지만요.

권헌익과 정병호 두 분의 책도 아주 흥미 있어요.《극장국가 북한》이라는 책입니다. 특히 정병호는《고난과 웃음의 나라》라는 책에서도 좋은 지적을 해요. 우리는 북한을 엉터리 나라, 나쁜 나라라고 여기고, 그에 비해 한국은 괜찮은 나라이며 북한보다 우월한 국가라고 생각해왔잖아요. 그런데 정 교수는 북한에 대한 비판을 하면서 우리에게도 유사한 비판을 해요. 물론 다 똑같다는 건 아니지만요. 가령 저쪽이 반동분자 처벌하듯 우리도 빨갱이를 처벌한 것이라든가. 처벌 규모나 방식은 둘 사이에 차이가 있지요. 하지만 북한과 남한의 그런 차이는 정도의 차이일 뿐이라서 결국 북한을 보면서 우리 모습을 발견할 수 있다는 것이 그의 주장입니다. 흥미롭

한국의 발견

지요. 또 하나 이 책에서 재미난 게 우리는 물건을 원조해주면 상대방이 고마워할 것이라고 여기는데 실상은 아니라는 것이죠. 저도 그것을 정부 차원에서 경험했습니다. 북한은 원조를 받으려고 애를 쓰지만, 동시에 자존심을 세우면서 허세를 부리곤 합니다. 제가 아는 탈북자 한 분은 오빠가 북한에 남아 있어요. 처음에는 돈을 보내면 사양했는데 요새는 돈을 늦게 부치면 화를 낸다고 그러더라고요.

선진국이란 무엇인가

한국인들은 새로운 인간의 모델을 제시할 수 있을까.

어떤 나라가 선진국이라고 불렸던 시대를 돌이켜보면, 그곳에는 언제나 사람에 대한 아이디어가 있었습니다. 그리스 로마시대 사람의 아이디어가 있고, 그걸 대체한 기독교의 아이디어가 있었어요. 르네상스, 근대 유럽도 다른 인간관을 제시했고요. 근대 이후의 아이디어도 다르겠지요. 새로운 차원으로, 새로운 방향으로, 인간 해방의 실현을 설득력 있게 제시할 수 있는 곳이 선진국이었어요.

얼마 전까지 우리는 동성애를 죄악이라고 여겼어요. 하지만 그것도 사람이 자연적·육체적 조건에 따라야 한다는 기속에서 벗어날 수 있다는 걸 보여준다고도 할 수 있겠죠. 트랜스젠더라고 하는 것도 마찬가지고요. 뭐, 싫어하는 사람도 많지만, 저는 그게 일종의 인간 해방이라고 생각해요. 새로운 방향으로의 해방이죠. 김대중은 동성애는 도저히 이해할 수 없다고 한 일이 있어요. 저는 이해할 수 없는 것을 이해하려는 노력이 중요하다고 말씀드렸어요.

저는 한국인들도 스스로 그런 아이디어와 비전을 갖게 될 것이라고 기대합니다.

2부

현실과 이상,
그 사이
어딘가에서

그때는
외로우셨을까요,
아니면 표표히
자유로우셨을까요?

선생님께

선생님과 나눈 이야기를 책으로 펴낸 서신집 《가장 사소한 구원》 이후 이렇게 또다시 선생님과 편지로 생각을 나눌 기회가 생겨 기쁘기 그지없습니다. 그러면서도 제 아픔과 고통을 호소하면 선생님이 등불처럼 건네주시는 한 마디 한 마디를 약처럼 들이마시기만 하면 되었던 이전과 달리 '한국의 발견'이라는 가볍지 않은 주제를 가지고 이야기를 나누게 되어 다소 긴장이 되고요.

사실 부끄럽지만 이 땅에서 삼십 몇 년을 살아오면서 한국이나 한국인에 대해 깊이 생각해본 적이 없습니다. 선생님처럼 길게 외국 생활을 해본 경험도 없고, 어려운 형편 때문에 고학을 하면서 한국에 대해 투덜투덜 불평만 한 것이 대한민국이라는 나라에 대해 고민한 경험의 전부인 것 같습니다. 물론 이명박 정권 때나 박근혜 정권 때 시위에 참여하긴 했지만, 그때는 깊은 사색보다는 격렬한 분노가 앞섰기에 그것을 한국과 한국인에 대한 성찰이라 보기에는 무리가 있을 것 같고요. 아마 저만 그런 게 아니라 제 또래나 저보다 어린 청년들(사실 저보다 어린 90년대생 젊은이들일수록 더합니다만), 이른바 소수의 '금수저'를 물고 태어난 몇몇을 제외하고는 다들 하루하루 살아가는 것만도 숨이 턱에 차 한국과 한국인이라는 주제에 대해 숙고해볼 여유를 가져보지 못한 게 아닐까 합니다. 그래서 그런 화두를 던져주신 분이 제게는 선생님뿐이었습니다.

지금도 기억나는 것이 《가장 사소한 구원》 출간을 맞아 상수동의 한 카페에서 출간 기념 북토크를 하던 날, 조금 일찍 도착한 선생님께서 저를 구석으로 데리고 가더니 갑자기 "《토지》나 《태백산맥》은 그 명성에 비해 한국을 대표할 만큼 탁월한 작품이 아닙니다. 그 소설들을 뛰어넘을 작품을 쓰도록 하세요"라고 말씀하셔서 깜짝 놀랐던 기억이 납니다. 당장 북토크를 해야 하는데 뜬금없이 그런 말씀을 하셔서 당황했는데, 지금 돌이켜보면 아마 선생님께서는 그 자리로 오는 동안 그런 생각을 하고 계셨구나 싶었습니다. 그래도 그때는 《토지》처럼 한국인의 사랑을 받은 대작이 명성만큼 탁월하지 않다며 문학계에서 딱히 성취한 것이 없는, 심지어 작가라고 스스로 부르기에도 부끄러워 누가 무슨 일을 하느냐고 물으면 그냥 "글씨 쓴다"라고 이야기하는 저 같은 사람에게 그런 작품을 뛰어넘는 글을 쓰라고 하시는 말씀에 지레 겁을 먹었더랬습니다. 그러다가 이번 '한국의 발견'에 관해 이야기하면서 선생님이 권해주신 김철 교수의 날카로운 책에서 《토지》를 새롭게 분석한 부분을 보고 선생님이 그때 무슨 말씀을 하려던 것이었는지 비로소 이해가 되었습니다. 이를테면 독립운동에 투신한 사람들은 용모를 아름답게 그리고 그렇지 않은 사람들은 추하고 흉하게 그린 이분법적 시각을 불편해 하신 것이지요. 물론 그럼에도 《토지》는 위대한 소설입니다. 선생님께서는 언제나 더 위를 바라보고 계신다는 것을 새삼 알게 되었습니다.

선생님께서는 우연찮게 한국사의 굵직굵직한 부분들과 생을 함께 해오셨습니다. 식민지 시대와 해방, '미니 세계대전'이라 부르시는 한국전쟁, 먹을 것이 없어 신음하던 시기, 거기에서 불사조처럼 되살아난 '한강의 기적', 엄혹한 유신 시대, 그리고 현실 정치에 이르기까지 한국의 여러 사건을 직접 목격하셨지요. 그러면서도 선생님의 한쪽 눈은 늘 세계를 바라보고 계셨습니다. 저의 졸저를 보고 만남을 청하셔서 선생님을 처음 뵙게 된 날, 어떤 이야기를 하다가 선생님께서는 "저는 해외에 살면서 한인교회에 다니지 않는 교포들을 진심으로 존경합니다"라는 뜽딴지같은 말씀을 하셨지요. 저는 폭소를 터뜨렸습니다만, 그것은 해외에서 '작은 한국'이라는 커뮤니티에 의지하지 않고 자기 세계를 확립해 살아가고 있는 사람들에 대한 존경의 표현이셨겠지요?

선생님의 유학 시절은 어땠는지요? 다른 형제자매와 달리 영국을 선택하셨지요. 선생님의 아버님이신 백봉 선생님께서도 영국

런던대학에서 수학하신 것으로 알고 있습니다. 선생님께서 한국인 최초의 케임브리지 박사라고 들었기 때문에 더욱 궁금해졌습니다. 입학하고 한국 사람을 본 적이 거의 없었고, 그래서 내가 한국말과 한글을 잊고 만 것이 아닌가 싶어 일 년에 한 번 정도는 거울을 보며 한국어를 말해보곤 했다 하셨지요. 그때는 외로우셨을까요, 아니면 표표히 자유로우셨을까요.

저에게 선생님 이야기는 늘 끝이 없는 보물 상자와도 같아서 이렇게 많은 이야깃거리를 숙제로 내어드리고 말았습니다. 그러면 즐거운 마음으로 답신 기다리겠습니다.

제겐 한국이
훨씬 강렬한
현실이었습니다

현진

몸이 많이 불편하다고 들었는데도 보내준 긴 편지에는 힘이 잔뜩 들어가 있어요. 얼핏 타고난 작가라는 생각이 듭니다. 현진의 글 마지막에 제 일생 이야기가 '보물' 같다는 말이 있는데, 저에게는 모든 사람의 일생 이야기가 보물같이 느껴집니다. 작고 짧은 생의 경험을 통해 느낀 것은, 흉악한 범죄를 저지른 사람들을 포함해서 거의 모든 사람이 우리와 크게 다르지 않다는 것입니다. 우리는 모두가 근본적으로 불행을 타고나는 것이 아닌가 합니다. 지금 쓰고 있는 한국 대통령제에 관한 책 앞머리에 《안나 카레니나Anna Karenina》의 첫 구절을 인용했습니다. 아시지 않습니까? "행복한 가정은 모두 비슷한 모습을 하고 있지만 불행한 가정은 모두 제각기 다른 모습으로 불행하다."

그러나 제 생각에는 모두가 정도의 차이, 어떤 특정한 시점의 환경의 차이일 뿐 본질적으로 늘 "행복한 가정"과 역시 본질적으로 늘 "불행한 가정"이 있을 것 같지 않습니다. 때로 톨스토이를 읽으면서 느끼는 반발이라고 할까, 비웃음이라고 할까 하는 반응이 그런 것입니다. 《안나 카레니나》에 나오는 행복한 가정이 너무 인위적인 것 같은 느낌은 어쩔 수 없었어요. 가끔 별로 이야기할 것이 없는 저라는 사람의 일생에 관해 무슨 전기 같은 것이라도 쓴다면 '어떻게 불행을 관리하고 살았나'라는 사연이 되지 않을까 생각합니다. 미시마 유키오三島由紀夫의 소설에 자기가 태어나던 때를 기억하는 주인공 이야기가 있습니다. 아마도 착각이겠지요. 저도 가끔 이 세상 첫째 기억이 무엇이었는지 생각해보는데, 춥고, 외롭고, 불행했던 것이었습니다.

제가 태어난 주변 세상에 관한 첫 기억 역시 불행한, 부정의한 것이었어요. 가깝고 친하게 지내던 개를 어느 날 갑자기 끌어다가 잔인한 방식으로, 특히 많은 사람이 즐거운 오락거리, 구경거리로 보면서 죽인 뒤 잔치를 즐기던 사람들의 기억, 약한 자들, 특히 여인들이 엄청나게 불의한 일을 당하고도 혼자 울며 참거나 아니면 유일한 저항으로 죽기 위해 양잿물을 들이켜 또다른 고통으로 탈출하는 기억들입니다. 폭행당한 사람은 소문이 날까 전전긍긍하는데 가해자는 오히려 자랑하고 다니는 것도 보았습니다. 해방 이후 그리고 전쟁 중의 처참한 경험들에 관해서는 언제 이런 악몽 같은,

한국의 발견

혹은 희극 같은 기억들을 정리할 다른 기회가 있기 바랍니다.

방금 이야기한 것은 물론 개인적 차원의 것입니다. 사회적 차원의 문제는 또 다릅니다. 그리고 세상에 희망이 있다면, 우리가 무슨 일이라도 조금이나마 할 수 있는 일이 있다면, 각자가 안고 태어나는 도처의 어려운 문제에 어떻게든 다른 사람들과 함께 대응할 수 있도록 정치적인 혹은 인류적인 대처를 생각하고 시험하는 것이 아닌가 합니다. 아마도 수만 년 전 보잘것없는 인간들이 사나운 맹수들의 위협을 받을 적에 이와 같은 생각을 하지 않았을까 싶습니다. 사람들은 도처에서 각기 다른 상황으로 불행하며 세상은 불만스럽고 짜증이 나지만, 그래도 저는 세상이 조금씩 좋아지는 것이 아닌지 늘 희망을 버리지 않고 있습니다.

어떻게 보면 우리는 모두 로빈슨 크루소입니다. 각자가 적대적인 환경에 던져져서 혼자 생존을, 그리고 너무나도 찾기 어려운 삶의 의미를 찾아야만 합니다. 그렇지만 로빈슨 크루소에게는 문명이 남겨준 이기들이 있었고 언젠가 자신이 누렸던 문명으로 탈출하리라는 희망도 있었습니다. 아마 탈출 이후에는 실망이 더 컸으리라 봅니다만.

유학과 외국 생활에 대해 물으셨는데, 실은 처음으로 외국에, 그것도 가장 선진적인 나라에서 가장 높은 수준의 학문 공동체라고 하는 곳에 편입되어 생활하면서 느낀 것은 역시 사람들은 언제건, 어디서건 모두 나름대로 어리석고 불만스럽고 불행하다는 것이었습니다. 제가 유학길에 오른 1960년대 한국의 상황과 그곳을 비교해본다면 단지 그들의 불만이나 불행의 근거가 좀 '하찮은 것들'이라 생각되던 것뿐이었습니다.

우리의 1960년대 대학 생활이란 학문적인 면에서나 사회적인 차원, 혹은 일상생활의 모든 면에서 덜 풍족하고 덜 편리하고 덜 세련되었을지 모르지만, 무어라고 할지, 뜻과 폭의 면에서는 훨씬 더 높은 차원이었다고 느꼈어요. 후발국의 이점이었을까요? 형편이 궁색하고 강의도, 공부도 별로였지만 그 뜻만은 하늘 높이까지는 몰라도 공중으로 마구 날아올랐습니다. 우리에게는 먹어도 먹어도 차지 않는, 소화불량이 되더라도 계속 먹어야 하는 선진국 서구라는 양식이 있었고, 다른 한편에 분노와 증오와 함께 호기심과 동경의 대상이기도 한 일본이 그리고 불구대천인지 그래도 피붙이인지 늘 헷갈리는 북한이 있었습니다. 일본은 일본대로, 중국은 중국대로 모두가 큰 실험들이었고 역시 호기심의 대상이었습니다. 미국은 멀고도 가까웠지요. 영국 케임브리지의 전원적이고 자족한 상아탑에서는 느낄 수 없는 것들이었습니다.

저의 형님들과 누님은 모두 일찍 외국으로 유학을 가셨고, 학업을 마친 뒤에는 귀국 같은 것은 꿈에도 생각하지 않고 모두 그곳에 머무르셨습니다. 그런 선택이 이해가 가지 않는 바는 아닙니다. 이분들에게는 미국이 '현실'이었고, 한국은 그 현실의 어설픈 반영, 마치 '반사' 같았으리라 생각이 됩니다. 가끔 귀국하셔도 그분들 생각은 늘 미국에 가 있는 것 같았습니다. 우리끼리 나누는 대화에서도 금세 느낄 수 있는 것은 현실과 비현실, 어려운 현재와 그리운 과거라는 두 세계에서 살아야 하는 문제를 안고들 계시는 것 같았어요. 그래서 그분들 선택과 기준은, 물론 현실보다 더 현실적으로 느낀 미국 땅이었던 것 같습니다. 우리 모두가 마찬가지지만 가끔이라도 영어를 사용하지 않으면 일상 대화도 어려웠어요. 또 한 가지 이상한 점은 세계에서 제일 부자 나라에서 살면서 우리보다 수입 수준도 높은데 경제적으로는 늘 여유가 없었다는 것입니다.

저는 고등학교를 졸업하면서 유학을 가지 못하는 것이 매우 큰 실망이고 좌절이었습니다. 대학 생활에서 큰 보람을 느끼지 못했기에 더욱 그랬는지도 모르겠습니다. 마침내 어렵게 얻은 유학 기회가 제게는 큰 도움이 되었습니다. 선진 문물과 학문을 배울 수 있어서는 아니었습니다. 제가 태어나고 자란 이 땅, 한국을 다시 발견하려는 의욕 때문이었는지 모르겠습니다. 그곳에서 만난 세계 일류라고 하는 대학에 명예롭게 입학한 '천하의 수재'들도 모두 나름의 이유로 불행해 보였습니다. 모든 편의가 주어진 옹색함이란 잘 이해가 가지 않을지 모르겠습니다. 그렇기에 사람들이 더 불편하고 불행할 수 있다는 것도 쉽게 상상이 안 되겠지요.

주어진 일정한 액수의 장학금을 관리하는 것에서부터 모든 것이 잘 정돈된 상황에서 자기 행로를 가야 하는 일, 친구 혹은 이성과의 관계를 챙겨야 하는 일, 그리고 무엇보다 배우고 따라잡고 넘어야 하는 선진국이 없다는 것이 그들의 문제가 아니었나 싶습니다. 움직일 수 없는 계급사회는 학교 안에서도 그대로 반영된 것 같았습니다. 학생들과 교직원들의 식사 장소에도 좌석 높이가 각기 다른 식탁이 마련되어 있었습니다. 식탁 높이만의(이른바 high table) 문제가 아닙니다. 식탁에 놓인 음식도 조금 보태어 말하자면 하늘과 땅 차이였습니다. 이것은 학생들에게 주어지는 음식이 소화불량에 걸리면서 동시에 살은 잔뜩 찌도록 고의로 식단을 짜고 조리한 것 같은 저급한 것들이었기에 더욱 예민하게 느낄 수밖에 없었습니다.

이 학교 학생들은, 적어도 제 주변에 있던 사람들은 자기 나라 이외의 다른 곳에 별 관심이 없었습니다. 이를테면 한국은 물론, 가까운 대륙에 자리한 독일이나 프랑스의 철학이나 문학, 혹은 역사에 놀랄 만큼 무지했어요. 저는 문리대를 다닌 덕에 혹 화제가 이런 주제에 미치면 꽤 아는 체를 하곤 했습니다. 특히 놀라웠던 것은 이 사회의 '계급'이란 결코 개인이 뛰어넘을 수 없는 장벽이었다는 점입니다. '학습된 무관심'이라고 할까요? 그 나라 사람들은 이것에 익숙해 있어서 별로 저항이 없을 뿐 아니라 오히려 자연스럽고 유익하기까지 한 일종의 자연 질서 같은 것으로 치부했습니다.

'속물snob'이란 말의 참뜻을 알게 된 것이 유학 시절의 성취(?) 중 하나가 아니었나 가끔 생각합니다. 어떻게 하층민이 상류층 인사처럼 행세할 수 있는지 가르쳐주는 《속물에 관한 책The Book of Snob》이라는 지침서까지 본 일이 있습니다. 그렇지만 아무리 노력해도 하층계급 출신이 상류사회에 끼어들 수 없는 근본적 장애가 있었습니다. 버나드 쇼George Bernard Shaw의 《피그말리온Pygmalion》을 보셨겠지만, 아무리 노력해도 상류계급이 쓰는 말, 어휘, 어법, 특히 억양 등은 절대 흉내 낼 수 없었습니다. 처음에는 잘 이해가 가지 않았는데, 실제로 몇 마디 대화를 나눌 필요도 없이 금세 그 사람의 출신 계급이 드러납니다. 예를 들어, 어느 나라나 지방만의 방언이 있지 않습니까? 그런데 영국의 상류계급 인사들은 어느 지방 출신이든 같은 억양으로 말합니다. 일반인들은 그 지방 방언을 사용하지만요. 그리고 교육체계가 이런 현실의 유지에 큰 기여를 한다는 사실도 알고 느끼게 되었어요.

학생들은 비록 형편없는 음식을 먹고 난방도 제대로 안 되는 방에서 살면서도(저와 같은 해에 입학한 찰스 왕자에게만은 난방이 잘 되는 방을 주었습니다) 일종의 특권계급 같은 의식이 있는 듯했습니다. 일주일에 한 번은 학사학위가 있는 학생들만 따로 모이는 만찬이 열렸는데, 그때는 모두가 턱시도를 입고 보우타이bow tie를 멘 다음 그 위에 가운을 걸치고 와야 했습니다. 학생 대부분은 생활이 어려웠기에 이것은 아주 쓸데없는 겉치레고 부담이었지만 이런 행사를 좋아하는 사람들도 있었습니다. 학교 축제나 5월의 연례 무도회May Ball 때에도 마찬가지였습니다. 찰스 왕자와 그가 타고 온 차 애스턴마틴이 사람들에게 그렇게 큰 관심과 열정을 끄는 것을 보고는 아연해지기도 했습니다. 처음 저를 돌봐주시던 지도 교수님의 사모님은 길에서 왕자의 행렬을 잠시 보았는데 밤새 그의 꿈을 꾸었다는 말씀을 하셨습니다. '왕자'가 사람이 아니고 유구한 역사를 자랑하는 제도라면, 그의 자동차는 교통 편의를 위한 기구가 아니라 물신적 숭배의 대상이 되는 것 같았습니다. '갑질gapjil'이 옥스포드 사전에 올랐다고 합니다. "한국에서 우월적 지위에 있는 사람이 상대방에게 취하는 오만하고 권위적인 태도나 행위"가 사전의 정의라고 합니다. 제 생각에 진짜 갑질은 겉으로 드러나지도 않고 피해자가 피해를 느끼지도 않는, 계급이 고착된 영국 같은 나라에 있는 것 같습니다.

행태가 조잡하고 비판을 당하면 금세 사과하기에 급급한 한국 같은 곳에서의 진짜 갑질은 다른 의미입니다. 예전에 "코리아 타임"이라는 말이 역시 한국인을 비하하는 뜻으로 사전에 오른 일이 있습니다. 당연하지요. 시계가 귀물이던 시기에 어떻게 현대인의 저주, 시간에 쫓길 수 있겠습니까. 예전 선비들이 금강산 여행을 가자고 의논할 때는 예를 들어 "내달 초순"에 금강산 입구 어느 마을에서 만나자, 이렇게 약속했습니다. 먼저 도착한 사람은 그 마을에 사처를 정하고 다른 분들이 오기를 기다립니다. 이런 여유와 멋을 생각하지 않고 조금 빨리 근대화했다고 남을 하시하는 사람들에게는 저주가 있을 것입니다.

제가 유학할 당시는 영국으로서도 일종의 전환기가 아니었나 싶습니다. 세계적인 패권국의 꿈은 진작 접었지만, 아직도 미국과의 '특별한 관계'를 유지함으로써 국제정치적인 영향력을 행사하려던 영국이 점차 현실적인 어려움에 직면하던 시기였던 것 같습니다. 이 시기 영국은 극동아시아에서 철군 계획을 발표하고 파운드화 평가절하를 했습니다. 그렇다고 해서 일반인의 생활에 어떤 변동이 느껴지는 것은 아니었어요. 일반인의 생활은 대체로 안정되어 있었습니다. 특히 케임브리지대학이 있는 학교 촌은 대학의 고색창연한 건물들이 몹시 아름다운 전원적 풍경 속에 자리 잡고 있어 마치 무풍지대처럼 보였고요.

유학 2년째에는 학제에도 익숙해지고 공부도 안정이 되면서 여유가 생겨 운동도 많이 했고, 특히 학교 유도 클럽에서 지도를 했는데, 학교생활 정보를 담은 〈버스티Varsity〉라는 책자에 이름이 올라 조금 유명해지기도 했습니다. 테니스는 그 전부터 잘했기에 이곳에서 스쿼시를 처음 배웠는데 그것도 곧 잘하게 되었어요. 혼자서 할 수 있는 운동이어서 공부하다가 지치면 밤중에라도 코트에 가서 짧은 시간 땀을 흘리고 돌아와 샤워를 하고 나면 바로 또 공부할 수 있었습니다. 또 한 가지는 여기서 술 마시는 습관도 배우고 말았는데, 학교 생활의 일부가 술이었기 때문인지, 외국에서 혼자 생활하려니 자연 술을 배우게 된 것인지는 잘 모르겠습니다. 여하간 대학원생들 세미나에서도 먼저 셰리주sherry가 나왔고, 점심 시간이 되면 학교 식당에 바가 열려서 학생들이 맥주 정도는 마시곤 했습니다. 교정 안에도 바가 있어서 학생들이 언제든, 그것도 외상으로 술을 즐길 수 있게 해주었고요. 이것은 후에 알게 된 미국의 대학 문화와는 매우 다른 점이었습니다. 술을 마시는 일이 무척 즐겁다는 것은 유학 시절 배운 것 중 하나였는데, 이후에 이 습관을 버리기 위해 꽤 많은 노력이 필요했습니다.

개인적인 차원에서 유학 생활이 보람이 없었다거나 혹은 불행했다거나 불만스러웠다거나 했던 것은 아닙니다. 단지 제게 유학은, 영국 사회의 현실 속에서 했던 대학 생활은 우리나라에 대해 다시 생각하는 계기가 되었습니다. 제게는 "흙과 바람투성이의" 혼란한 한국이 '문명화'되고 안정된 영국보다 훨씬 더 강렬한 현실이었습니다. 만약 우리가 앞으로 10년, 20년, 혹은 한 세대 이후에 현재의 영국과 같은 나라가 된다면, 저는 거기에 강력하게 반발할 수밖에 없을 거라고 느꼈습니다. 저로서는 비록 미력했지만, 유학을 했건 아니었건 토인비식의 '연락 장교단' 같은 지식인이 될 생각이 전혀 없었습니다. 한국은 온갖 모순에도 불구하고 무엇이든 자기를 새롭게 하고 조금씩이라도 현실을 개선하면서 끊임없이 더 좋은 앞날을 기획해야 한다고 굳게 믿었습니다.

귀국한 뒤 영자신문에 매주 칼럼을 기고하면서 간혹 영국에 관해 주로 비판적인 글을 많이 썼습니다. 어느 날 영국 대사관 공보관이 저를 아주 고급스러운 호텔 식당으로 초대했습니다. 여러 가지 이야기를 나누다가 결국 본 주제를 꺼냈는데, 한국 지식인들이 대부분 영국에 다녀오면 좋은 이야기를 많이 하는데, 왜 당신은 나쁜 이야기만 하느냐는 것이었습니다. 저는 웃으면서 가볍게 받았지요. 어느 나라건 좋은 면도 있고 어두운 면도 있다, 영국에서 공부했다고 영국의 좋은 면만 쓴다면 좋은 일이겠는가 하고요. 그분도 수긍하면서 그 이야기는 그런대로 끝이 났습니다. 그때 〈동아일보〉 영국 특파원을 하신 박권상 선생이 영국에 관한 책을 한두 권 쓰셨는데 칭찬 정도가 아니라 경이롭다고 할 만큼 긍정 일색이었습니다. 그분은 영국에서 훈장도 받으셨지요. 대사관 측에서는 유력한 또 하나의 '친영파' 후보가 돌연 태도를 바꾸었다고 생각했는지 모르겠습니다. 물론 제가 우스갯소리로 하는 말입니다. 당시 공보관은 후에 초대 북한 주재 영국 대사, 정확히 말하자면 대리대사 Charges d'Affaires가 되었습니다. 지금도 잊지 않고 제게 늘 연말 카드를 보내줍니다. 영국에 좋은 점도 많고 개인적으로 즐거운 추억도 있지만, 저로서는 한국이 영국을 본받을 수도 없고 그렇게 해서도 안 된다고 생각했습니다. 단지 영국인들은 자기 나라에 대한 비판이나 험담에 익숙해 있고 이것을 잘 받아들이는 편입니다. 비판을 당하면 쉽게 감정이 상하는 우리나, 특히 당장 죽일 듯이 펄펄 뛰는 북한과는 조금 달라요. 나라를 배반하고 적국의 첩자가 되어서 막심한 피해를 입힌 사람들도(킴 필비Kim Philby, 조지 블레이크George Blake…), KGB가 편집했을 자서전을 영국에서 출판하고 이들을 변호하는 사람들도 그곳에 있습니다. 유명한 소설가 그린Graham Green은 필비의 자서전에 서문을 쓰고 이 사람을 위한 변호를 했더군요.

여담이 하나 남았군요. 주영 대사 시절 모교 트리니티 칼리지에서 중요한 행사에 연설을 해달라는 청이 왔습니다. 물론 반갑게 수락했습니다. 그러나 의례적인 축사를 할 생각이 전혀 없었습니다. 케인즈Maynard Keynes의 말을 빌리면 "신사가 되기 위한 대합실" 같은 학교의 나쁜 음식에서 시작해 온갖 불편하고 못된 일들을 쏟아내어 청중들을 즐겁게(?) 해줄 생각으로 열심히 명연설문을 써놓았습니다. 혼자 회심의 미소를 지으며 500여 년에 이른다는 이 대학 역사에 영원히 남을지도 모르는(!) 연설 날을 기다렸습니다. 그런데 아뿔싸! 역시 하늘의 뜻이 아니었나 봅니다. 본국에서 노무현 대통령이 당선되자 귀국을 하라고 연락이 온 것입니다. 아까웠지만 어쩔 수 없었습니다. 마지막 수로 연설문을 학교에 보내면서 누가 대신 읽어줄 수 있겠는지 뻔뻔스러운 편지를 동봉했는데 답은 간단했습니다. 그렇게 할 수 없다고요. 그래서 제 명연설은 그렇게 묻히고 말았습니다. 여왕 폐하의 충성스러운 신민들에게 커다란 즐거움을(!) 줄 절호의 기회를 놓쳐 제 개인적으로는 매우 안타까운 일이 아닐 수 없습니다.

한국은 미국이라는
현실의 어설픈
반영이었을까요?

선생님께

역시 한국이라는 좁은 틀 안에 갇혀 살던 제게 선생님의 이야기보따리는 늘 흥미롭습니다! 그런데 왜 고등학교를 졸업하자마자 유학을 떠나지 못하셨나요? 성적이 좋아 당시 법대보다도 입결이 높았던 서울대 정치학과에 가셨잖아요. 아마도 부모님께서 조기 유학의 폐단 같은 것을 생각하신 것 같다고 하셨지요. 그리고 아버님이 형제 중 선생님이 착해서 옆에 두고 심부름을 시키려고 하신 것 같다고 농담처럼 말씀하신 기억도 납니다. 이후에 선생님께서는 학생 신분으로 자동차 부품 사업을 하셔서 넉넉한 자금을 마련해 유학길에 오르셨지요. 그것도 형제자매

가 있는 미국이 아니라 낯선 나라 영국으로요. 이른바 빛나는 대영
제국 시대에 런던에서 공부한 아버님께서 아들이 케임브리지의 트
리니티 칼리지 같은 명문에 들어간다고 하니 깜짝 놀라셨다지요.
저는 선생님께서 은근히 반골 기질을 지니셨다는 걸 다 알고 있어
요! 그래서 굳이 영국과 케임브리지를 택하신 것은 형제자매들이
모두 미국에 있는데 나까지 가야 하나? 영국은 어떨까? 거기서 제
일 좋은 대학은 어디지? 케임브리지네? 그런데 케임브리지에 간
한국인은 아직 아무도 없구나! 그럼 내가 가겠다! 이런 의식의 흐
름이었을 거라고 짐작해봅니다.

　늘 선생님께서는 허를 찌르는, 가끔 얄밉기까지 한 재주를 가
지고 계신데(하기야 제가 늘 선생님 손바닥 위에서 놀고 있죠!) 제가 지
난번 편지에서 다소 안이한 마음으로 외로우셨는지, 자유로우셨는
지 여쭈었습니다만, 선생님 답장을 받아보니 제 생각이 너무 단순
했다는 걸 깨달았습니다. 불행과 고독, 이런 것들은 정신 차려 보니
세상에 태어나버린 인간들이 싫어도 어쩔 수 없이 감싸 안고 가야
할 것들이겠지요. 유학 시절 이야기를 상세히 들려주셔서 놀랐습
니다. 한국은 지금 '계급이 고정되어 있다'며 괴로움을 호소하는 사
람이 많습니다. 영국에서는 상류계급이 쓰는 말, 어휘, 어법, 특히
억양을 다른 계급이 흉내 낼 수 없다고 하신 걸 보고 우리는 적어도
쓰는 언어가 같다는 게 조금은 희망적인 것처럼 보이기는 합니다.
물론 전라도 사람들이 사투리를 쓸 때 차별받는 후진성은 조금 남
아 있지만요. 아무리 그래도 찰스 왕자의 방에만 난방을 넣어주다
니, 시간을 거슬러 올라간다면 한 대 때려주고 선생님 방에도 난방

을 넣어주고 싶은 마음 굴뚝같습니다.

형제분들과의 이야기를 어느 신문기사에서 봤을 때 무척 의아했는데, 선생님 편지를 보고 약간은 이해가 갔습니다. 그분들에게는 미국이 현실이고 한국은 그 현실의 어설픈 반영, 반사 같았으리라 하셨죠. 그러니 그분들에게 진정한 세계는 미국이었던 것이겠죠? 그분들은 한국을 '발견'하지 못하셨거나 한국을 '발견'하는 일을 애초에 거부하신 게 아닐까요? 물론 누군가에게 한국을 발견하라고 강요할 수는 없는 일이지요. 하지만 이분들이 한국을 '발견'하지 못한 것은 행일지 불행일지 자꾸만 생각하게 됩니다.

세미나 때 셰리주를 한두 잔 제공하는 관행이 있었군요. 술이 즐겁다는 것은 유학 시절에 배운 것 중 하나였고 후에 이 습관을 버리는 데 많은 노력이 필요하셨다 하셨는데, 원래부터 그런 것들에 초월한 듯 보였던 선생님에게 그런 경험이 있었다는 걸 들으니 놀라웠습니다. 저도 술 때문에 누구 못지않게 고생을 해보았기에 더욱 궁금해졌습니다.

선생님께서는 더없이 지적인 학자의 풍모를 하고 계시지만 영국 유학 시절이나 옛이야기를 들려주실 때는 은근슬쩍 심술꾸러기 같다는 생각도 많이 합니다. 실은 지금도요! 케임브리지 시절 로잉 클럽 회원들과 나눈 대화에서 노 젓기에 그토록 자부심을 가진, 디너재킷으로 잔뜩 젠체하고 멋을 낸 학생들에게 "여러분 안녕? 우리나라에서 노 젓는 일은 가장 천한 사람들이 하는 일이었어"라고 말씀하시고도 노로 얻어맞지도, 위협당하지도, 쫓겨나지도 않았다니 과연 영국은 신사의 나라가 틀림없어요. 저는 선생님 안에 숨어 있는 심술꾸러기를 아주 좋아합니다. 지금보다 더 자주 그 심술꾸러기를 만나고 싶습니다.

우리가
쳐다보던 세상에도
문제는
가득했습니다

현진

형님들처럼 고등학교를 졸업한 뒤에 바로 유학을 가지 못한 것은 부모님의 허락이 없었기 때문입니다. 부모님이 아마도 그때쯤 미국 유학에 관해 조금 다른 생각을 하신 게 아닌가 싶어요. 부모님이 제게 그런 심부름을 시키실 뜻이 있었는지는 잘 모르겠지만 형제자매들이 다들 유학을 떠났기 때문에 저는 어쩌다 보니 집안 대소사를 맡아 하고 있었습니다. 이를테면 집안에 큰일이 있거나, 어른들이 돌아가시거나 했을 때 장지를 마련하고 장례를 치르는 것 같은 각종 일이 모두 제 차지였고, 형님들이나 누님은 모두 도움이 되지 않았어요. 그저 손님처럼 오셨다가 가시곤 했지요. 떨어져 살았지만 형님들과 누님과는 서신으로라도 늘 연락을 주고받았습니다. 간혹 만나기도 했고요. 그렇지만 물론 각자 살고 있는 '세계'는 달랐어요. 홉스봄Eric Hobsbaum이 20세기에는 모두가 조국이 둘이었다고 쓴 일이 있습니다. 자기가 태어난 조국과 미국이 그렇다는 이야기였습니다. 그러나 그것은 현실의 미국이 아닌 만들어진 가상의 미국이었다는 이야기입니다.

　제가 한 일은 자동차 부품 사업이 아니고, 미군이 폐차한 차를 고철로 사서 승용차로 조립해 시장에 내놓는 것이었습니다. 그때 일하던 사람들은 주로 서비스 공장의 10대 말에서 20대 초반 젊은 이들이었는데, 제대로 기술 교육을 받은 분들이 아니었는데도 일솜씨가 무척 훌륭했습니다. 신진이나 현대가 나오기 전에도 최소한의 자동차 기술 인프라는 있었던 것입니다. 미군이 폐차한 파쇠로 만든 그야말로 수제 자동차들이 버스나 승합차들의 주종이었으니까요. 인상적이었던 것이, 자동차 부속에 관련된 용어들에 일본어, 한국어, 영어가 뒤섞여 있어서 마치 우리나라 근대사의 어떤 일면을 보는 것 같았습니다. 아직도 그때의 용어들에 얽힌 사연들이 가끔 생각나요. "오大 베아링" "고小 베아링" "쇼바Shock Absover" "빠데Pate" "준세이純正"…. 여하간 스리쿼터 하나에 가득 실린 파철 무더기를 가져다 부려놓고 한 달 정도면 번쩍이는 승용차가 되어 나와서 국회의원이나 사장님들이 타고 다녔습니다. 후일 우리나라 자동차공업을 일으킨 훌륭한 분들에 관한 이야기를 들을 때마다 그분들이 자동차에 손을 대기 훨씬 전부터 이 분야에 종사하던 이름 없는 솜씨 좋은 젊은이들을 생각하곤 했습니다.

선친은 케임브리지와 특히나 트리니티 칼리지에 상당히 큰 인상을 받으신 것 같았지만, 그런 내색을 많이 하는 분은 아니었기에 특별한 반응을 보이시진 않았습니다. 제가 케임브리지나 트리니티 칼리지를 택한 것은 특별한 큰 뜻이 있어서가 아니라 그저 우연이었습니다. 제일 큰 이유는 현진이 말한 대로 이미 형님들과 누님이 계시는 미국에 가기 싫어서였습니다. 트리니티 칼리지가 그렇게 고귀한 곳인지도 모른 채 지원했어요. 아마 그때 현실을 좀더 잘 알았더라면 트리니티 칼리지 말고 비록 명성은 조금 떨어지더라도 실용주의적이고 더욱 현대적인 작은 칼리지를 택했을 것입니다.

한국은 엄격히 말해 수입과 재산의 문제이지 아직 이것이 사회적, 문화적 계급으로 고착되지는 않았습니다. 그렇게 되어간다고는 하지만 진짜 계급사회를 보면 한국과는 아주 다릅니다. 제가 어렸을 때만 해도 하층계급이 있었고, 이들은 상류계급을 아주 외경의 자세로 대했습니다. 서로 사용하는 언어나 호칭도 달랐어요. 마찬가지로 외양이나 겉치레만이 계급의 선을 결정하는 것이 아니고 상하 관계가 내면화되는 것이 중요하지 않겠습니까? 현재 우리는 그렇지 않습니다. 제가 쓴 《세계의 발견》 말미에 매튜 아놀드Mathew Arnold의 미국에 대한 평에 대한 마크 트웨인Mark Twin의 논평을 실었어요. 그걸 보면 한국이 좋은 나라인 것을 알 수 있습니다.

셰리주는 포도주의 일종인데 도수가 좀 높습니다. 아마 16도 정도일까요. 식후주로 쓰는 달콤한 것이 있어요. 크림 혹은 스위트, 미디엄, 드라이 세 종류가 있지요. 유명한 브랜드가 'Gonzales Bypass'인데, 회사나 학교 등이 자기 이름을 딴 셰리주를 갖고 있어요. 트리니티 칼리지에도 그 칼리지만의 셰리주가 있었습니다. 미디움 드라이로 값도 싸고 마시기 좋아서 학생들이 애용했지요. 학교가 포도주를 정기적으로 구입해 술 창고에 넣어두고 있어서 때로는 좋은 포도주를 싼값에 즐길 수도 있었어요. 일 년에 몇 차례 유명한 포도주 회사가 학교에 와서 포도주 맛보기 모임을 열기도 했고요. 포도주에 대한 설명을 들으면서 싼값에 좋은 포도주들을 맛볼 수 있었죠. 학교 포도주를 구입할 때는 조언해주는 사람도 있었어요. 언젠가 술을 사러 갔다가 그분에게 재미있는 이야기를 들었어요. 신입생이 포도주를 사러 왔는데 어떤 것을 고를지 망설이는 것 같더래요. 그래서 자기가 "전문가로서 조언을 해드릴까요?" 하고 물었더니 그 학생의 답이 이러더래요. "네, 도와주세요. 제일 싼 것이 어떤 것입니까?"

유학 전에도 술을 마시지 않은 것은 아니었지만 즐기지는 않았습니다. 유학 첫해에 학제도 다르고 생전 처음 낯선 환경에 처하다 보니 공부도 쉽지 않아 다소 고생을 했습니다. 심신이 좀 지쳐 있었고, 저녁 늦게 도서관에서 방으로 돌아오면 아침까지 잠을 거의 못 이루는 일이 몇 차례 있었어요. 이런 불면이 걱정스러워 의사를 찾아갔더니 웃으면서 자기 전에 비터bitter라고 부르는 맥주를 한 파인트pint 마셔보라고 하더군요. 그랬더니 꼭 마술 같았어요. 공부 걱정도, 고향 생각도 모두 사라지고 몸과 마음이 그렇게 편해지더군요. 그때 깨달았어요. 어째서 친구들이 고통과 같은 술을 그렇게 좋아했는지를요. 맥주로 시작해서 맛본 포도주도 새로운 세계였고, 그다음으로는 위스키나 코냑 같은 하드리커도 그렇게 좋았습니다.

그렇지만 그때도 과음을 해서 육체적으로나 사회적으로 문제가 되는 일은 저지르지 않았습니다. 그러나 어느 순간 '여기에 내 기분이 좌우되는 것이 별로 좋지 않게 느껴진다. 그러니 이제는 술을 끊어야겠다'라고 생각하고 그만두었는데, 한동안은 술이 그립고 서운한 마음까지 있었지만 이제는 완전히 잊었습니다.

유학 생활에서 받은 한 가지 큰 영향이 있다면 그것은 어떤 자각이었습니다. 우리가 쳐다보던 서방에는, 그 이면에는 우리나라 못지않은 문제가 가득했습니다. 우리와 다른 점은, 우리가 미래 지향적이라 할 때 이들은 과거, 기껏해야 현재밖에 생각하지 않는 것 같았다는 점이었습니다. 애스턴마틴, 페라리, 로터스 들이 마치 숭배와 애착의 대상과 같고 휴가를 가는 것만이 일 년 내내 간절히 기다리는 삶의 유일한 보람인 듯했습니다. 그래서 불쌍하다는 생각까지 들더군요. 그런 시점에서 보면, 500년 역사와 이곳에서 배출한 노벨상 수상자 수가 프랑스라는 국가 전체에서 배출한 숫자보다 많다고 자랑하는 학교도 나름 훌륭하긴 했지만, 우리와는 상관없는, 우리의 모델이 될 수 없는 그런 곳이라고 여겼고, 부정적인 면도 눈에 많이 들어왔습니다. 이런 옛이야기들이 현진에게 무슨 도움이 될까요? 흘러간 생각을 하니 부질없는 말이 많아지는 것 같습니다. 몸이 아프다고 들었는데 좀 어떻습니까?

저 말고도
정신이 아픈 여성이
한국에 아주
많았을 거예요

선생님께

지난번 편지 말미에 아픈 것은 좀 어떠냐고 물으셔서 말씀드립니다만, 아마 올 여름은 저 말고도 정신이 아픈 여성이 한국에 아주 많았을 것입니다. 2020년 7월 둘째 주는 한국 여성들이 단체로 외상후스트레스장애를 호소한다 해도 이상하지 않을 고통스러운 기간이었어요. 저는 실제로 그다음 한 주를 앓아누워 보냈습니다. 그 주는 고작 스물두 살밖에 되지 않은 유망한 철인 3종 경기 선수였던 최숙현 씨의 투신자살로 시작했습니다. 이분은 아무리 고통을 호소해도 묵살되었고 가족에게조차 어려움을 말하지 못한 채 세상을 등졌습니다. 저는 요즘 자살을 말할 때 흔히 쓰는 표현인 '극단적 선택'이라는 말에 굉장히 거부감이 드는데요. 서구 언론은 'death by suicide'라는 표현으로 바꾸기를 권장하고 있다고 합니다. 자살은 선택이 아니라는 것이죠. 이 선수의 죽음이야말로 그런 표현이 어울리는 비통한 죽음이었습니다.

선생님께서는 자살하는 사람은 원래 낙관적인 사람, 세상에 대한 기대가 큰 사람이 아닐까 하고 종종 말씀하셨지만, 최 선수 같은 경우는 실낱같은 희망조차 모두 잃어버려서 죽음이라는 길밖에 남지 않았던 게 아닌가 싶습니다. 이 젊은 선수가 앞으로 맛볼 수 있었던 삶의 기쁨과 고통, 환희와 좌절 같은 '산다는 것의 맛'을 다시는 누리지 못하게 된 것을 생각하면 생판 남이라 해도 안타깝기 그지없습니다.

이것만 해도 충격이었는데, 제가 두 번째로 KO당한 사건은 세계 최대 아동 성착취물 웹사이트 중 하나인 '웰컴 투 비디오'의 운영자 손정우의 미국 송환이 불허되었다는 소식이었습니다. 그렇게 많은 죄과를 지녔는데도 멀쩡히 석방되었지요. 무슨 말을 더 할 수 있을까요. 지금은 그저 학대당한 아동들이 무사히 살아남기를 바랄 뿐입니다.

세 번째는 안희정입니다. 한때 정치인이었던, 현재는 성범죄자로 수감 중인 안희정 전 지사가 모친상을 당했지요. 모친을 잃은 것이 얼마나 큰 슬픔이었을지 이해가 가지 않는 건 아니지만, 요즘처럼 결혼식도, 돌잔치도 쉬쉬하며 손님을 부르지 않는 코로나 시대에 성대한 장례식을 연 것이 이해가 되지 않았습니다. 더욱 놀란 것은 장례식장에 도착한 화환 중 문재인 대통령의 화환이 있었다는 거예요. 그것도 "대한민국 제19대 대통령 문재인"이라고 커다랗게 쓰인 화환이 말이죠. 나름 가까웠던 이가 상을 당한 것에 조의조차 표하지 말라는 게 아닙니다. 대통령으로서가 아니라 그냥 자연인 문재인으로 조화를 보냈다면 좋았을 텐데 싶어서요. 어떤 사람들에게 그것은 아직 안희정에게 힘이 있다, 정치적으로 죽지 않았다는 권력 과시로 보일 수 있기 때문입니다. 그 어떤 사람들 가운데 한 사람은 안희정이 세 번에 걸쳐 성폭행하고 시녀나 다름없이 알뜰하게 써먹은 전 수행비서 김지은 씨겠지요. 최근 이분의 수기 《김지은입니다》를 읽었습니다. 속독을 하는 제가 책을 읽다 덮고 읽다 덮고 했을 만큼 쉽지 않은 글이었습니다.

네 번째 KO는 예측하셨겠지만 박원순 시장 사건이었습니다. 뉴스에서 박원순 시장이 실종되었고 여성 문제가 있어 자살했다는 소식을 들었을 때 사실 믿지 않았습니다. 그분과 얄팍하게나마 교분이 있어 더 충격을 받았던 것 같습니다. 박원순 시장에 대해 친구들과 이야기하다 공감대를 형성한 것은 '의전이 사람을 미치게 한다'는 것이었습니다. 제가 평소 존경하는 어느 어른도 대표직에 올라 의전을 받아보니 기분이 영 우쭐해진다고 털어놓으셨어요. 사람을 몇 달 만에 그렇게 바꿔놓을 수 있는 게 의전이라면, 대권으로 가는 첩경으로 통하는 서울시장 자리, 유력한 차기 대선 주자로 꼽히는 그 자리 때문에 사람들이 얼마나 그에게 굽신거리며 심기를 보좌했을지 상상이 됩니다. 워낙 명민하신 분이라 충동적이 아니라 냉철히 생각한 다음 자살을 택하신 게 아닐까 하는 억측까지 해보았습니다. 만약 살아서 경찰 조사를 받았다면 가장 큰 무기로 삼아온 청렴한 이미지는 흙발로 흰 비단 천을 밟듯 망가졌을 테지요.

자살하는 사람은 낙관적인 사람이라는 선생님 말이 이분에게는 꼭 들어맞는 것 같습니다. 인생에 대한 기대가 많았을 테니까요.

최 선수부터 박원순 시장 사건까지 접하며 받은 충격으로 한 주 내내 앓아눕지 않을 수 없었습니다. 그러면서 이 일들 사이에 어떤 연결 고리가 있겠다는 생각이 들었습니다. 그 연결 고리는 한국인들의 성향, 곧 다른 사람에게 자기 고민을 잘 나누지 않는 성향에 있는 게 아닐까 싶었습니다. 한의 민족이어서 그럴까요? 고통을 가슴에 묻고 혼자 끙끙 앓다 어떤 선택을 내리는 게 이 민족의 특성일까요?

노회찬 의원과 최숙현 선수에게는 그들 편에 서서 이야기 들어줄 사람이 정말 없었던 걸까요? 왜 이렇게 독할까요? 한국인들의 '독함'은 어디에서 나온다고 생각하십니까? 그 독함이 다르게 쓰이면 한국인의 장점이 되기도 할까요?

사람은
선과 악 중
어느 하나만
가지고 있지 않습니다

현진

1980년대 중반 암울하던 시기 영국에서 귀국하면서 마음이 기쁘기보다는 어두웠어요. 그러나 그런 시절에도 좋은 일은 있기 마련이었습니다. 이때 우리나라 산에 빠져들었거든요. 이전에는 학생 시절부터 등산 간다는 친구들을 신통치 않게 생각했는데, 막상 산에 마음을 붙인 다음에는 정신적, 그리고 정서적으로도 아주 건강해졌습니다. 한국에는 도처에 좋은 산이 있다는 것을 새삼 발견했습니다. 산천이야말로 우리나라가 자랑할 만한 자산이고 이렇게 좋은 산하를 하나님이 주셨는데 우리나라의 앞날이 당연히 밝지 않겠는가 하는 엉뚱한 생각도 들더군요. 심지어 차에 등산 장비를 싣고 다니다가 틈만 나면 주변 산에도 잘 올랐어요. 새벽에 거여동에서 남한산성까지 갔다 와서 샤워를 하고 학교에 가기도 했지요.

엉뚱한 이야기가 길어졌습니다만, 저는 가끔 지리산, 덕유산 등을 옛 빨치산 출신들과 함께 잘 가곤 했어요. 그러면 보통 하룻밤을 산에서 보내게 되는데, 그러노라니 자연히 이분들의 전력이나 삶에 관해 들을 기회가 많았습니다. 산장에서 자그마한 공간에 많은 사람이 자야 하니 서로 머리와 다리를 다른 방향으로 하고 눕는데, 그 와중에도 일단 금지되어 있기는 합니다만, 술과 담배가 어떻게든 빠지지 않고 출현했습니다. 그런데 술이 조금 돌고 나면 반드시 시비도 나오고, 싸움이 험악해질 때도 있어서 말려야 할 경우가 많았어요. 이때 옛 산사람들 내부도 결코 단순하지 않다는 걸 알게 되었습니다. 흔히 하는 말이 이들 안에 세 개의 그룹이 있는데 시멘트파, 순수파, 현실파 혹은 타협파였다는군요. 이 이야기의 나머지는 나중에 하기로 하고요. 그렇게 산에 같이 다니던 분들 중 이현상의 측근도 있었고 남도부(하준수의 전투명)의 조카도 있었어요.

이들 중에는 한국전쟁 때 낙동강을 건너 적(국군과 UN군) 후방에 침투해 작전을 펼쳤다는 분들도 있었습니다. 그때 국군 야전병원에서 간호사 하나를 납치해 산으로 데려갔는데, 국군의 빨치산 토벌작전을 앞두고 이현상 사령관이 간호사를 민간으로 내려보냈다고 합니다. 이들이 후에 알게 된 사실인데, 그때 그 여자분은 이현상 사령관의 아이를 임신 중이었다고 해요. 당시 이현상은 부하들에게 단순히 지휘관을 넘어 엄청난 존경을 받는 영웅적인 존재였고, 명칭도 "대장님"이 아닌 "선생님"이라 불리는 인물이었습니다. 그런데 그 간호사가 "선생님"의 아이를 가졌다는 것을 후에 알게 된 분들은 몹시 실망했다고 하더군요. 당시 삶과 죽음이 매일 넘나드는 어려운 상황에서도 처음 품은 뜻을 잃지 않고 모두가 동지로서 단단히 뭉쳐 충성을 바치며 온갖 고락을 함께했는데, 그 와중에 우리의 "선생님"이 어떻게 그럴 수 있는가 하는 복잡한 감정이 수십 년이 지난 뒤에도 마음 깊이 박혀 있었던 것입니다.

이분들에게는 아직도 이것이 절실한 문제였던 것 같은데, 저는 그만 웃어버리고 말았습니다. 웃어버린 데에 대단히 죄송스러운 마음도 들고 해서 겸사겸사 이렇게 말했습니다. 사실, 이런 일은 수천 년 동안 있어왔던 일이니 이현상이라고 해서 그가 특별히 나쁘거나 비도덕적인 것은 아니라고요. 그들이 잘 알지 못했던 한낱 필부匹夫와 다를 바 없는 이현상의 얼굴이 그들이 함께 추구했던 고귀한 이념이나 투쟁의 명분, 그리고 그들이 '"선생님"에 대해 품고 있었던 엄청난 존경심에 큰 손상과 실망을 안겨주었으리라는 것은 충분히 이해가 가고도 남지만, 그것은 당신들이 사람과 이 세상에 대해 지나치게 기대했기 때문이라고도 했습니다. 제 이야기를 듣고 그분들이 얼마나 납득했는지는 알 수 없습니다.

현진도 제가 지금 하는 이야기를 너무 심각하게 받아들이지 말고 가벼운 마음으로 보고 조금이라도 마음에 위안이 되었으면 좋겠습니다. 아마 웃을 기분이 아니겠지만, 약간의 미소와 한숨으로도 마음을 어느 정도 달랠 수 있어요. 정말 하려던 이야기를 하기도 전에 사설이 너무 길어졌나 싶지만, 현진이 최근 고통스럽게 받아들인 두 자살 사건도 동일한 경우라고 생각해보면 어떻습니까? 어떤 분이 포유류 중 일부일처제를 하는 것은 인간밖에 없다는 말을 했습니다. 그런데 무리를 이루고 사는 동물들은 보편적으로, 어떤 방식으로든 힘이 세거나 매력이 강렬한 수컷 하나가 그 무리의 암컷들을 독점합니다. 그래서 성적인 관계는 일부일처나 일부다처가 아니라 힘이나 능력에 따라 결정되는 독점적인 것이지요.

사람들이 스스로를 단순한 포유류가 아닌 '인간'으로, 동물과는 아주 다른 특별한 존재로 분류한 지 오랜 시간이 지났는데도 아직 힘과 여성('암컷'이 아닙니다) 관계에서는 원시시대의 흔적이 많이 남아 있지 않나 생각합니다. 또 동물들과 달리 호모사피엔스 남성들의 힘은 무척 여러 가지입니다. 권력은 정치 영역에만 있는 것이 아니라 여러 가지로, 또 여러 영역에 존재합니다. 외젠 이오네스코Eugene Ionesco의 희곡 중에 어떤 교수가 여학생을 살해하는 내용의 작품이 있습니다. 교수는 자기에게 배우러 온 여학생에게 엉터리 질문을 합니다. 여학생은 답을 제대로 하지 못해 당황해하고, 교수는 더욱 공격적으로 학생에게 질문을 퍼부어 몰아세우다가 마침내 여학생을 살해하고 맙니다. 극에서는 그것이 살인으로 나왔지만, 관객은 금세 알 수 있습니다. 그것이 남성과 여성 사이의 권력 관계에서 발생한 '성폭력'이라는 것을요.

명성, 그리고 존경도 물론 권력이 되겠지요. 폭력적인 것은 아니라 하더라도 근본적으로 권력은 양성 관계에서 중요한 역할을 합니다. 오래전 이야기라 조금 기억이 흐릿합니다만, 프랑스 작가 프랑수아즈 사강Francoise Sagan이 "여성이 남성에게서 느끼는 매력은 여성이 결코 생각할 수 없는 힘"이라고 말한 것이 기억납니다. 이현상과 당시 납치당한 간호사의 관계가 어떤 것이었는지 구체적인 상황은 우리가 알 수 없지만, 두 사람 사이에 어떤 형태로라도 힘에 의한 권력의 작용이 존재하지 않았을까요?

그런데 문제가 있습니다. 이런 관계가 이현상을 따르는 부하들의 존경심을 무너뜨린다는 것입니다. 또는 갈등을 일으키고요. 만약 이 관계가 훨씬 훗날이 아니라 그들이 산에 있었던 급박한 상황에서 모두에게 알려졌다면 어떻게 되었을까요? 부하들의 불평이나 비판이 공개적으로 터져 나오는 상황이 벌어졌더라면 과연 이현상은 어떤 선택을 했을까요? 자살로 이를 수습하고 자신의 '명예'를 지키려 했을까요? 그가 만약 자살을 택했더라면 부하들은 그것을 애석하게 생각하고 '빨치산장'으로 그의 죽음을 기렸을까요? 아니면 이 요물 여자 하나 때문에 우리의 위대한 지도자가 자살했다거나, 우리의 위대한 혁명적 투쟁이 타격을 입었다고 비난하고 저주하면서 이 가해자 반혁명 반동을 제거했을까요? 지금으로서는 상상하기 어려운 상황입니다. 사람에 따라서, 그리고 특히 정치적 견해에 따라서 여러 가지 다른 해석이 있을 것입니다. 그러나 어떤 경우이건 자기 뜻에 반해 산에서 생활하면서 아이까지 가진 채 하산하는 여인의 심경이 결코 행복하지는 않았을 것입니다.

저번에도 같은 이야기를 썼습니다만, 어렸을 때부터 어쩔 수 없는 운명을 혼자서 삭이고, 혹은 온갖 노력으로 그것을 받아들이고 사는 여인들을 많이 보았습니다. 그러나 세상은 제가 생각하기에도 엄청나게 바뀌었어요. 조금 과장인지 모르지만 제가 어디선가 이런 이야기를 한 일이 있습니다. 한국의 10년 전은 중세와도 같다고요. 이제는 여성들이 권력을 무기 삼아 자신의 성에 가해지는 불의를 참지 않습니다. 제가 오래전 일류대학 조교가 교수를 고발한 사건을 두고, 교수 쪽을 옹호하는 이들 앞에서 "이것은 오히려 단군 이래 최대의 경사"라고 이야기했다가 좌중의 눈총을 받았다는 이야기를 했지요. 이제는 여성들이 성적 폭력을 당하고 나서 자기 상처를 안고 자해하거나 아픔을 달래면서 살아가지 않습니다. 그뿐 아니라 여성들은 자기를 유혹하는 권력이 바로 그런 짓을 하면 안 된다는 '명분'에서 나왔다는 것도 알고 있습니다. 하렘이나 후궁 혹은 기쁨조의 경우와는 매우 다르다는 것을 잘 알고 있지요. 한국만의 이야기가 아닙니다.

세계적으로, 또 인류 차원에서 여성들은 강력한 정치권력이나 위대한 시인의 명성, 이름 높은 교수의 권위 등을 이용한 신체 접촉을 거부하고 이를 공개적으로 알릴 준비가 되어 있습니다. 과연 "단군 이래"만이 아니라 인류 문명사의 획기적인 전기, 군서 포유류의 승자 독식 문화에서 인간으로의 긴 여로에 큰 걸음을 내디딘 셈입니다. 그런데 아뿔싸! 이것을 아직 깨닫지 못하고 자기 권력이 여성들에게 저항하기 힘든 매력이라는 환상에 취해 있는 분들이 도처에 있다는 것은 비극, 희극입니다.

한때 이런 농담이 있었습니다. 일본 사람들은 잘못을 저지르면 자기 배를 가르는데 한국 사람들은 자기 배를 째라고 한다고요. 그런데 이제는 한국인들이 세계 자살률 1위라는 불명예를 안고 있습니다. 더군다나 사회 지도층이라 불리는 이들이, 정치적으로 진보

적인 분들이 자살을 많이 하고 있습니다. 일본에 있을 때 이와 관련된 강연을 한 적이 있습니다. 일본 초등학교 교과서에 나온다고 들었는데, 노기 마레스케乃木希典 대장 이야기입니다. 이분은 전장에서의 실패 책임, 그러니까 치욕 때문에 자살하려 했는데 명치 천황이 금지해서 그렇게 하지 못하다가 천황이 서거하자 그 명령이 해제되었다고 생각해 할복했고, 부인도 따라서 자살했다고 합니다. 우리나라에도 잘 알려진 나쓰메 소세키夏目漱石의 소설《마음ここ3》에도 잠깐 언급되지요. 나는 이런 일이 옳지 않다고 했습니다. 긴말을 하기보다 영국의 프로퓨모 대신 이야기를 꺼냈습니다. 거의 잊힌 이야기입니다만, 1961년 당시 보수당 정권에서 국방장관을 하던 유망한 정치인 존 프로퓨모John Profumo가 창녀 키일러Christine Keeler와의 관계 때문에 사직과 함께 정계에서 은퇴한 일이 한때 세상을 떠들썩하게 했습니다. 창녀와의 관계보다는 하원에서 이것을 부인하는 거짓말을 했다는 것이 더 문제가 되었지요.

그런데 제가 2000년대 초 영국 대사로 부임한 직후, 신문에서 이분이 여왕에게서 작위를 받는다는 기사를 읽고 깜짝 놀랐습니다. 여왕의 행사에 아내와 함께 참석한 모습이 사진에 실려 있었어요. 그토록 치욕 속에서 물러난 분이 어떻게 지금에 와서 영국인이라면 모두가 부러워하는 명예를 얻게 되었을까요? 그 정도로 망신스럽기 짝이 없는 퇴진을 했으니 마약이나 알코올에 의탁하거나혹 자살 같은 극단적인 선택을 했다 하더라도 이상하지 않았을 정도였는데 말입니다. 사실은 아주 간단했습니다. 그는 각광받던 정계를 떠난 뒤 아내와 함께 자선사업을 시작했습니다. 제 생각에는 자선사업 그 자체보다는 그가 자신의 잘못을 깊이 반성하고 보람 있는 일에 40여 년이나 헌신한 끝에 만년에 도달해 비로소 명예를 되찾은 것이 아닌가 생각합니다. 일본 청중에게 이런 질문을 했습니다. 노기와 프로퓨모 중 어느 쪽이 더 낫다고 여기는지.

사람이란 단순히 선과 악 두 가지 면 중 어느 하나만 가지고 있지 않습니다. 솔로몬 같은 지혜로운 왕은 다윗이 저지른 죄가 아니었더라면 세상에 태어나지도 못했을 것입니다. 지혜로운 성군 다윗이나 그 아들 솔로몬도 용서받기 어려운 죄를 저질렀지요. 그러나 죄를 깨닫는 순간 이들은 투신이나 음독으로 생을 마치거나 혹은 알량한 명성, 국가나 정치적 노선을 위해 목숨을 버리지 않았습니다. 이들은 죄를 인정하고 또 회개하고, 당장 자신이 할 수 있는 일을 했습니다. 단선적인 선과 악만 생각하는 사람들은 자신이 생각하고 살아온 바에 따라 자신의 명성과 명예, 혹은 역사를 위해 계속 자살을 택하겠지요.

쓰다 보니 너무 길어지고 쓸데없는 말을 많이 한 것 같습니다. 현진의 마음에 평화가 있기를 빕니다.

선생님과
저의
계급 차이일까요?

선생님께

쓸데없는 말이라니요! 저는 선생님께서 쓸데없는 말 하신 걸 본 적이 없는걸요. 우스개 말씀을 하셔도 그 안에 항상 뼈가 들어 있어서 저는 천방지축 강아지처럼 뼈를 찾으려고 늘 코를 쿵쿵댄답니다. 저야말로 '한국의 발견'에 관해 이야기하면서 그것과 먼 엉뚱한 소리를 한 게 아닌가 걱정이 됩니다만, 모택동이 말했듯 여성이 하늘의 절반을 받치고 있으니 제가 말씀드리고 싶은 것 역시 한국을 발견하는 이야기가 될 수 있지 않을까 하는 생각이 듭니다. 그렇다면 오늘 우리 한국 하늘의 절반의 현실은 어떤지 조금 더 써보고자 합니다. 지난번 편지에서 선생님께서 이런 말씀을 하셨지요.

"어쩔 수 없는 운명을 혼자서 삭이고, 혹은 온갖 노력으로 그것을 받아들이고 사는 여인들을 많이 보았습니다. … 이제는 여성들이 권력을 무기 삼아 자신의 성에 가해지는 불의를 참지 않습니다. … 이제는 여성들이 성적 폭력을 당하고 나서 자기 상처를 안고 자해하거나 아픔을 달래면서 살아가지 않습니다."

약간 우울한 생각이었습니다만, 저는 이 구절을 보고 저도 모르게 이런 생각이 스쳤습니다. '선생님 주변 여성들은 다르구나. 자신의 생살여탈권을 쥐고 있는 회사 선임이나 상급자의 불의를 보았을 때 참지 않는 여성들이 많은가 보다. 성폭력을 당한 다음 자신의 상처에 대해 자해하거나, 내가 어리석어서 그런 일을 당했다며 스스로를 미워하거나, 침묵으로 아픔을 달래면서 살아가는 그런 여성은 없는가 보다. 바로 이런 게 선생님과 나의 계급 차이인가' 하는 생각이요.

그러고 나니 제가 느낀 약간의 우울함은 커다란 우울함으로 솜사탕처럼 부풀어올랐습니다. 제 주위의 젊은 여성들은 선생님께서 말씀하신 그 여성들과 정확히 반대로 살고 있거든요. 결코 이들이 어리석거나 멍청해서가 아닙니다. 돈이 없어 경제적으로 취약하다 보니 달콤한 말을 하며 다가오는 사람을 누구라도 간절히 믿고 싶어 하죠. 한편으론 제가 전에 말씀드렸던 '힘센 아버지'가 없는 탓도 큽니다. 제가 늘 하는 농담입니다만, 한국에서는 여성 얼굴이 '반반'하고 자신을 지켜줄 '힘센 아버지'가 없다면, 그녀는 더러워진 발을 벅벅 문질러 닦는 현관 앞 웰컴 매트처럼 남자들의 '공공재'가 된다고요.

　노골적인 말씀을 드려서 민망합니다만, 그런 여성에게 보수 쪽에서는 점잖게 '자신과 관계를 한 번 갖자'고 요구하고, 진보 쪽에서는 '불공정하다! 왜 저것들에겐 주고 우리에겐 기회를 주지 않느냐! 비민주적이다!' 이렇게 항의한다는군요. '여성 해방'과 '성 개방'을 같은 것이라고 착각한 나머지 억지를 부리는 녀석들인 것 같습니다. 어쨌든 '힘없는 아버지'를 가진 여성은 보수건 진보건 가릴 것 없이 동네북이라는 게 제 생각입니다. 그렇지만 저에게 날파리가 꼬이는 것만 아니라면 뭐, 상관없습니다. 인간이 원래 그런 것이니까요. 하지만 날파리들은 참 시끄럽지요. 청결하지도 않고요.

　일면 선생님께서 주신 답장에 공감이 많이 갔습니다. 이런 일들이 있었기에 어찌어찌 인간이 무서운 발톱과 이빨을 가진 동물들 속에서 살아남아 종을 유지할 수 있었을 테지요. 이현상처럼 존경받던 인물이 그 숭고한 투쟁 중에 본능을 발산할 수밖에 없었던 것도 인간적으로는 한없이 이해가 갑니다. 원래 전쟁처럼 목숨이 왔다갔다 하는 상황에 있는 사람일수록 자신이 '살아 있다'라는 사실을 확인하고 싶어 하는데, 그중 으뜸가는 방책이 이성과 관계를 갖는 일이라는 이야기를 어디선가 읽었습니다. 그렇다면 사령관이라는 막중한 책임을 어깨에 짊어지고 있던 그가 그런 확인을 하기 위해 누군가의 온기를 찾는 것은 당연한 일 아닐까요. 우리의 특별한 영웅에게서 평범한 속세의 남성과 같은 면을 발견하고 충격을 받았던 부대원들 역시 사실은, 늘 죽음과 함께 살고 있었으니 그런 본능이 없지는 않았을 것입니다.

어쨌든 성폭력 피해자가 자기 피해를 공개하는 일은 무척 힘이 드는 일입니다. 안희정의 성범죄를 고발한 김지은 씨 같은 피해자들을 볼 때 사람들(특히 남성들)이 하는 말이 하나같이 이렇습니다.

"왜 그런 짓을 당하면서 더 일찍 말하지 않았느냐?"

그러나 가해자의 권력이 피해자보다 현저히 강하면 도저히 어떻게 맞서야 할지 알 수 없을 때가 많습니다. 가해자가 피해자의 '밥줄'을 쥐고 있는 상황이 그렇지요. 이를 이해하지 못하는 사람들은 이렇게 말합니다. "왜 그 자리에서 저항하지 않았느냐"고.

제가 겪은 일입니다만, 술김에 부적절한 '터치'를 시도하는 상사를 간신히 피한 뒤 동료 직원에게 대책을 의논했더니 이렇게 저를 몰아세우더군요.

"현진 씨라면 그 자리에서 저항하는 용기를 보일 줄 알았다. 정말 실망이다."

당황스러웠지만 "혹시 너도 즐긴 것 아니냐?"라고 묻는 상태가 매우 좋지 않은 사람도 얼마든지 있으니 그에 비하면 양반이지요. 하기야 한때 "못생긴 여자가 서비스가 더 좋다"라고 말하는 이가 대통령이었던 나라에서, 국회의원까지 성폭력 피해자가 되는 나라에서 도대체 무엇을 더 바라겠는가 하는 생각이 듭니다.

참, 지난번 편지에서 한국인의 속성 중 '독하다' '남에게 의견을 묻지 않고 혼자 결정해버린다'에 관해 여쭈었는데 고견을 다시 한번 졸라봅니다.

정말
독한 사람이란
누구일까요?

현진

그렇지 않아도 지난번 글을 보낸 다음 여성
들이 저항하기 까다로운 '힘'에 대해 많이 생각했습니다. 이것은 무
척 어려운 일입니다. 이른바 '힘센 아버지', 곧 '보호자'가 없기 때문
에 재력가의 유혹에 넘어간다거나 혹은 진보 측의 '불공정'한 압박
에 물러서야 하는 경우라면 비교적 쉽습니다. 지금 세상에 '힘센 아
버지'란 참 찾기 힘든 일입니다. 현진의 경우를 보아도 혹 엄한 친
부보다는 딸의 힘이 더 세었던 것이 아니었나 하는 생각도 해본 일
이 있습니다. 어려움에 처한 여성에게(혹은 남성이라도)는 사회가
'힘센 아버지' 역할을 해주어야 합니다. 우리 사회가 이런 역할을

하기에 아직 미흡한 것이 많지만 적어도 함께 노력할 수 있는 영역은 있습니다.

그리고 현진이 쉽게 동의하지 않으리라 여기지만, 또 앞 편지에서도 했던 이야기지만, 세상은 조금씩 나아집니다. 저는 어렸을 적 시골에서 살던 때나 서울에서 살던 때 흔히 경험한 일들이지만, 불과 한두 세대 전 한국의 현실을 알고 싶다면 당시 나온 문학작품들을 읽어보기를 권합니다. 이제는 거의 잊혔지만 최정희나 이광수 같은 분들 작품에 흔히 나오는 이야기들이지요. 단지 저는 그런 장면을 눈으로 보고, 또 귀로 들으면서 자랐어요. 1960년대에 본 영화에 이런 장면이 있었습니다. 결혼을 앞둔 남자(최무룡)가 장래 장인(김승호)이 보고 있는 앞에서 뭔가 잘못을 저지른 여자친구의 뺨을 때리는 장면이었습니다. 장인은 이것을 보고도 뭐가 즐거운지 웃고 있습니다. 웃으면서 혼자 이렇게 중얼거립니다. 확실한 기억은 아니지만 "가끔 맞는 것도 좋아" 뭐, 이런 비슷한 말이었습니다. 영화 제목도 줄거리도 다 잊어버렸지만 이 장면과 배역만은 기억에 남았습니다. 저는 왜 사람들이 이런 장면에 항의하지 않는지 도무지 이해할 수 없었습니다. 1950년대 초 이야기인데요. 지방 어느 마을에서 아침에 공비 토벌대가 출정을 나가는데, 여인 한 분이 그 사람들 앞을 가로질러 지나갔습니다. 그러자 이분들이 여자가 재수없게 길을 앞질러 갔다면서 대노한 거예요. 공비 토벌은 뒷전이고 우선 그 여인과 가족부터 졸경을 치루었다고 합니다. 그런데 이 일을 전해주는 부인네들도 토벌대를 비난하기보다 그 여인의 처신이 경망했다고 책하더라고요. 어렸을 때 일이지만 그 여인이 뭘 잘못했을까 하고 의아해했던 기억이 납니다.

제가 한층 더 어려운 처지라고 생각하는 경우는 사람들이 전혀 무저항으로 힘에, 그것도 경제적인 힘에 기꺼이 기대어 거기에 자신의 전부를 의탁하며 살아가는 것입니다. 제가 처음 외국 생활에서 느낀 일이기도 합니다. 아직 경제가 어려웠던 시절의 한국에 비해 이른바 선진국에서는 오히려 개인의 결정에 돈의 힘이 무척 크게 작용한다고 느꼈습니다. 악마가 양피지와 펜을 가지고 사람들을 찾아갈 필요도 없었습니다. 사람들이 먼저 악마가 어디 없는가 하고 찾아다니는 게 아닐까 하는 생각까지 했을 정도니까요. 물론 그렇지 않은 경우도 있었지만, 단순히 기본적 생존 수단 정도는 이른바 선진 경제에서 그리 큰 문제가 되지 않았습니다. 그보다 중요한 것은 세상이 베풀어줄 수 있는 물질적인 혜택이 엄청나게 크다는 것과, 그 혜택을 누릴 수 있는 사람과 없는 사람 사이에 이른바 '상대적인 박탈감'이 대단했다는 것이었습니다.

현진은 '공정'을 근거로 진보 인사들이 여성들에게 '자기에게도 성적 기회를 달라'고 압박한다는 이야기를 했는데, 그런 접근이 그렇게 효과적일 것 같지는 않습니다. 그보다 현진은, 적어도 진보적이라고 하는 일부 인사들이 권력을 추구하면서 진정 마음 깊은 곳에서 진심으로 바라는 것이 그들이 지금까지 늘 외쳐오던 '정의로운 사회'뿐일 것이라고 정녕 믿고 있습니까? 권력을 쥐고 나자 지금까지는 그들의 손에 결코 닿지 않았던 하늘의 별처럼, 높다란 가지 위에 달린 열매처럼 멀기만 한 존재였던 온갖 물질문명의 혜택과 특권의 달콤한 과육을 권력의 힘을 통해 한껏 누려보는 것도 그들이 지금까지 소리 높여 주장하던 대의명분 못지않게 중요할지도 모른다는 생각은 해본 일이 없습니까? 이 근본적이고도 유혹적인 속삭임 앞에서는 진보건 보수건, 여성이건 남성이건 큰 차이가 없는 것 같습니다.

사실 저도 좋은 답을 가지고 있지 못합니다. 저는 한때 북한이 수많은 모순에도 불구하고 소비문화에 비교적 자유로운 것에 희망을 걸고, 새로운 문명을 개척하는 선진적인 나라가 될 수 있지 않을까 생각했고, 강연이나 논문을 통해 이런 이야기를 한 일도 있습니다(Rajongyil, Living with Two Nations under One Roof, 38North, 2014). 그러나 새로운 젊은 지도자가 등장한 이래 국민 대부분이 기본적인 영양이나 의료가 절대적으로 결핍되어 있는 상황인데도 스키장과 골프장 같은 것을 짓고 또 그것을 두고 사람들이 '개혁적'이라며 칭찬하는 것을 보면서 그런 생각과 기대를 그만 접고 말았습니다.

현진이 최근 몇 가지 진보진영의 행태에 분노를 느끼는 것은 충분히 이해가 갑니다. 이 점은, 저도 많이 우려하고 있습니다. 정치인들만이 아니라 기본적인 양식이 있으리라 믿었던 지도적 인사들도, 그리고 일부 지식인들 역시 이른바 '진영논리'에 빠져서 서로 다른 이중 잣대로 현실에 대처하고 있습니다. 이런 경우 사회에는 옳고 그름에 대한 일관된 기준이 사라지고 편 가르기와 그저 싸움을 위한 싸움만 남게 됩니다. 오래전 이야기지만, 소설가 앙드레 지드Andre Gide가 아프리카를 여행한 뒤 프랑스의 식민지정책을 신랄하게 비판했을 때 공산당과 마르크시스트 측에서 많은 찬양을 받은 일이 있습니다. 그러나 그 후 지드가 소련을 방문하고 돌아와 이전과 똑같은 정신과 기준으로 스탈린 치하의 소련 현실을 비판하자 프랑스를 비판할 때에는 열렬히 찬양하던 그 좌파진영이 이제는 맹렬히 그를 비난하는 것이었습니다. 그러자 그는 소련 기행문 속편을 발표했는데, 아예 이전의 저술보다 한층 더 격하게 비판하는 것으로 좌파진영의 비난에 응수했습니다. 그리고 자신을 비판하는 데 앞장섰던 로맹 롤랑Romain Rolland에 대해 이렇게 평했다고 합니다.

"왕년의 독수리도 이제 둥지를 틀었구려!"

틀림없이 양식이 있으리라 기대했던 우리나라 지식인 중에도 이제 "둥지"를 틀고 그 둥지 안과 밖에 서로 다른 기준을 적용하는 이들이 있는 것 같습니다. 현진 같은 골수 좌파 지식인도 이런 개탄을 하게 된 상황이 매우 우려됩니다. 그리고 현진이 무척 슬퍼하며 흥분했던 최숙현 선수의 고통스러운 삶과 마음 아픈 최후가 가슴을 쓰라리게 합니다. 왜 이런 일이 일어났는지, 왜 이 젊다 못해 어린 선수의 고통에 찬 구원의 호소에 주변이 침묵으로, 혹은 더 큰 가해로 대했는지 전혀 모르겠습니다. 아마도 주변에는 무언의 공모가, 어떤 실적을 위해서는 '안 되면 되게 하라'라는 오랜 기간 우리와 함께 살아 숨 쉬어온 공모가 있었던 것이 아닌가 생각합니다. 오늘 텔레비전에서 직접적인 가해자라는 이가 구속되는 장면을 보았습니다. 그러나 저에게는 얼핏 그 사람만이 가해자인가 하는 느낌이 들었습니다. 직접 지도하거나 감독한 사람이 아니라 가학적인 폭력을 휘두른 한 사람을 중심으로 마침내는 우리 사회 거의 전반에 이르는 수많은 동심원을 그려야 하는 것 아닌가 싶었습니다.

마찬가지로 지금 괴로워하고 있는 피해자도 최 선수 한 분만은 아닐 것입니다. 진보, 정의, 민주, 복지 등 아름다운 말들의 풍성한 잔치들 속에서 우리 사회는 연약한 젊은 생명 하나를 죽음으로 몰아넣었습니다. 아무도, 심지어 희생자의 피붙이들까지도 구원을 호소하는 고통의 목소리에 침묵이나 나무람으로 답했습니다. 처음 이 소식을 듣고 얼핏 일본어의 "야세가망瘦セ我慢"이란 표현이 떠올랐습니다. '억지로 하는 무리한 일'을 뜻하는 부정적인 말로 알고 있습니다. 그렇지만 어떤 현실에서는 아마도 좋은 말로 쓰인 적이 있을 것입니다. 여기에 필연적으로 따르게 되는 인간적인 희생은 괜찮은 성과를 낼 수만 있다면 전혀 신경 쓰지 않았겠지요.

우리는 오랫동안 "야세가망"을 긍정적인 의미로 사용하는 사회에서 살아오지 않았나 합니다. 지난번 평창올림픽 때 남북한 단일팀을 만들려는 과정에서 선수들의 희생이 따랐습니다. 선수 입장에서 올림픽은 평생 한두 번 올까 말까 한 기회입니다. 그런데 이 일생일대의 기회를, 이날만 기다리며 오랜 시간 어려움을 참고 훈련에 모든 것을 바쳤던 선수들이 눈물을 머금고 '높은 분'들의 결정에 따라 자리를 내주어야 했습니다. 이분들의 반발에 많은 젊은 이가 공감을 표하는 것에 놀라는 높은 어른들도 있었습니다. 그런데 그렇게 억지로 급조한 단일팀을 만든다고 해서 남북 화해나 통일에 과연 도움이 될 것인가 하는 생각을 진지하게 해본 사람은 없었을까요? 스포츠는 스포츠대로, 정치적인 문제는 정치적인 문제대로 자연스럽고도 의연하게 대처할 수 있는 여유 정도는 가져도 좋지 않았겠습니까? 보여주기 위주의 행사 모양으로 무리하게 급조된 단일팀의 시합을 한시적으로 함께 관전한다 해서 과연 남북 간 화해에 진전이 있을까요? 역시 우리는 한민족이라는 뜨거운 감동과 감격이 생겨날까요? 아니면 이런 행사를 기획하고 주관한 사람들의 일시적인 보이기 위주의 공적, 이른바 "쇼통"이 될 뿐일까요? 다소 무리하더라도 성과를 낼 수만 있다면 가학적인 폭력이라도 얼마든지 사용해야 옳다고 생각하는 사람들이 우리 사회의 여러 층에 의외로 많이 있을지도 모른다는 생각도 합니다.

현진이 "한국 사람들은 독한가?" 하는 조금 이상한 질문을 던지셨는데, 글쎄요. 저는 민족성이라는 것을 믿지도 않을 뿐 아니라 "어떤 부류의 사람이 어떤 상황에서 어떤 대상을 향해 독한가" 하고 질문하는 게 좀더 낫지 않나 싶습니다. 구태여 대답하자면 한국 사람들은 독하지 못해요. 정말 독한 사람이란, 지난번에 예를 든 영국의 존 프로퓨모 같은 사람 아니겠습니까? 자기 명성이 세인의 이목에 훼손되고 구설에 오르내리는 것을 겁냈는지, 아니면 스스로 생각하기에 자기 스스로는 선하고 인간적인 유혹 따위와는 인연이 없는데 쉽사리 용서받기 어려운 잘못을 저질렀다는 생각에 자신의 귀한 생명을 끊는 사람들을 저는 독하다고 생각하지 않습니다. 어리석을 뿐이라고 생각합니다.

한국
발견하기에 대해
생각해봅니다

선생님께

최근 계층 문제, 여성 문제에 관한 소설을 쓰고 있습니다. 인터넷 창에 "왜 안 만나줘"라고 치면 여성이 남성의 교제 요청을 거부했다는 이유로 살해당하거나 크게 다쳤다는 뉴스가 끝도 없이 검색됩니다. 어찌 보면 이것 역시 명예살인의 한 갈래 아닌가 하는 생각이 들었습니다. 제1의 성인 남성 체면에 먹칠을 하고 불명예를 준 여성에게 뜨거운 징벌을 내리는 그런 명예살인 말입니다. 하지만 저 역시 세상은 아주 조금씩 나아지고 있다고 느낍니다.

요즘 20대 여성들은 1980년대에 태어나 30대가 된 저희 세대보다 훨씬 현명하고 용감합니다. 그들이 더 빠른 속도로 세상을 바꾸고 강인하게 견인해 나가리라 생각합니다. 아니면 일종의 엑소더스처럼 모조리 '탈조선'을 감행해 시대의 흐름을 따라올 수 없는 사람들만 한국에 남길 수도 있겠지요. 어쨌든 그들만의 자유롭고 지혜로운 방식으로 한국의 역사적 변혁의 주인공이 되었으면 좋겠습니다. 다만 세상이 너무 느린 속도로 바뀌고 있다는 것이 조금 답답합니다. 거시적인 면에서 진보하고 있다는 것만은 분명하지만, 미시적인 면에서 각종 사건에서 희생되는 여성들, 얇은 종잇장처럼 힘없이 구겨지는 여성들의 삶을 목격할 때 어쩔 수 없이 심장이 분노로 빨리 뛰고야 맙니다. 그런 제 자신이 진중하지 못해 부끄럽기는 합니다만, 굳이 변명해보자면 세상의, 그리고 개인의 기쁨과 슬픔을 바라보며 그것을 내 일처럼 여기고 일희일비하는 것이야말로 작가의 일이 아닌가 합니다.

진보진영 남성들이 여성들에게 접근 기회를 달라고 강요한다는 이야기는 물론 농담입니다. 그러나 제가 진보진영 남성들과 가깝게 지내면서 다소간 환멸을 느낀 것은 사실입니다. 지난번 이현상에 대한 이야기를 나누었을 때 선생님과 제가 의견 일치를 본 것은, 아무리 고귀한 품성을 지녔건, 그렇지 않건 인간에게는 모두 그런 방면의 본능이 있다는 것이었지요. 그것을 표출하느냐 마느냐가 그의 고귀함을 가르는 기준이 될지 모르겠습니다. 제가 경험한 바로는 보수진영(수구 꼴통 말고 그나마 점잖은 축들 말입니다) 남성들은 점잖기라도 하더군요. 그러나 진보진영 남성들은 뭔가 큰 착각을 하고 있는 듯했습니다. 앞서도 농담 삼아 말씀드린 적이 있지만,

민주화를 통해 우리 사회에 어떤 해방이 오지 않았습니까? 독재의 억압에서 벗어나 일종의 인간 해방이 되었다고 할까요? 이루어지지는 않았지만 노동 해방이라는 단어를 많은 사람이 알게 되었고요. 이를 자신들 노력의 과실이라고 믿는 사람들, 혹은 그것을 승계했다고 믿는 이들이 아주 공통적으로 하는 착각이 있습니다. 그런 종류의 해방과 성 해방을 구분하지 못하는 것이지요. 사실 그들은 성 해방이 무엇인지도 알지 못하고, 관심도 없습니다. 단지 자신의 정욕에만 관심이 있을 뿐이지요.

이들이 생각하는 성 해방이란, 고작해야 여성이 결혼할 남성에게만 몸을 허락하던 기존 관습에서 벗어나 다수 남성(물론 자신들을 포함해)과 자유롭게 관계를 갖는 정도일 것입니다. 이들은 진보적인 여성이라면 마땅히 열려 있어야 한다고 생각하기도 하죠. 그걸 강요하기도 하고요. 선생님은 이런 사람들을 보신 적 없으시겠죠. 녀석들은 자기가 잘 보여야 할 남성 앞에서는 아무것도 모르는 순한 양이 되더군요. 어쨌든 자신에게 강요할 권리가 있다고 생각하는 이들은 성적 접근의 기회를 차단해버리는 여성에게 진심으로 분노하며 윽박지르기까지 합니다. 어느 정도의 위치에 오른 남성이 자신의 권력을 매력과 착각한다고 하신 선생님 말씀과 궤를 같이하는 이야기인 것도 같습니다. 4~5년 전 인권위에서 발언하다가 버지니아 울프Virginia Woolf의 "여성인 나에게 조국은 없다"라는 말을 인용했을 때 선생님께서 약간 당혹해하시는 것 같았습니다. 따로 설명드릴 시간이 없어서 넘어갔지요. 그때 이야기를 좀더 부연하자면, 한 공간에 있어도 여성과 남성은 다른 장소를 살아간다는 의미였습니다.

선생님과 여러 번 '선진국은 무엇인가'에 관한 이야기를 나누었습니다. 코로나를 통해 한국이 오랫동안 품고 있던 '선진국'에 대한 열등의식을 어느 정도 벗어던질 수 있었으며, 또 한국이 동경해온 '선진국'이라는 단어가 사실 얼마나 허황된 말이었는지에 관한 이야기였죠. 그 이후 저는 선진국이란 과연 무엇인가, 한국은 과연 명실공히 선진국 반열에 올랐는가 하는 생각을 계속 해보았습니다. 짧은 생각으로는 한 공간에 살아가는 사람들이 성별이나 연령, 비장애인과 장애인, 부자와 빈자, 비정규직과 정규직, 무주택자와 유주택자, 학력이나 국적 같은 조건에 큰 차별과 구애를 받지 않고 같이 살아갈 수 있는 사회, 다수가 공감할 수 있는 체험을 서로 나눌 수 있는 사회가 선진국 아닌가 합니다. 물론 선생님께서는 이를 '유토피아'에 불과하다고 말씀하실 것입니다. 물론 그렇겠지요. 선생님과 이야기를 나누기 위해 공부하면서 발은 단단히 현실이라는 바닥을 딛되 머리와 가슴으로는 결코 이뤄질 수 없는 꿈을 꾸는 몽상가가 되는 것도 중한 것이 아닌가 하는 생각도 하게 되더라고요. 오스카 와일드Oscar Wilde가 그런 말을 했던가요. 우리는 모두 시궁창에 있지만 우리 중 몇은 별을 바라본다고요.

지금 세상은 자본주의의 질서가 완전히 지배한 지 오래고, 생산수단을 확보했다거나 시기를 잘 탄 사람은 어마어마한 돈을 벌어 물질적 혜택을 누리고 있습니다. 또 말씀대로 이것을 차지할 수 있는 사람과 없는 사람 사이에 상대적인 박탈감이 크다는 것도 앞으로 엄중한 사회문제가 될 것 같습니다. 80년대생인 제가 취업을 준비하던 시절 우리 사이에서는 "첫 끗발이 개 끗발"이라는 말을 자조적으로 하곤 했습니다. 처음 들어간 직장의 수준이 앞으로 다닐 모든 직장의 수준을 결정한다는 뜻이었지요. 10여 년 이상 지난 지금, 90년대생들이 부딪힌 현실은 더욱 차갑고 냉정해졌습니다. 먼저 양질의 일자리가 줄어들었으니 "첫 끗발"을 선택할 수 있는 사람의 수도 줄었습니다. "첫 끗발", 곧 안전한 '내부자'라 할 수 있는 직업을 대기업 정규직, 공무원, 전문직이라 칭할 때 내부자가 되지 못하고 떠돌아다닐 수밖에 없는 '외부자'는 비정규직과 일용직들로, 전자와 후자의 비율이 10대 90이라고 합니다.

옥스퍼드 출신의 영국인 경제학자 리처드 리브스Richard Reeves 의 《20 vs 80의 사회》라는 책이 얼마 전 조그마한 선풍을 일으켰습니다만, 우리는 20퍼센트에도 못 미치는 고작 10퍼센트만이 안전하게 살아가는 사회인 것입니다. 공기업에서 일하던 시절의 업무 강도를 떠올려보면 '내부자'의 좋은 점이 고용 안정 외에 무엇이 더 있는지 잘 모르겠습니다. 중소기업에서 실력을 쌓아 수준 높은 기업으로 옮겨 간다는 것은 꿈같은 소리가 되었지요. 선생님이 말씀하신 삶의 격차는 점점 더 벌어질 것 같습니다. 어느 책에 보니 이 10퍼센트의 안전한 사람들을 부르주아지, 곧 "성 안 사람들"이라고 표현해놓았더군요. 외부를 떠돌아다니는 사람들은 "성 밖 사람들"이 되겠고요. 어떻게 해야 이 두 부류가 조화롭게 살아갈 수 있을까요? 지금 "성 안 사람들"은 "성 밖 사람들"이 들어오지 못하도록 해자垓字를 만들어 떨어뜨리는 형국 아닙니까?

앞서 잠시 언급한 "한 공간에 있어도 여성과 남성은 다른 장소를 살아간다"라는 이야기를 다시 해보겠습니다. 지난번 선생님이 권하신 이어령 선생님의 《너 어디에서 왔니: 한국인 이야기》를 읽었습니다. 그분 필력이야 다 알아주는 것이지만, 저는 주변 사람들이 인정하는 속독가인데도 이렇게 읽히지 않는 책이 있었는가 하고 답답한 가슴을 치게 되었습니다. '어라, 내가 왜 이렇게 답답하지?' 하고 이유를 골똘히 생각해보았습니다.

선생님께서는 아마 지극히 당연한 일이라고 말씀하시겠지만 세상이 아름답게 보이는 것, 세상을 아름답게 보려고 하는 것은 물론 좋은 일입니다. 그러나 그분께서 온갖 것들을 다 끌고 와 어찌 보면 다소 필사적일 만큼 한국과 한국인을 아름답게 보려고 하는 것이 저는 다소 부담스러웠습니다. 분명 저와 같은 한국인인데도 왜 우리는 이렇게 다른 곳을 보고 있을까요. 어째서 내가 지금 살고 있는 한국은 저 고명한 학자분이 말하는 한국과 전혀 겹치는 부분이 없는 걸까요.

그런 상념이 들어 《너 어디에서 왔니: 한국인 이야기》는 저에게 열패감까지 안겨주었습니다. 반드시 조국이라고 해서 아름답게 봐야 할 이유가 있는가, 한 눈으로 보지 말고 양쪽 눈을 똑바로 뜨고 바라봐야 지금까지 살아온 한국이라는 나라를 새롭게 발견할 수 있는 것이 아닌가, 지금까지 사람들이 한국 발견하기를 주저하고 두려워했던 것 아닌가 하는 생각도 들었습니다. 한국의 어둡고 캄캄한 부분을 들춰내는 게 냉소적인 불평쟁이로 비칠까 봐 선생님께는 더욱 말씀드리고 싶지 않았던 것도 같습니다. 어쩌면 그 문제를 정면으로 대할 자신이 없어 농담 섞인 불만을 토로하는 것으

한국의 발견

로 대강 넘어갔던 것도 같고요. 하지만 이 땅에 두 발을 딛고 살아가려면, 그런 태도를 버려야겠다 싶었습니다. 제게 '한국'이라는 화두를 계속 제시해주신 선생님 덕입니다.

추신

저를 골수 좌파 지식인이라고 하셨는데 '골수', 극단적인 면이 있는 것은 사실입니다. '좌파', 저는 한 번도 제가 무슨 파라고 말한 적이 없는데 사람들이 그렇게 부르더군요. 민망한 이야기지만 저는 좌파가 정확히 무슨 뜻인지 잘 모릅니다. 사람들은 대부분 사회에 불만이 많거나 반항적인 사람을 좌파라 부르더군요. 어째서 제가 좌파일까요? '지식인', 발에 차이는 석사학위 정도를 가졌다고 해서 제가 지식인으로 불릴 수 있을까요? 다소 민망합니다….

우리는
스스로를
어떻게 이해하고
있을까요?

현진

모처럼 우리 의견이 모아져 기쁩니다. "세상이 조금씩 나아진다는 것" 말입니다. 작가에게는 세상 돌아가는 혹은 역사의 큰 그림이 아니라 개개인의 구체적 상황이 관심의 대상이 된다는 말씀도 전적으로 동감합니다. 그래서 《닥터 지바고 Doctor Zhivago》같은 소설이 감동이었습니다. 그런데 세상에 자신이 선택할 수 없는 것이 단지 자기가 태어난 나라밖에 없습니까? 부모도, 형제자매도 그렇습니다. 그뿐이 아니라 자신이 모르는 사이에 얻게 되는 수많은 인연의 얼개들도 마찬가지지요. 때로는 '전생'이라는 것이 있을지 모른다는 생각이 들지 않습니까? 그 외에도 우리

스스로 독립적인 결정이라 여긴 선택, 이를테면 친구, 결혼, 연인, 사업…. 이런 것들이 모두 우리의 의식적인 선택과 결정의 결과인지 시일이 지난 뒤에 돌아보면 분명하게 확신이 생기지 않는 경우도 간혹 있지 않았나요?

요즘 20대 여성들에 대한 평가도 흥미 있습니다. 현진이 벌써 세대 차이를 느낄 정도로 우리 사회는 빨리 변화하고 있습니다. 오래전이지만 20대 여성이 자신이 모은 돈을 집안의 절실한 필요에 쓰길 바라는 부모님의 희망을 뿌리치고 호주로 이민 가는 과정을 책으로 엮은 것을 보고 감탄했습니다. 박수를 치고 싶었습니다. 근세 초 구세계 유럽의 젊은이들이 새로운 삶을 찾아 고향을 등지고 신대륙으로 떠나던 일들이 생각났습니다. 그 20대 여성은 뒤를 돌아보지 않고 수많은 인연마저 미래의 계획에서 잘라버리고, 특히 어렸을 때부터 귀에 못이 박이도록 들어온 충忠, 효孝도 간단히 버린 채 진정한 자기를 찾으러 한국을 등진 것입니다. 《리어왕King Lear》의 코델리아 같은 최초의 근대인입니다.

이분의 이민이 순조로웠는지, 호주에서 과연 세속적인 '성공'을 했는지 같은 후일담은 또다른 문제입니다. 이분 책을 읽으면서 노예제 폐지와 형벌 개혁에 많은 업적을 남긴 사무엘 로밀리 경Sir Samuel Romilly의 자살에 대해 나폴레옹이 했다는 말이 생각났습니다. 정확한 인용은 아니지만 대략 이런 말이었습니다.

"영국인들이 역시 우수하다. 이들은 전쟁에 나가거나 이민을 가거나 혹은 목숨을 버리는 일에 대해 프랑스인들이 점심에 무얼 먹을지 결정하는 것보다 훨씬 쉽게 결정을 내린다."

이른바 진보적 인사들의 여성에 대한 태도에 대해서는 이미 많이 언급해서 더 이야기할 것이 없을 것 같습니다. 엉터리 동물학이지만 군서 포유동물에서 보는 것처럼 힘을 앞세워 이성에 접근하려는 것은 진보 인사들에게만 국한된 것이 아니지 않겠습니까? 문명과 함께 사람도, 사람이 사는 세상도 많이 바뀌었는데 아직 힘이 이성과의 관계에서 결정적으로 중요하다고 생각하는 사람들이 도처에 있습니다. 진보적이라고 알려진 사람들의 경우가 특히 두드러져 보이는 것은 이분들이 바로 진보된 문명의 이름으로 권력에 접근했기 때문이겠지요. 그래서 이것은 오래된 이야기라고 하지 않았습니까? 참, 예전에 읽은 서머싯 몸William Somerset Maugham의 《비Rain》라는 중편 소설이 생각납니다. 창녀를 바른 신앙으로 이끌려고(어쩌면 너무 지나치게) 노력하던 목사가 자살하는 내용인데요. 여러 가지로 해석이 가능하겠지만 어쩌면 이 경우도 마찬가지 아니었나 싶습니다. 목사님의 도덕적 우월도 일종의 힘이었죠. 단지 차이가 있다면 목사님이 실수를 저지르는 순간 창녀는 그 힘에서 벗어났다는 것입니다.

문제를 단순히 양성 간의 관계 맥락에서만 볼 수 없다는 생각도 합니다. 중요한 것은 이성이건 동성이건 상대방을 단순히 자기 욕망이나 필요의 대상으로 보지 않고 같은 사람으로 대하는 것이 문제의 핵심이라 생각합니다. 다만, 이해할 수 없는 것은 아니나 현재 우리나라에서 주목받고 있는 몇몇 명사들의 일도 주로 정치적인 맥락에서 문제가 되고 있습니다. 토마스 만Thomas Mann의 말대로 현대에서는 많은 문제가 우선적으로 정치적인 영역에서 정의되는지도 모릅니다. 저는 오래전 '정치와 문민성civility'에 관한 글을 쓴 일이 있습니다. 이 글에서 저는 어떤 사회에서 '누구든 다른 사람을 자기와 같은 사람으로 대할 수 있는 정도'를 문민성의 기준으로 삼아 가설적 논의를 펼쳤습니다. 어떤 사회에서 인종이나 피부색, 또는 이념 노선 등 자신과 다른 집단을, 혹은 자신과 이해관계가 다른 사람들을 자기와 같은 사람으로 대할 수 있는(혹은 그렇게 할 수 없는) 정도가 정치에 중요한 영향을 미칠 것이라는 생각이었습니다.

예를 들어 해방 직후, 혹은 한국전쟁 중에 적어도 민간에서 저질러진 폭력은 단지 이념적인 차이만이 아니라 그 당시 우리 사회의 '문민성' 정도가 큰 변수였으리라 봅니다. 히틀러의 측근이면서 나치 독일의 군수장관을 지낸 알베르트 슈페어Berthold Konrad Hermann Albert Speer의 수기에서 이런 대목을 보았습니다. 독일 패망 후 전범재판을 받는 중에 구속 상태에서 법정에 나가던 날, 연합국 측에서는 그의 옷 중 제복과 신사복을 세탁해 다림질까지 마친 뒤 무엇을 입고 법정에 나갈지 물었다고 합니다. 그에게는 연합국 측에서 적국의 '전범'에게도 사람으로서 품위를 지킬 수 있도록 해준 것이 무척 감동적이었던 것 같습니다.

본론으로 돌아가자면, 자신이 지금 하고 있는 언동이 상대에게 어떤 영향을 미치고, 어떤 피해를 입히는가, 혹은 어떻게 그를 비참한 심경에 빠뜨리는가 등은 전혀 고려하지 않고 자기 욕망을 적나라하게 표출하는 것은 우리 사회의 '문민성' 정도에 달려 있다는 생각입니다.

한국의 발견

세상을 두 부류의 서로 함께할 수 없는 집단으로 나누는 것은 지나친 단순화지만, 현재 부의 편재가 극심한 상황인 것은 두말할 필요도 없습니다. 어떤 분들은 소수가 부를 과점한다 할지라도 다수의 생활이 어느 정도 수준으로 보장되어 있으면 별 문제가 없다고 주장하기도 합니다. 그러나 소수에게 부가 집중되어 있으면 여러 가지로 경제 외적인 부작용이 생기며, 전체적으로 건강한 사회가 될 수 없습니다. 부의 과점은 정치나 사법 과정에서, 혹은 교육과 문화 면에서 일부 사람의 영향이 일반인들보다 훨씬 커지는 결과를 가져오기 쉽습니다. 그뿐 아니라 사회적, 문화적 계급 간의 경계가 고착될 수도 있고요.

이 문제와 대중의 소비문화 그리고 기후온난화 문제 등은 한데 얽혀 있어서 쉬운 해결책이란 존재하지 않습니다. 그러니 결국은 우리의 정치적 역량으로 해결해야만 하는 과제입니다. 정치란 결국 개인적인 문제를 공동의 문제로 생각하는 것에서 시작합니다. 어려운 주문인 줄 알지만 나는 어려운 상황에 처한 젊은이들이 당면한 문제에 개인적인 대처만 생각하지 말고 정치에 더 적극적으로 관심을 보이고 참여해 해결을 모색했으면 좋겠습니다. 인구가 적고 여러 가지로 특수한 여건이 있지만 북구라파는 이런 문제에서 어느 정도 자유롭지 않습니까? 한 가지, 현진이 동의하지 않으리라 여기지만 저는 우리나라가 일부 선진국에서와 같이 부의 불균형이 아직 계급으로 고착되지는 않았다고 생각합니다. 말하자면 우리가 재력가들과 일반인들의 차이를 문화적으로 내면화하지는 않은 것 같습니다. 이것은 아마도 문벌 같은 과거의 사회적 신분 구별이 없어진 까닭도 있을 것입니다. 제가 가장 마음 쓰고 있는 것은 대중적인 차원에서 벌어지는 극도의 소비문화입니다. 마치 먹어도 먹어도 배가 고픈 것 같은 상황이지요.

그 당시로는 아주 드문 일로 제가 1970년대에 소련에 가서 한 달 정도 여기저기 돌아볼 기회가 있었습니다. 그때 목격한 것은 일반인들이 서방 자본주의 나라들과 마찬가지로, 혹은 어떤 의미로는 그 나라들보다도 훨씬 더 마음이 가난하고 소비문화에 물들어 있다는 것이었습니다. 현재 '혁명 중의 나라'라는 인상은 전혀 받지 못했습니다. 귀국 후 쓴 보고서에 이 체제는 10년 내에 붕괴할 것이며, 그렇게 되지 않으려면 아주 근본적인 개혁을 해야 할 것이라고 쓴 기억이 있습니다. 소련이 마침내 붕괴했을 때도 10여 년 전의 현지 경험을 살려서 논문을 하나 썼습니다. 그 논문의 결론으로 소련 붕괴의 원인을 지적했는데, 결국은 문화의 문제라고 봤습니다. 당시 소련이 추구하던 정치적 이념이 있는데, 그 이념과 체제에 맞는 문화를 창출하지 못했다는 것을 원인으로 꼽았지요. 말하자면 소비문화와 이념이 계속 엇박자를 내다가 끝내 넘어지고 만 것입니다. 그런데 소련 사회의 이런 면은 이미 반세기도 전에 불가코프Mikhail Bulgakov 같은 문인이 찾아내 글로 남긴 일이었습니다. 지난 2월, 아직 코로나바이러스의 위험이 커지기 직전 모스크바에 강연 초청을 받아 그 기회에 불가코프박물관을 방문했습니다. 그가 살던 아파트가 그대로 박물관이 되었는데, 그의 유명한 작품《거장과 마르가리따Master and Margarita》의 주역들을 조형물로 만들어놓아서 무척 흥미 있게 관람했습니다.

요 며칠 인터넷을 달구고 있는 의견들을 보았습니다. 1980년 대 민주화 투쟁도 역시 구조적으로 '엘리트'와 '대중', 그리고 '남'과 '여'의 구별이 있는 권위주의적인 것이었고, 투쟁 자체도 그 양상이 민주적이 아니었다는 지적들이었습니다. 그래서 이들이 집권한 뒤에는 '민주투사'인 자신들이 하는 일에는 잘못이 있을 수 없고, 조금 잘못을 저지르더라도 '대'를 이루기 위한 '소'의 희생, 그리고 더 큰 개혁, 이를테면 '가재, 개구리, 붕어'들이 잘 살 수 있는 '깨끗한 개천'을 만들어주기 위해 눈감고 지나가야 하는 것이라 생각한다는 식의 글이 많았습니다. 그런데 자신들은 가재나 개구리, 붕어가 아닌 '용'이라는 것입니다. 그러니 '용'은 당연히 주변 여성들에게 존경을 받아야 하고, 자신들과의 친밀한 관계도 영광으로 생각해야 한다는 식입니다. 이런 말을 수긍하는 것은 아니지만, 이런 현상 역시 전혀 새로운 것은 아닙니다. 제가 정치에서 가장 흔하고 위험한 일 중 하나는 이상주의와 권력욕이 결부되는 것이라 말한 적이 있지요?

1980년대 운동권 학생들에 대한 저의 기대는 주로 학문적인 영역과 문화적인 영역에서 이들의 비판 의식과 창의력이 결합되어 많은 성취를 이뤄내는 것이었습니다. 그리고 그 기대는 어느 정도 실현되었다고 생각합니다. 정치 영역에서는 조금 다릅니다. 혁명 전, 레닌의 동료 한 사람이(그만 이름을 잊고 말았습니다) 이런 말을 했다고 읽은 기억이 있습니다. 자신들이 집권하면 차르 제정보다 더 나쁜 폭정이 되리라고요. 그 이유는 당시 러시아가 사법적 혹은 사회적으로 사람을 보호하는 제도들이 정비되어 있지 않았는데,

자신들은 매사가 옳다는 강한 신념을 가졌고, 또 탄압과 고통을 받던 어려운 시절에 대한 깊은 피해의식을 지니고 있으며, 앞으로 완전히 새로운 사회를 건설하겠다는 높은 이상을 추구하고 있어서라는 것이었습니다. 그러니 대의를 위한 것이라면 사람의 희생에 관해서는 아마도 경시할 것이라는 전망이었습니다. 이런 현상도 인간 역사에서 오래전부터 있었던 이야기입니다. 이것 역시 우리가 발전하는 과정에서 다 치르고 지나가야 하는 문제라고 생각합니다.

선진국 문제와 이어령 선생의 저술 이야기가 남았군요. 제가 그 책을 권한 것은 사실이지만 그렇게 '강추'했는지는 모르겠습니다. 이 책을 보고 제가 쓴 노트를 들추니 "현재 우리 현실과는 너무 동떨어져 있다"는 구절이 있었습니다. 예를 들어, 이 책에서는 한국 사람의 생명존중 사상 혹은 정서를 강조하고 있는데, 현실의 한국은 자살률이 세계 최고의 나라입니다. 사회 지도층, 심지어 전 대통령까지 자살하는 나라 아닙니까. 그러나 제 마음은 1960년대 이 선생님이 신문에 연재한 비슷한 성격의 글 《흙 속에 저 바람 속에》와 비교하는 데 있었습니다. 이 선생님은 원래 외국 문학을 하신 분이어서 이 글에서는 우리를 냉소적이고 때로는 한심하게 보는 시각이 느껴졌습니다. 역시 서구 문화를 중심으로 우리 현실을 바라본 것 같았습니다. 그러나 이번 책은 기본 구상부터 다르더군요. 우리가 매일 대하며 사는 있는 그대로의 현실을 넘어 현대 문명에 대한 한국적인 시각과 비판, 그리고 앞날의 대안적 비전을 보여주었습니다. 그런 시도로 말하자면 제가 처음 이 작업 '한국의 발견'을 시작했을 때 강조한 '우리는 스스로를 어떻게 이해하고 정립해야 하는가'를 먼저 행한 시도로 평가해야 하지 않을까 생각합니다.

끝으로 선진국에 관한 이야기입니다. 과연 어떤 나라가 선진국일까요? 간단히 말하자면 사람들이 배우고 본받으려 하는 나라가 선진국이지 않겠습니까? 한마디로 유학생이 많이 가는 나라가 선진국입니다. 한때 우리는 중국을 선진국으로 생각하고 그 문물을 배우려 했습니다. 아마도 '견당유학遣唐留學'이 우리의 오랜 유학 역사의 시작이 아니었나 합니다. 그 후에는 어쩔 수 없이 일본도 한때 우리의 선진국이었습니다. 그러고는 서방, 구미歐美로 선진국이 바뀌었고 근래는 압도적으로 미국이었습니다. 그런데 이제 우리나라에도 해외 유학생이 많습니다. 우리의 오랜 역사를 통틀어 한국에 유학생이 이렇게 많은 것은 처음입니다. 특히 중국 유학생이 압도적 다수입니다. 저의 오랜 교수 생활 중에 가장 인상적이었던 경험이 바로 한국에 온 유학생들을 대하는 것이었습니다.

우리도 선진국인가? 최근 코로나19 방역에 어느 정도 선방하면서 이런 질문들이 나왔습니다. 그러나 지금 답하는 것은 의미가 없습니다. 그 답은 우리가 아니라 다른 사람들의 몫입니다. 단지 최근 사태에서 한 가지 긍정적인 발전은 우리가 역사상 처음으로 그동안 풀지 못한 숙제처럼 끈질기게 마음에 지니고 있던 집념, '선진국이 무엇이며 선진국은 어떻게 되는가'에서 벗어나기 시작했다는 점입니다. 선진국이란 결국 '사람'의 문제입니다. 그런데 사람이란 영원한 수수께끼지요. 어제의 사람과 오늘의 사람, 그리고 내일의 사람이 모두 다르니까요. 심리학자 중에 이것을 이른바 '욕구 단계설hierarchy of needs'로 설명하는 사람도 있습니다. 대표적인 학자가 매슬로Abrham Maslow 같은 분입니다. 그분은 사람의 가장 낮은 욕구(본인은 필요needs라는 말을 썼습니다), 곧 '생리적 욕구'에서부터 가장 높은 단계인 '자아실현 욕구'에 이르는 피라미드형 욕구의 서열을 이야기합니다. 낮은 단계의 욕구가 충족되면 사람은 그다음 높은 단계의 욕구를 추구한다는 식입니다. 이것은 심리적인 차원의 문제이지요.

　그와는 다른 차원에서 '사람이 스스로 사람을, 어떻게 사람다움을 정의하는가' 하는 문제가 있습니다. 사람은 여러 이름을 갖고 있습니다. 지능적 인간homo sapiens, 도구의 인간homo faber, 놀이의 인간homo ludens…. 그러나 이와는 또 달리 '사람 스스로 자신을 어떻게 정의하는가' 하는 것이 인간사의 가장 큰 관건입니다. 서구의 예를 보면, 고대 고전 시대의 사람과 그 뒤를 이은 기독교적인 사람 사이에는 가히 혁명적이라고 할 만한 차이가 있습니다. 문예 부흥과 그 후의 근대적, 합리적 인간은 또 다릅니다. 정치의 면에서 근대 국민국가가 생각하는 '국민'은 혁명기의 '시민'과는 다른 사람입니다. 한 시대를 선도하는 나라 혹은 문명을 선도하는 선진국이란, 근본적으로 사람에 관한 새로운 이해 혹은 인류 차원에서 큰 호소력을 발휘하는 새로운 인간의 상像을 분명히 가지고 있으며, 또한 그것을 실현하는 나라라고 저는 늘 생각하고 있습니다.

그들은 우리를
'동지'로 여겼는지
묻고 싶습니다

선생님께

지난번 편지의 마지막을 '선진국'으로 맺으셨습니다. 그리고 선진국은 어디까지나 '사람'의 문제라고 말씀하셨지요. 그 말에 100퍼센트 동의합니다. 소비문제가 아주 심각하다는 말씀에도 크게 공감했습니다. 여러 번 이야기한 것이지만 코로나 시대를 살아가면서 한국인들은 '선진국'으로 불리던 나라들에 대한 콤플렉스를 어느 정도 벗어던졌다고 생각합니다. '선진국, 별것 아니구나' 이런 자부심을 가졌다고 할까요? 저 역시 그런 마음이 생겨나려고 할 찰나 '어휴, 이건 나라 망신이야' 싶은 일들이 뻥뻥 터져서 조국과 화해를 해보려다가 풍선에서 바람 새듯 다소 김이 빠지고 말았습니다.

앞서 말씀드리다 만 사건인데요. 익히 아시겠지만 '웰컴 투 비디오'라는 영유아 성착취 사이트를 운영한 손정우라는 사람의 이야기입니다. 그의 아버지는 언론에 자주 등장해 집안 형편 때문에 그랬다느니, 미국 교도소를 견뎌낼 아이가 못 된다느니, 앞으로 아이가 컴퓨터를 하지 못하게 하겠다느니 하는 소리를 변명이랍시고 늘어놓았습니다(그는 풀려나자마자 SNS 상태 메시지에 '컴퓨터 하는中'이라고 공개적으로 써놓았습니다). 수사 공조를 하던 여러 나라가 손정우를 내놓으라 했고, 많은 사람이 '그래, 제발 좀 잡혀가라' 하는 분위기였지만 한국은 그에게 아주 너그럽더군요.

얼마 전에는 뉴질랜드 저신다 아던Jacinda Kate Laurell Ardern 총리와 문재인 대통령이 통화를 했지요. 국가 정상들과의 대화에서 한국인 외교관의 성추행 문제가 안건으로 다뤄졌다니 낯이 뜨거웠습니다. 문 대통령은 조금 민망하지 않았을까요. 제가 보낸《김지은입니다》를 읽어보시고 더 많은 말씀 해주시리라 생각합니다만, 어째서 권력을 쥔 사람들이 하필 자신의 비서, 함께 일하는 사람에게 그런 피해를 입혔을까 생각해보다가 생각이 좀 멀리까지 나갔습니다. 조선시대까지요. 조선 양반들은 평민들, 그리고 그보다 더 낮은 신분의 사람들, 선생님께서 말씀하신 뱃사공이나 백정처럼 천한 일을 하는 사람들과 한민족이라는 의식이 있었을까요? 운현궁에 살았던 이우공 아드님과 학창시절 가깝게 지냈다는 이야기를 일전에 들려주셨습니다만, 그분은 신분이 낮은 사람들과 자신이 같은 민족이라 여겼던가요? 한국의 민족주의는 한국인 스스로 '아,

양반이고 평민이고 우리는 다 평등한 사람이구나' 하는 어떤 깨달음이 왔기에 시작된 것이 아니라, 일제라는 외부 세력의 폭압에 항거하며 어쩔 수 없이 갖게 된 게 아닌가 싶습니다. 조선이라는 나라가 무너지면서 당사자들 의견과 상관없이 신분사회는 해체되고 말았지요. 한국인들의 수평적 관계가 외부 힘에 의해 만들어졌다는 사실을 두고 당시 양반들은 어떤 생각을 했을까요? 신분제가 폐지되었다 하더라도 고고한 양반들이 저잣거리 백성과 평등한 존재라는 사실을 쉽게 받아들였을까요? 중국을 아버지처럼 여기고 성리학을 받들던 양반들은 그 나라 관료들에게 더 형제애랄까 동지애를 느끼지 않았을까요?

왜 이 이야기를 꺼내느냐면, 김지은 씨에게 성폭력을 저지르고도 "괘념치 말거라"라는 말을 건넨, 수청을 강요했던 조선시대 사또 같은 말을 건넨 안희정과 성범죄를 아무렇지도 않게 저질렀던 조선의 고위 관리들이 겹쳐 보였기 때문입니다. 일종의 '성리학'을 알아들을 수 있을 정도의 사람들끼리만 '동지'로 삼고 하찮은 '아녀자'들은 끼워주지 않았던 건 아닌가 하는 생각도 듭니다.

부모고 뭐고 다 버린 채 뒤도 돌아보지 않고 한국을 등진 젊은 이를 향해 손뼉을 쳐주고 싶었다고 말씀하셔서 전부터 인상적이었던 한 청년 이야기를 들려드리고자 합니다. 선생님은 대체복무에 대해 어떻게 생각하십니까? 예전에는 '여호와의 증인' 같은 특정 종교를 가진 사람만 집총거부를 이유로 군 복무를 거부하곤 했습니다. 최근에는 평화를 사랑해 살상하는 법을 배우고 싶지 않다고 호소하는 청년이 점점 더 늘어나고 있고요. 그중 이예다라는 20대

청년은 양심적 병역 거부를 사유로 프랑스에서 난민 자격을 획득한 첫 한국인이 되었습니다. 유병언에게도 허용되지 않았던 정치적 망명이 징병제 반대를 이유로 허용되어서 화제가 된 바 있지요.

그는 특정 종교를 가진 것도 아니고, 성소수자도 아니었습니다. 어려서 《데즈카 오사무의 붓다》를 읽고는 살생에 대한 거부감이 들어 사람 죽이는 훈련을 받을 수 없었다고 합니다. 아이러니하게도 그의 아버지는 육사를 졸업한 대령이었습니다. 이예다 씨는 난민 허가를 받는 과정에서 노숙을 경험하는 등 험한 생활을 하다가 지금은 자리를 잡고 다른 망명 희망자들을 돕고 있다고 합니다. 이 청년은 조국을 뒤로하고 의무마저 저버린 '배신자'일까요? 혹은 자기 확신을 가지고 자기 삶을 찾아간 '개척자'일까요?

소비 이야기를 하셨습니다. '소비'로밖에 자신의 존재 의미를 찾지 못하는 시대가 된 지 오래라는 생각이 듭니다. '시발 비용'이라는 말 아시는지요? 거친 말을 그대로 가져와 죄송스럽습니다. 일하는 게 너무 힘든 젊은이들이 뭔가를 '지르면서'(소비하면서) 스트레스를 풀 때 그걸 '시발 비용'이라 부릅니다. 일에 치여 취미생활을 한다거나, 산에 오른다거나, 레저 활동을 할 시간이 전혀 없어 그저 컴퓨터 앞에서 '구매' 버튼을 누르는 것으로 스트레스를 푸는 사람들이지요. 물론 그렇게 지른 물건은 아주 잠시의 위로만 줄 뿐입니다. 소비의 즐거움은 확실히 솜사탕처럼 달콤하지만, 또 솜사탕처럼 허망하게 녹아버리니까요.

한편으로는 소비할 수 있는 사람과 없는 사람 사이의 거리가 공고해지는 게 슬프게 느껴집니다. 빈부격차나 계급 고정의 문제는 이전부터 쭉 있어왔던 것이지만, 요즘 아이들은 서로를 놀려대며 너희 아빠 200층, 300층 하며 노래를 부른다고 합니다. 무슨 뜻이냐면, 너희 아빠는 한 달에 200만 원, 300만 원밖에 못 벌어오는 무능력한 사람이라는 겁니다.

선생님께 잠깐 보여드렸던 희한한 집들 문제 역시 근심을 가중시킵니다. 현관 앞이나 싱크대 옆에 변기가 놓인 집, 침실과 욕실이 하나로 되어 있는 집, 잡동사니를 보관하는 다락에 사다리를 놓고 복층이라고 주장해 세입자들을 현혹하는 집, 발코니에 싱크대와 세탁기, 냉장고를 넣고 '분리형 원룸'으로 소개하는 집 등 코미디 같은 모습이지만, 우리 사회에 계급 유동성이 점차 없어지면서 저런 곳에 신자유주의의 축복을 받지 못한 사람들이 어쩔 수 없이 들어가 살게 되는 게 아닐까 싶어 염려스럽습니다.

귀한 아이,
천한 아이가
따로 있을까요?

현진

다행인지 불행인지 모처럼 여수 강연과 함께 별렀던 거문도 방문이 태풍 때문에 무산되어서 시간이 좀 남았습니다. "조국과 화해를" 해보려다가 "김이 새고" 말았다는 글을 보고 역시 현진이라고 생각했습니다. 이 구절에 수천 년, 어쩌면 수만 년 인간의 이야기가 담겨 있는 게 아닐까 싶기도 했습니다. 한번 생각해보세요. 오랜 세월 사람들이 동서를 막론하고 현진의 심경과 같은 한탄을 되풀이하지 않았겠습니까? 근래 유력한 인물 몇 분에게 일어난 일은 제 기억으로 실은 오랜 기간에 걸쳐 여러 차례 되풀이되어온 것으로 보입니다. 단지 그렇게 중요한 인물들이 아니었고 사회적 관심도 덜한 때여서 큰 반향은 없었다고 여깁니다. 세상은 갑자기 좋아지지 않습니다. 여러 차례 이야기했지만 덜 실망하면서 살기도 쉬운 일이 아닙니다.

여러 사정이 있었겠지만 손정우의 경우나 뉴질랜드 외교관의 경우나 모두 좁은 나라의 체면 생각을 하다가 일을 더 크게 만든 것이 아니었나 생각합니다. 북한의 경우를 보면 처음 국제주의적 공산주의 이념을 바탕으로 시작한 나라가 어떻게 세계 역사상 가장 폐쇄적인 혈연 위주의 민족주의 국가가(아마도 종족주의라는 표현이 더 적절할 듯합니다) 되었는지 모르겠습니다. 그러나 우리도 그런 경향이 남아 있지 않습니까? 한참 전 일입니다만 미국에서 한국계 청년 하나가 총기 난사로 많은 희생자를 낸 일이 있었습니다. 그때 주미 대사께서 한국 교포들에게 모두 일정 기간 참회의 시간을 갖자고 제의했다가 오히려 현지인들에게 부정적 반응만 얻은 일이 있습니다. 현지인들의 반응은 한국인들에 대한 반감은 아니었습니다. 오히려 한국인들의 집단적 순혈주의라고 할까요? 동포가 저지른 일에 함께 책임을 져야 한다는, 그들로서는 이해하기 어려운 한국인들의 집단주의적 반응을 의아하게 여겼거나 혹은 그런 총기 난사 사건을 벌인 아주 일부의 한국계를 제외한, 곧 '순수한' 한국인인 우리는 아무도 그런 범죄를 저지르지 않는다는 허위의식에 반감을 느낀 게 아닌가 합니다.

마침 한국 상류층이 하층계급과 동류의식이 있었는가 하고 물으셨는데, 저는 그렇다고 봅니다. 단지 지적한 바와 같이 근대적인 의미의 민족이라는 의식은 일제의 침탈과 함께 시작된 것이 아닌가 합니다. 이것은 우리만이 아니고 제국주의 국가에게 침탈당한 많은 국가에서 공통으로 나타난 현상이었습니다. 유학 시절 저의 담당 교수tutor였던 실Anil Seal 박사의 주요 저서인 《인도 민족주의의 대두The Emergence of Indian Nationalism》에서도 볼 수 있습니다. 근세 조선의 유학자들이 중화사상에 경도되어 있었다 할지라도, 그리고 엄격한 신분제 사회에 살고 있었을지라도 역시 자신들과 같은 생활 공동체에 속한 하층민과 정서적으로 더 가깝지 않았을까요? 어느 사회나 상류층이 좀더 국제주의적이지만, 그렇다고 해서 자신들과 직접적 연관이 적은 외국인들과 동류의식을 품었다고는 생각하지 않습니다. 현진의 질문은 한국 권력자들의 성적 일탈이 하층민과 동류의식이 없었기 때문이 아닌가 하는 것인데, 제가 앞서 이야기한 것처럼 이것은 권력 관계의 문제이지 민족적인 동류의식과는 별 상관이 없는 것이라고 봅니다.

대체복무에 관해 물으셨는데, 저는 전적으로 찬성입니다. 병역 거부이건 해외 망명이건 이민이건, 개인적 선택의 자유를 최대한 보장해주기 위해 국가가 있는 것 아닙니까? 안보는 원칙적으로 국가라는 추상체 자체를 위한 것도 아니고 위대한 지도자의 영광을 위한 것도 아닙니다. 바로 국민 개개인의 선택을 보장해주기 위해 존재하는 것이라고 생각합니다. 단지 어떤 구체적인 특별한 상황에서는 큰 틀에서 개인의 자유나 선택이 제한되는 경우도 있지 않겠습니까? 단지 살생을 피하기 위해 프랑스에 망명을 갔다는 젊은이 이야기는 잘 납득이 가지 않습니다. 제가 잘 모르는 사정이 있었을까요? 한국에서도 대체복무가 허용되지 않습니까? 그런데 구태여 프랑스까지 망명을 가야 했는지 모르겠어요. 그리고 망명 희망자들을 돕는 일은 한국에서도 할 수 있지 않았나 싶습니다. 새로운 삶을 개척하겠다고 호주로 건너간 분과는 다른 경우 같습니다.

소비문화 문제는 앞서 지적한 바 있습니다. 그리고 아이들이 빈부 차이를 놀림감으로 삼는다는 이야기는 저도 많이 들었습니다. 그런데 그것은 아이들 문제가 아니라 어른들, 그리고 사회문제가 아니겠습니까? 누가 꾸며낸 이야기인지 모르겠지만 루스벨트 대통령 가족의 이야기가 생각납니다. 어느 날 루스벨트 대통령의 아들이 길거리에서 다른 아이들과 재미나게 놀고 있었는데, 지나가던 한 부인이 이 광경을 보고 대통령 영식에게 이렇게 천한 아이들과 함께 놀아선 안 된다고 했다는군요. 그런데 그 말을 들은 대통령 영식은 부모님이 좋은 아이, 나쁜 아이가 있다는 말은 하신 적이 있어도 귀한 아이, 천한 아이가 있다는 말은 하신 적이 없다고 했답니다. 아마 지어낸 이야기겠지만 아주 그럴듯하지 않습니까?

저의 천박한
낙관론에도 불구하고
현실은
그대로더군요

현진

　늘 현진이 편지를 보내면 제가 답을 하는
식이었는데, 오늘은 제가 먼저 편지를 쓰게 되었습니다. 제가《김
지은입니다》라는 책을 읽어보고 싶다고 하자 현진이 얼른 보내주
며 독후감을 하도 닦달하는 바람에 재빨리 써 보냅니다.《김지은입
니다》를 읽고 감동했다기보다는 아주 큰 충격을 받았습니다. 저자
가 억울한 고통을 당했고 여전히 그런 처지에서 자유로운 형편이
아닌 상황에서 쓴 글이다 보니 '그러려니' 하는 생각도 해보았지만,
그런 생각이 이 책에서 받은 충격을 누그러뜨릴 수는 없었습니다.
무엇보다 현실의, 현장의 묘사가 조작이나 날조라고 보기에는 현

실감과 현장감이 너무나 강력했습니다.

이 책을 읽기 며칠 전, 나름 성공적인 실업가로 활약하고 있다고 할 만한 여성 사장님과 오찬을 했습니다. 이야기를 나누다가 우연찮게도 이 시대의 성평등에 관한 이야기로 화제가 흘러갔습니다. 제가 늘 하는 버릇 같은 말, 세상은 조금씩이라도 나아지고 있다고 그분께 이야기했는데, 그분은 그 말에 아주 강력하게 반발하는 것이었습니다. 그분이 말하기를, 오랫동안 사업을 해온 지금도 남자들은 자신을 같은 사람으로, 혹은 사업 파트너나 동료로 대하기보다 먼저 '성적인 상대'로 본다는 것이었습니다. 그런데도 저는 근본적으로 낙관적인 제 입장을 수정하지 않았습니다. 그런데《김지은입니다》라는 책은 또다른 의미에서 제 낙관론의 천박함을 너무나 아프게 지적해주었습니다. 김지은 씨 사건을 처음 언론에서 접했을 때, 그리고 법정에서 양측이 팽팽하게 자기주장을 펴는 것을 보았을 때도 그저 심상하게 진실은 양측의 진술 중 중간 어디쯤 있지 않을까 하고 안이한 생각을 했던 것을 반성했습니다. 무엇보다 먼저 그 주장들을 떠받치고 있는 힘들을 생각하지 못했습니다.

김대중 전 대통령도 자서전 끝에 그런 말씀을 하셨어요. 그분이 겪어온 수많은 좌절과 불행에도 불구하고 인생은 생각할수록 아름답고 역사는 진보한다고요. 제 생각에도 현재는 제가 겪어온 과거의 현실보다 아주 조금씩이라도 나아지고 있는 것 같았습니다. 실제로 그럴 수도 있습니다. 누군가 달나라에서 우리를 내려다보고 있다면 그런 말을 할 수도 있겠습니다. 그런데 그런 생각이, 혹은 세상을 살 만큼 산 사람들이 함부로 내지르는 말들이 현실에

한국의 발견

서 육신이 찢기는 것 같은 고통을 당하는 사람들에게 무슨 위안이 되겠습니까? 어쩌면 세상이 바뀌었다, 좋아지고 있다는 기대가 있었기에 당하는 고통이 더욱 컸을지도 모릅니다. 저의 천박한 낙관론에도 불구하고 현실은 그대로더군요. 그리고 그런 현실을 깨닫게 해준 것이 주로 여성분들이라는 것이 새삼스럽습니다.

제가 종종 우리나라 정치 현장이 여의도가 아니라 학원, 특히 대학가였다는 말을 하곤 했지요. 당시 학생운동이 실은 우리 정치를 이끌고 가는 추동력이었습니다. 그리고 그 운동에 몸담고 있던 이들은 대개 매우 우수한 학생들이었고요. 그들에 대한 저의 기대는 이들이 정치보다는 장차 학문과 문화 분야에서 풍성한 업적을 이루었으면 하는 것이었습니다. 제가 훌륭한 자질을 갖추고 현실에 대한 정의감에 충만한 젊은이들이 부디 현실 정치와는 거리를 두기 바랐다고 했었지요. 그 이유는 제가 알고 있는 정치 현실은 지식인, 특히 정의감에 불타는 이상주의적 지식인과는 맞지 않다고 평소 생각했기 때문입니다. 정치는 시민운동이나 학생운동과는 차원이 다르고 특히 지식인들에게는 필히 경계해야 할 분야라고 생각했습니다. 그래서 마키아벨리를 학생들에게 권하고 가르친 바 있습니다.

어쨌건 책상물림다운 생각이었지만 권력욕과 이상주의가 결합했을 때, 특히 탄압 아래에서 태어나 성장했다면 현실 정치에서는 매우 부정적인 결과로 나타나기 쉽다는 제 생각은 여전합니다. 그런데《김지은입니다》는 저의 책상물림다운 생각보다 훨씬 더 처절하고 심각한 현실을 보여주었습니다. 그 현실은 불타는 이상주의가 좋은 뜻과 희망으로 세상을 부수고 다시 짓는 것이 아니라, 마치 권력의 말기, 프랑스혁명 전의 퇴폐한 귀족사회를 연상시키는 것 같았습니다.

제가 몇 차례 지난날 여성들이 당해온 폭력의 일화들을 이야 기한 적이 있지요. 그러나 저도 떠올리기조차 싫은 끔찍한 사건들 의 구체적인 묘사까지는 하지 않았습니다. 그리 멀지도 않은 과거 입니다. 고작 몇십 년에 불과합니다. 그런 때에 여성들이 당해야 했 던 폭력에는 서로 다른 차원들이 존재했습니다. 하나는 그야말로 물리적이며 육체적인 폭력이었습니다. 제 어머니에게 와서 자신 이 당한 일을 울며 하소연하던 여인들의 기억이 제게 뚜렷하게 남 아 있습니다. 그분들은 온몸이 상처로 가득했습니다. 마음의 상처 그런 게 아니라, 입술이 터져 피가 맺힌 것쯤은 아주 가벼운 부상에 불과했고 온몸에 폭력의 흔적이 역력한, 그야말로 참혹한 광경도 있었습니다. 게다가 이 여인들에게 가장 끔찍했던 일은, 그들을 그 렇게 만든 바로 그 가해자들이 한 동네 지척에 있으니 매일 그들을 마주 대하고 살아야 한다는 것이었겠지요.

제 어머니라고 달리 무엇을 해줄 수 있었겠습니까. 하소연하는 여인들의 이야기를 말로 달래고 위로해주고 상처를 닦아주고 당장 닥친 어떤 어려운 일들을 무마해주는 정도였을 거라 생각합니다. 어쩌면 이 시대 많은 남성은 남녀 간의 관계란 근본적으로 육체적 폭력의 문제라고 여기고 있는지도 모르겠습니다. 여하간 제 기억 으로는 폭력을 저지른 남자들은 이런 사실을 조금도 부끄럽게 여 기지 않았고, 오히려 좀 으스대기도 하면서 어떤 훈장 같은 자랑거

　　　　　　　　　　　　　　　　　한국의 발견

리 정도로 여기는 것 같았습니다. 이런 육체적인 폭력의 관계는 반드시 사회의 계층 구별에 따르는 것은 아니었습니다. 예를 들면, 흔한 경우는 아닐지라도 상대적으로 상류층에 속해 있는 여인이 하류층 남성에게 성적 폭력을 당하는 경우도 있었습니다.

김지은 씨가 한 "외국으로 가고 싶다"는 이야기의 간절함도 절절한 진실로 다가옵니다. 피해자가 가해자와 같은 생활권에서 살아야 한다는 것이 얼마나 어려운 일인가를 바로 가까이에서 경험한 일이 제게도 있었습니다. 구체적으로 정황을 밝히기는 조금 곤란합니다만, 제가 책임자로 몸담고 있던 학교에서 학생 하나가 교직에 있던 분에게 괴로움을 당한 일이 있었습니다. 그 학생은 소속 학과 교수님들에게 진정을 했는데도 개인적인 위로와 사태를 대강 무마하는 것 이상의 해법이 제시되지 않자 결국 저에게까지 문제를 가지고 왔습니다. 저는 그 과에서 자율적으로 이의를 제기하고 이 일을 주도적으로 처리해주기 바랐는데, 이리저리하여 제 뜻대로 되지는 못했습니다. 이 일의 피해 규모나 영향이 김지은 씨의 경우와는 비교할 수는 없겠습니다만, 이 일 역시 피해 학생에게는 너무나 어렵고 힘든 일이었을 것입니다.

마침내 저는 만약 이 문제가 유야무야 얼버무리는 방식으로 마무리될 경우, 제가 이것을 외부로, 곧 언론이나 검찰로 가져가겠다고 말했습니다. 그래서 일단, 적어도 표면적으로는 문제가 해결된 것으로 알고 있었는데 학생은 이후 또다른 어려움을 호소했습니다. 가해자가 학교에서 나간 것으로 알고 있었건만 다른 신분을 얻어 계속 학교에 출입한다는 것이었습니다. 그때는 거기까지는 다소 어려운 일이 아닌지 생각도 해보았지만 그래도 가능한 한 학생의 괴로움을 현실적으로 끝까지 처리하고자 애를 많이 썼습니다.

육체적인 것이 아닌 다른 성격의 폭력도 있습니다. 이것을 구조적이라고 하건 어떻건 역시 폭력이지만, 피해자가 큰 저항 없이 때로는 심지어 반갑게, 그것을 알아서 받아들이는 것입니다. 이것은 주로 물질적인 관계 또는 사회 위계적인 상하 관계에서 일어나곤 합니다. 상하 관계나 주종 관계가 오랜 기간에 걸쳐 내면화되어 있는 경우 윗사람의 요구에 저항할 생각조차 못하는 것입니다. 또 다른 경우는 물질적 보상이 약속되어 있는 경우입니다. 저도 이런 경우를 몇 알고 있습니다. 육체적 폭력도 없고 큰 저항도 없고 어떤 경우에는 피해자가 적극적으로 동조하는 경우도 있었을 것입니다. 그러나 근본적인 성격은 마찬가지였다고 생각합니다.

조금 엉뚱한 이야기인지 모릅니다만, 그토록 성인과 도덕 윤리를 강조한 근세 조선 시절 성군이라고 추앙받는 임금 치하에서도 노비의 신분은 모계를 기본으로 이루어졌습니다. 말하자면 양반 상전이 슬하의 노비 여인을 가까이해 낳은 소생은 아무리 아버지가 양반이라 하더라도 낳아준 어머니가 노비이므로 당연히 노비가 되는 것입니다. 이 모녀가 남은 인생 그 집에서 살아갈 시간을 상상할 수 있겠습니까? 이런 경우 아무리 육체적인 가해가 없다 하더라도 폭력적인 상황이라고 생각되지 않습니까?

또다른 이야기를 해보겠습니다. 지난 세기 초 영국 하원이 매춘 금지법에 관한 토의를 할 때 영국 역사상 첫 여성 국회의원인 애스터 자작 부인Viscountess Lady Nancy Astor이 좌중에 따끔한 일침을 가한 일이 유명해졌습니다. 그분 발언이라고 제가 기억하는 것은 "하룻저녁의 매춘과 일 년의 매춘이 다른 게 무엇인가?" 하는 것이 었다고 들었습니다. 말하자면 많은 유력자가 무형의 힘으로 실질적인 고급(?) 매춘을 하고 있으면서 값싼 하룻밤의 매춘은 부도덕한 일이라고 비판하는 것이 말이 되는가 하는 발언이었습니다.

어디서 많이 들어본 이야기 같지 않습니까? 지금 우리나라의, 특히 큰 재력자라고 일컬어지는 사람 중 일부 인사들의 사생활은 어떨까요? 이런 경우도 역시 눈에 보이지 않는 폭력이라고 할 수 있겠습니까? "나 때문에 불행해졌다는 여자가 있으면 말해보라"고 일갈했다는 재벌 총수가 있었다고 들었습니다. 여인들이 즐겁게(?) 이런 관계를 받아들였고 그것을 애정이었다고 생각했을 수도 있겠지요. 다른 나라의 경우지만 중요한 사업상의 거래에 일정 기간 여인과의 동거가 들어 있는 일이 있다는 이야기도 들었습니다. 현진의 의견을 듣고 싶습니다.

반드시
즐거움을 나눌 날이
오기를 바랍니다

선생님께

어렸을 적 근본적인 해결책을 찾을 수 없어 선생님 어머님께 찾아와 눈물로 상처를 털어놓는 것 말고는 할 수 있는 게 없었던 여인들의 모습이 불과 몇십 년 전이라니, 정말 선생님의 표어 "세상은 조금씩 나아진다"를 인정할 수밖에 없겠습니다. 그럼에도 저 같은 사람은 "조금씩으로는 너무 부족하다!"고 외치게 됩니다만, 후퇴하는 것보다야 백 배 나은 일임은 틀림없습니다.

학교에 계시던 시절, 한 학생의 어려움을 해결하기 위해 이 문제를 언론과 검찰에 가져가겠다고 하신 일에 마음이 뭉클했습니다. 요즘 그렇게 억울한 학생을 위해 나서는 선생님은 아마 한 줌도 없을 겁니다. 오히려 세상을 시끄럽게 한 'N번방 사건'에 남교사들이 관련되어 있고, 여학교에서 근무하는 남교사가 학생 화장실에 몰카를 설치했다가 붙잡히는 일도 있었지요,

지난번 서신에서 나누었던 대체복무에 관해 오해가 있는 듯해 간단히 바로잡고자 합니다. 군 입대를 거부하고 프랑스로 망명한 이예다 씨의 경우 대체복무가 가능하지 않았습니다. 2018년 헌법재판소가 대체복무제도의 미비는 위헌(헌법불합치)이라고 판결한 것과 혼동하신 게 아닌가 싶습니다. 충분히 그럴 만한 것이 이 문제가 워낙 난항을 거듭했거든요. 대체입법이 한참 늦어져서 최근에 이르러서야 대체복무가 시행되었습니다. 이예다 씨는 2010년대 초반 프랑스로 망명했으니 대체복무로 갈음할 선택지가 없었지요.

"하룻저녁의 매춘과 일 년의 매춘이 다른 게 무엇인가?"라고 했던 애스터 자작부인이 영국 최초의, 그리고 유일한 여성 의원이었던 시절이니 여성 인권이 썩 좋은 시대는 아니었을 것이라 짐작합니다. 애스터 자작부인은 처칠에게 못생겼다는 조롱을 공적으로 받았던 분이지요. 여기에서 선생님과 오찬을 했던 여성 사업가 분이 생각나는데요. 어쩌면 그것과 궤를 같이하는 것 같습니다. 처칠이 이 부인을 노골적으로 모욕한 사건은 아시다시피 유명합니다. 자작부인이 처칠에게 "당신 취한 것 아니냐"고 하자 처칠은 "그래, 난 취했다. 그리고 당신은 못생겼어Yes, and you, madam, you are ugly" 라고 대답합니다. 그리고 한 마디를 더 건네지요. 술은 다음 날이면 깨지만, 자작부인은 여전히 못생겼을 거라고요. 처칠의 유머감각은 적과 동지 모두를 웃겼겠지만 웃을 수 없는 이가 단 한 사람이라

도 있었다면 그걸 유머라고 할 수 있을까, 과연 애스터 자작부인은 진심으로 이를 재치 있는 농담으로 여겼을까 싶었습니다. 우리는 처칠 같은 저명한 정치인조차 남성으로 가득한 정치세계에 최초로 진입한 강단 있고 용감한 이를 파트너나 인간으로서가 아니라, 그 저 '못생긴 여자'로 취급하는 장면을 보게 됩니다. 저잣거리 여성에게 휘파람을 불어대는 무뢰한이 아니라, 한 나라의 총리가 최초의 여성 의원을 대한 태도입니다.

그 시대는 아직도 여성에게 오로지 '가정의 천사'가 될 것을 요구받던 시절이라고 책에서 읽은 적이 있습니다. 그래서 가정의 천사가 되기를 거부하고 여성 참정권을 얻기 위해 활동하던 일명 '서프러제트Suffragette'들이 관광용으로 소중히 키우던 난초를 훼손하고, 당시 귀했던 유리로 된 온실을 파괴하고, 감옥에 갇혀서도 단식 투쟁을 불사했다고요. 옥스퍼드에서 영문학을 전공한 여성 에밀리 데이비슨Emily W. Davison은 경마장에서 왕의 말 앞에 뛰어들며 여성 참정권을 보장하라고 외치다가 목숨을 잃었지요. 그들이 그토록 간절히 참정권을 원했던 이유는 아마도 '여자'이기 이전에 독립적인 '인간'으로 살기 위해서였다고 생각합니다. 당시 가장 유명한 서프러제트 중 한 사람이었던 에멀린 팽크허스트Emmeline Pankhurst의 자서전 《싸우는 여자가 이긴다My Own Story》를 읽었는데, 여성에게 참정권이 있어야, 곧 힘이 있어야 최소한의 생활조차 보장받지 못하는 아동들을 돌볼 능력이 생긴다는 주장을 담고 있었습니다. 투표권이 단지 성평등 문제만이 아니라 불우한 여성, 그리고 아동의 삶과 매우 현실적이고 구체적으로 연결되어 있다는 이야기는 무척 인상적이었습니다.

"하룻저녁의 매춘과 일 년의 매춘이 다른 게 무엇인가?"라는 이야기는 여성이 아직 '가정의 천사'였을 때, 그리고 여성에게 '가정의 천사' 외에는 어떠한 선택권도 없었을 때에나 성립될 수 있었던 발언이라고 생각합니다. 그때 '가정의 천사'에게 주어진 역할, 혹은 책임은 가정이 평온하게 돌아가도록 살림을 꾸릴 것, 자녀들을 잘 키워낼 것, 남편의 성적 만족을 책임질 것, 대략 이 정도가 아니었을까요. 그러나 오늘날 여성들은 '가정의 천사'가 아닙니다. 차라리 '가정의 전사'라는 말이 맞겠습니다. '가정의 천사'로 보호받고 싶어도 경쟁을 바탕으로 한 신자유주의가 그렇게 놔두지 않을 뿐더러, 남편이 벌어오는 돈을 믿고 집안에 편안히 주저앉았다가는 금세 '매춘부'라는 손가락질을 받게 될 텐데요. 물론 일상생활에서 '매춘부'라는 말을 쓰는 경우는 없습니다만, 취직해 돈 벌 생각은 않고 남성의 경제력에 기대 사는 여성을 일컬어 '취집'이라 부른다는데, 이것이 '매춘부'의 다른 말이 아니고 무엇이겠습니까. '된장녀'니 '김치녀'니 하는 말도 모두 그렇습니다.

선생님께서는 늘 운동권 경험을 해본 사람들에게 희망을 갖고 있다고 말씀하십니다. 권위에 저항해본 경험, 학교에서 권하는 책이 아닌 스스로 자료를 찾아 공부해본 언더스터디 경험이 지금 한국을 문화 강국으로 만들고 있고, 그 힘이 분명 한국을 바꿔놓을 거라고요. 동감하는 면이 없지 않습니다만 저는 반대로 그들에게서 약간의 절망을 느끼기도 합니다. 그 절망이 저를 심하게 흔들어대고 괴롭혔던 적이 있거든요. 대학교 1학년, 저는 다 컸다고 생각했지만 지금 떠올려보면 그냥 어린아이였죠. 어느 영화사와 연이 닿아 시나리오 작업을 하게 되었고, 연출을 맡을 감독을 소개받았습니다. 그는 당시 30대 초반의 기혼 남성으로 무척 선량해 보였습니다. 시나리오 작가는 연출자와 늘 가까이 지내며 깊은 이야기를 나누어야 한다고 해서 저는 그가 부르면 부르는 대로 나갔습니다. 그는 흥행에는 성공하지 못했지만 아주 인상적이라고 평가받은 영화를 연출한 유망한 신인 감독이었고, 저는 아직 데뷔조차 못한 무명의 시나리오 작가였으니까요. 어떻게 보면 제 앞길은 모두 그에게 달려 있었습니다. 때로 술자리가 늦어질수록, 제가 듣고 싶지 않은 그의 사적인 이야기를 자꾸 듣게 될수록, 처음에는 누이동생에게 하듯 토닥거리던 그의 손이 다소 불편한 곳에 닿을수록 기분이 너무나 이상해서 도망치고 싶었지만 도망칠 수 없었습니다. 너무나 데뷔하고 싶었으니까요. 데뷔하려면 그 정도는 꾹 참으면 된다고 생각했으니까요.

하루는 영화사에서 모텔을 한 곳 잡아주었습니다. 요즘도 그러는지 모르겠습니다만 한국 영화사들은 작가나 감독이 각본 작업을 할 때 방을 하나 잡아주고 그 안에서 집중적으로 쓰게 하는 경우가 있거든요. 일본에서는 이를 '통조림'이라 부른다고 합니다. 어느 날 자정이 넘어 술에 취한 감독이 찾아와 성교섭을 시도했습니다. 더 이상 참을 수가 없었습니다. 온갖 저항으로 그를 쫓아보내고, 담당 프로듀서에게 문제 제기를 했습니다. 30대 중반쯤 되었을까요. 그 여성 프로듀서는 저를 아래위로 훑으면서 안 그래도 감독님한테 꼬리치더라며 고개를 설레설레 흔들었습니다. 그러고는 이런 건 말해봤자 너만 손해니까 그냥 없던 일로 하고 조용히 작업이나 하라더군요. 머리가 멍해져 집으로 돌아와서는 프로듀서에게 정식으로 항의 메일을 썼습니다. 피해자에게 어떻게 그런 발언을 할 수 있느냐고, 사과하라고요. 그러자 득달같이 답장이 왔습니다. 평소 어리다, 귀엽다 해줬더니 여기가 어딘지 알고 버릇없이 기어오르냐는 답장. 여기서 이 프로젝트는 물 건너갔다 생각했습니다. 그렇게 저는 배제되었고 그 이후 아무것도 달라지지 않았습니다. 저는 어느 누구에게도 사과를 받지 못했고요. 더 충격을 받았던 건 그들 모두 유명한 운동권 경력을 가진 사람들이었다는 것입니다.

그때 그 사람들, 명문대 출신에 젊은 시절 세상을 바꾸고 싶은 뜨거운 마음으로 운동권이 되었다던, 그리고 이제는 문화를 통해 자기 주장을 하고 세상을 진보적인 방향으로 바꿔나가겠다던 그들의 처신이 참 우습게 느껴졌습니다.

저는 글을 빨리 쓰는 편입니다만, 이 글을 쓰는 데는 꽤 오랜 시간이 걸렸습니다. 아마도 제 안의 흙탕물을 길어내느라 그랬던 모양입니다. 남이 크게 다친 것보다 제 손톱 밑 따끔한 가시가 훨씬 아프게 여겨지는 법이니 제 위주로 쓰인 점을 부디 해량해주시기 바랍니다. 사실 "우리 모두가 김지은이다"라고 말하기에는 김지은 씨가 당한 모진 고통을 짐작조차 못하는 부분이 있어 김지은 씨에게 송구하고 죄송할 뿐입니다. 그 고통에 동참하는 의미로, 아주 작게나마 그 슬픔을 위무하는 의미로 여성들이 《김지은입니다》를 열심히 구입하고 있다고 합니다.

어떤 여성들은 청와대에 책을 보냈다네요. 청와대에서는 "책을

한국의 발견

잘 받아 보관하고 있다"라는 답변을 했다 하고요. 책을 보낸 여성들이 "보관하라고 보낸 줄 아느냐! 읽어! 읽으세요!"라고 인터넷에 쓴 글을 보고 잠깐 웃었습니다. 싸우면서 늘 울 수는 없으니 웃을 때도 있어야겠죠. 제가 늘 마음에 새기는 〈로마서〉의 한 구절이 있습니다.

"즐거워하는 자들과 함께 즐거워하고 우는 자들과 함께 울라."(로마서 12장 15절).

지금은 우리가 김지은 씨와 함께 울지만, 후에 반드시 즐거움을 나눌 날이 오기를 바랍니다.

한국은 오늘,
자신을 발견하는 항해를
시작할 것입니다

현진

우선 현진의 오해 하나 언급합니다. "일 년의 매춘"이란 말은 가정주부를 지칭한 것이 아니고 상류층이 소실 같은 정부를 두는 것을 지적한 것입니다. 또 처칠의 일화에서 작은 것이지만 혹 독자의 오해를 사게 될까 마음이 쓰여 첨언하려 합니다. 물론 처칠은 보수적인 인물이었고 여성 참정권에도 맹렬히 반대한 바 있습니다. 그러나 여성에 대한 존중이나 배려가 없었던 사람은 아니라고 생각합니다. 현진이 언급한 애스터 자작부인과의 에피소드는 성평등 문제라기보다는 부인이 히틀러와의 유화정책을 고수하는 챔벌린을 지지하는 편이었기에 정치적 대립의 문제였다고 봅니다. 그런 이유로 처칠이 애스터 자작부인의 집에서 열린 만찬에 초대되었을 때 자작부인은 자신이 처칠의 아내였다면 커피에 독을 넣겠다 했고, 처칠은 내가 부인의 남편이라면 그 커피를 마시겠다고 응수한 일화도 유명합니다.

현진이 오래도록 마음에 간직한 상처 이야기는 잘 읽었습니다. 그러나 저에게 특별히 답을 바라는 것으로 생각하지 않았습니다. 공감은 했지만 제 의견을 덧붙일 공간이 있을 것 같지 않더군요. 단지, 반성은 합니다. 제가 세상이 조금씩 좋아진다는 말을 그렇게 가볍게 해서는 안 되었습니다. 그럼에도 이런 피해자의 호소가 많은 공감을 불러일으킬 수 있게끔 세상은 아주 조금 좋은 쪽으로 바뀌지 않았나, 저는 결국 요만큼이라도 낙관을 하고 싶은 사람인 모양입니다. 당사자에게는 하루하루가 죽음과 같은 고통처럼 어둡고 캄캄한 시간이겠지만, 이런 부정의를 공개적으로 고발해 가해자가 심판받게끔 하고 타인에게 공감과 격려를 받을 수 있다는 것이 저 같은 1940년생에게는 작더라도 긍정적인 변화로 보입니다.

다만 이런 말들이, 지금 이 순간에도 고통을 당하고 있는 분들에게 대체 무슨 위안이 되겠습니까? 도움은커녕 오히려 좌절과 분노의 양분이나 되지 않겠습니까? 그래서 앞으로 저는 오랫동안 버릇처럼 해온 "세상은 점점 좋아지고 있다, 나아지고 있다" 이런 말을 되도록 삼가려 합니다. 그리고 이 세상이 좋아지고 있다는 이런 말이 우리 눈앞의 현실을 바라보며 애써 지금 가진 것도 괜찮으니 거기에 만족하자는 수긍이나 혹 일종의 주문 같은 것이 아니라, 함께 시대를 살아가는 서로에 대한 격려가 될 수 있었으면 합니다. 세상을 우리가 조금씩이라도 좋게 만들자, 낮게 만들자, 그래서 여성이건 남성이건 어린애건 어른이건 이 세상에 태어나 살아가는 화살처럼 짧은 시간 동안 한 사람의 '인간'으로 존중받으며 살다 갈 수 있게끔 함께 노력하자는 다짐으로 읽히기 바랍니다.

현진이 한국 주거의 기형적이라고 할 만한 내부들을 이야기한 적이 있지요. 목욕통 위에 널빤지 같은 것을 대놓고 복층으로 활용하다니 참 놀랐습니다. 일본인들은 웬만큼 가까워지기 전에는 자기 집에 초대하는 일이 거의 없습니다. 그러다가 정말 친해졌다고 생각하면 초대를 하는데, 저도 몇몇 가족의 집을 방문했다가 그들이 토끼집兎小屋이라고 스스로 부르는 도시 주거공간 내부를 보고 놀란 적이 있습니다. 도시 인구가 워낙 많다 보니 "연필 빌딩"이라고 부르는 기형 빌딩도 많이 들어서 있습니다. 토끼집이라고는 하지만 좁은 공간을 정말 잘 활용했다고 생각했습니다. 현진이 혹시 "경수 씨가 형편이 어려워서 저런 집에 살아야 하면 마음이 어떻겠느냐"고 물었을 때 저는 제 막내아들 경수보다는 저의 학창 시절 친구들의 하숙방을 떠올렸습니다. 경수는 나름 어렸을 때부터 고생을 할 만큼 하지 않았나 생각했다가 그가 겪은 소년 시절의 어려움이 현진이 묻고 있는 어려움과는 성격이 다른 것이리라 싶어 말을 아끼게 되었습니다. 어쨌든 현진이 이야기한 희한한 집들을 일본인들이 본다면 아마 한국인의 창의성에 감탄할 것 같습니다. 그러나 이것은 어디까지나 임대인 입장, 집주인 입장에서의 창의성입니다. 그 창의성을 견뎌야(?) 하는 세입자는 괴롭겠지요. 그것은 우리가 또 생각해봐야 할 문제입니다.

지금 제가 쓰고 있는 책 중 거의 완성된 원고 하나가 "한국의 불행한 대통령"에 관한 것입니다(라종일 외,《한국의 불행한 대통령들》, 파람북, 2020년 10월 출간). 우리나라는 신생 독립국 중에서 여러 면에서 성공한 나라라고들 합니다만, 역대 대통령들은 거의 모두 그 말로가 불행했습니다. 반대로 모든 면에서 실패한, 세계에서 부정적인 평가를 받는 북한의 지도자들은 거의 생전에 반신 같은 추앙을 받고 사후에는 미라로 만들어져 숭배의 대상이 됩니다. 이 문제는 제가 오랫동안 품고 있는 의문이며 물론 논문으로도 다룬 적이 있습니다. 그러나 이번 코로나 사태를 계기로 시간에 조금 여유가 생겨 이 문제를 정치학자가 아닌 일반인의 시각으로 다뤄보면 어떨까 싶어 화상회의 등으로 많은 시간을 투자해 작업했습니다.

주제는 물론 '불행한 대통령'이며 어떻게 대통령이 '大權' 이후에 불행해지는지, 그리고 이 '불행'을 어떻게 피할 수 있는지에 관한 것입니다. 그런데 이 책에는 언급하지 않았습니다만 이 '불행'에도 다른 면이 있습니다. 국가는 물론 사회에서도 발전 과정에서 어떤 형태를 하건 이런 일이 일어나야 합니다. '국왕 살해regicide'는 근대화 과정에서 상징적으로 혹은 육체적으로 일어나는, 그리고 일어나야 하는 일입니다. 대부분 얼핏 프랑스혁명과 루이 16세Louis le dernier를 생각하겠지만 실은 근대화 과정이 순탄했다고 하는 영국은 그보다 2세기 앞서 국왕 찰스 1세Charles I를 처형했습니다. 이와 관련되는 문제가 사회적인 차원에서 논의되는 살부殺父, parricide입니다. 끔찍한 이야기로 들리겠지만 그런 것만은 아닙니다. 우리나라에도 일제 강점기와 해방 직후 '살부회殺父會'라는 모임이 있었다고 합니다.

'한국의 발견'과 관련되는 주제로 많은 저술을 낸 탁석산은 어째서 한국에는 '왕당파'가 없는가 하는 문제를 제기한 일이 있습니다. 좋은 지적이지 않습니까? 우리의 근대화 과정에서 '국왕 살해'는 외세의 영향 아래에서 일어난 것입니다. 김철은 "386에게는 어른이 없다"는 언급을 한 일이 있습니다. 마찬가지 경우가 아닌가 생각합니다. 이 문제와 관련해 '살부의 사회Parricide Society'라는 주제로 저술을 준비한 일도 있습니다. 우리를 발견하기 위해서 우리는 계속 '불행한 대통령'과 '어른'이 아닌 '꼰대'를 만들어야 할지 모릅니다.

어떤 일도 마찬가지겠지만 '한국의 발견'은 오랫동안 마음 한구석에 있던 문제였습니다. 대학교 2학년이었을까요. 토인비의 《역사의 연구Study of History》를 축약본으로 읽었습니다. 제 마음엔 들지 않았습니다(김대중 대통령은 토인비를 높이 평가했고, 제가 그를 비판하면 싫어하셨습니다). 그러나 정작 앙금처럼 남는 것은 그의 '후진국 지식인'에 관한 생각이었습니다. 여러 번 말했지만, 그에 따르면 후진국의 지식인이란 '우열한 문명의 충돌에 이어 일어나는 연락 장교단' 같은 것입니다. 전형적인 제국주의적 사고지요. 그렇지만 저역시 외국 유학을 갔습니다. 단, 배울 것만큼이나 배우면 안 되는 것도 배웠다고 생각합니다.

근래에 한국의 지식인들 사이에서 이 문제를 두고 진지한 반성이 있었습니다. 반가운 일입니다. 최정운은 이 주제에 관해 두 권이나 역작을 냈습니다. 그중 하나의 서문에서 최정운은 오랫동안 저를 붙잡고 있던 문제를 지적했습니다.

"외국에서 학문을 배워오는 것이 우리 사회를 위해서 할 수 있는 최고의 지적 노력이자 업적이라고 생각해왔다."(최정운,《한국인의 탄생》, 미지북스, 2013)

지성사적인 면에서 현재의 어느 한 면은 자신을 발견하려는 노력이라고 할 수 있습니다. 유홍준, 이어령, 함재봉 같은 많은 분이 각기 관심 분야에서 같은 기획에 참여하고 있습니다. 외국인들 중에서도 새롭게 한국을 찾고 이것을 우리에게 알리려고 고심(!)하는 분들이 있습니다. 임마누엘 페스트라이쉬Emanuel Pastreich 같은 분은 우리가 모르는 한국의 '무가보주無價寶珠'에 관한 이야기를 들려줍니다.

이런 일련의 노력들의 배경으로 우리 근대화의 역정과 경험을 생각할 수밖에 없습니다. 우선은 우리의 '세계'입니다. 제가 다른 곳에서 쓴 바 있지만 우리는 모두 우리가 상상으로 구성하는 '세계' 속에서 자신을 자리매김하고 생존과 발전을 위한 기획들을 추구합니다. 건국 이래 우리의 세계는 이른바 선진국들인 서방이었고 이들이 우리 발전의 기준이었습니다. 아마도 우리처럼 선진국 기준의 비판들을 기꺼이 받아들인 경우도 드물 것입니다. 문제는 이 선진국이라는 이름을 지켜내기가 갈수록 어렵다는 것입니다. 최근의 코로나 사태는 작은 예에 불과합니다. 갈수록 악화하는 지구온난화, 빈부격차 등의 문제에 이른바 '선진국'들이 좋은 모델이 되지 못하고 있습니다. 구체적인 지표들에서도 한때 모든 면에서 모범으로 생각했던 나라들이 우리보다 못한 경우를 종종 발견합니다.

예를 들어, 영아 사망률 문제, 폐기물 재활용 문제, 문맹률 문제, 국민건강보험 문제 등 각종 부문에서 미국이 한국에 한참 못 미치지 않습니까?

근래 한국은 특히 연예나 스포츠 등에서 높은 수준의 성취를 이룩하고 있습니다. 또다른 면에서 북한 현실과 체제 양상 그리고 그에 따른 분단 극복 문제도 우리에게 지속적인 도전을 제기합니다. 이른바 제2세계가 급격한 붕괴 내지는 변화를 겪는 과정에서도 북한은 이에 따르지 않고 오히려 더욱 강화되고 변형된 형태로 자신만의 독특한 '세계'를 유지하고 있습니다. 북한 문제는 안보에서부터 경제, 사회, 문화, 인도적 지원, 인권 등에 이르는 존재론적 과제를 상시적으로 제기하면서 이미 남한이나, 한반도에 국한된 것이라고 볼 수 없게 되었습니다. 저는 북한 문제의 도전을 세계사적 차원의 문제와 결부해 해결을 구하자는 제안을 한 일이 있습니다. 최근 정병호는 북한 문제가 우리 자신의 문제와 결부되어 있다면서 북한이 "완전한 타자가 아니라 마치 거울 속 자신을 보는 것 같다"는 시각으로 경험을 정리하기도 했습니다.

'한국의 발견'은 무릇 '세계의 발견'이어야 합니다. 예를 들어 70년 전의 참혹한 전쟁은 우리가 하나의 세계를 발견하지 못했기 때문에 일어난 것입니다(라종일, 《세계와 한국전쟁》, 대한민국역사박물관, 2019). 세계의 발견은 근세 초 구라파인들의 모험적인 탐색 항해에 비유할 수 있습니다. 이 모험적 항해로 한동안 지구 곳곳이 새로운 이름을 얻었으며, 완전히 새로운 개념과 범주로 해석되기 시작했습니다. '한국의 발견' 역시 완전히 새로운 모험의 항해가 되어야 합니다. 해도海圖 하나 갖지 못한 채 언어의 바다를 표류하면서, 단군 이래 우리에게 일어난 모든 것을 기억하고 또 모든 것을 잊어 버리고, 그 어떠한 범주와 이름에도 전혀 구애되지 않으며, 손발은 신중하되 머리는 과격하게 움직여야 하는 이 여로旅路, 이 험난한 모험을 통해 우리의 존재 자체와 모든 것이 새롭게 조명받으며, 우리를 둘러싼 모든 것(삶과 죽음의 방식, 권력과 지배, 시장과 분배), 하나부터 열까지 말 그대로 우리의 '모든 것'이 새롭게 해석되는 모험의 항해 말입니다. 모든 모험의 시작은 언제나 단순합니다. 최근 부당한 성추행을 고발한 A씨의 말입니다.

"그저 인간답게 살 수 있는 세상을 꿈꿉니다."

사람은 항상 새롭게 태어납니다. 어제까지 생각할 수도 없었던, 불가능하다고 생각했던 사람이 오늘에는 실현되기 때문입니다. 한국은 오늘, 그리고 지금, 바로 여기에서부터 자신을 발견하는 항해를 시작할 것입니다.

한국의 발견

1판 1쇄 찍음 2021년 02월 20일
1판 1쇄 펴냄 2021년 03월 01일

지은이 라종일·김현진·현종희
펴낸이 천경호
편집 천경호·현종희
종이 월드페이퍼
제작 (주)아트인
펴낸곳 루아크
출판등록 2015년 11월 10일 제409-2015-000020호
주소 10083 경기도 김포시 김포한강2로 208, 410-1301
전화 031.998.6872
팩스 031.5171.3557
이메일 ruachbook@hanmail.net

ISBN 979-11-88296-48-4 03300